작아도 당당한
글로벌 수출 기업
만들기

작아도 당당한
글로벌 수출기업 만들기

초판 1쇄 발행일 2023년 2월 15일

지은이 조계진

발행인 조계진
발행처 진인터랩
출판등록 제 561-2023-000016 호
주소 (16514) 경기도 수원시 영통구 광교중앙로 170, 광교효성해링턴타워 A-2315
전화 031-286-2937 **팩스** 031-212-2937
저자 독자 서비스 info@jininterlab.com
홈페이지 www.jininterlab.com
블로그 https://blog.naver.com/jinjinintl

편집주간 박영진 **편집** 김소이 **디자인** 공간디자인

ⓒ 진인터랩, 2023

ISBN 979-11-981955-0-0

* 이 책은 저작권법에 따라 보호를 받는 저작물이므로 무단 전재와 무단 복제를 금지합니다.
* 이 책 내용의 전부 또는 일부를 이용하려면 반드시 저작권자와 진인터랩의 서면 동의를 받아야 합니다.
* 잘못된 책은 구입하신 서점에서 바꿔드립니다.
* 책값은 뒤 표지에 있습니다.

진인터랩은 독자 여러분의 책에 관한 아이디어와 원고 투고를 언제나 기다리고 있습니다.
이메일 info@jininterlab.com으로 보내주세요.

BECOME A GLOBAL SMALL AND MEDIUM EXPORT ENTERPRISE

작아도 당당한 글로벌 수출 기업 만들기

조계진 지음

진인터랩

프롤로그

이 책은 수출 업무에 어려움이 있거나 애로 사항이 있는 중소기업에게 작으나마 힘을 보태고자 하는 마음으로 쓰였으며, 경험과 이론을 적절히 배분하려고 노력했다. 그리고 이 책의 내용을 나침판으로 삼아 시행착오를 줄이고 보다 쉽게 수출할 수 있도록 했다.

물론 이 책을 읽고 곧바로 글로벌 수출 기업으로 발돋움할 수 있는 것은 아니다. 그러나 이 책을 정독하고 숙지한다면 기본 소양을 갖출 수 있을 것이고 방향성과 방법까지도 정확히 알게 되리라고 확신한다. 따라서 남은 것은 그 길을 향해 힘차게 그리고 계속 나아가는 것이다. **그러면 반드시 글로벌 수출 기업으로서 당당하게 경쟁하는 지속 가능한 지점에 우뚝 자리할 것이라고 확신한다.**

수출 업무에 발을 담근 지 벌써 28년이 지났다. 1993년에 대학을 졸업한 후 금융 분야에서 일을 하다가 글로벌 시대가 열리는 것을 목도하며 해외와 관련된 일을 경험하고 싶어 경영학 전공에서 배우지 못한 무역 실무를 한국무역협회(KITA)에서 운영하는 무역아

카데미(Trade Academy)를 통해 배웠다.

무역 업무를 배우고 입사한 첫 직장은 가정용품을 수출하는 약 300여 명의 직원이 일하는 중견기업이었다. 해외 매출이 약 70%이고 해외 거래선이 50여 업체가 넘는 글로벌 수출 기업이었다.

수출 업무의 첫 작업은 해외에 두루마리 용지(그 당시는 A4 용지 등 규격화된 용지로 팩스 처리가 안 되던 시절임)를 사용해 팩스를 보내는 일부터 시작했으며, 어떤 때는 하루 종일 수출 컨테이너(Container)에 제품 박스를 적재하는 일을 맡기도 했다. 하지만 해외 거래에 일조한다는 자부심과 외국인과 접촉한다는 재미가 합쳐져 힘든 줄을 몰랐다. 여기에서 서구권의 신규 거래선 관리와 수입 업무를 동시에 진행하면서 많은 실무 경험을 쌓을 수 있었다.

이후에 줄곧 중소기업에서 일하며 계속 수출과 해외 영업 업무를 담당했다. 그리고 1999년에 무역 업체를 창업하여 2년 만에 문을 닫고 다시 두 번 더 창업을 하고 문을 닫았다.

마침내 현재의 회사(글래드컴)를 창업하여 10년을 훌쩍 넘기며 지금까지 이어오고 있다. 처음부터 수출을 목표로 창업을 하고 국내 시장보다는 해외 시장에 먼저 뛰어들었다. 매년 해외 전시회를 나가는 등 해외 위주의 영업을 해 온 결과 현재 대부분의 매출이 해외에서 발생하고 있으며, 지역 리스크를 회피하면서 유지하고 있다.

이 책은 28년 동안의 경험과 여러 수출 관련 단체의 교육, 그리고 글로벌 컨설턴트 과정에서 전수받은 이론을 접목하여 스타트업이나 소규모 업체 그리고 내수 위주의 여러 중소기업이 수출에 나서는 것을 돕고자 집필했다.

글을 쓰기 전에 사업 계획서를 작성할 때와 마찬가지로 우선 글을 쓰는 목적을 정리해 보았다. 첫째, 작은 기업이지만 세계 시장에 도전해 보고 싶은 업체들을 독려하여 세계 시장에 도전하는 용기를 주고 글로벌 수출 기업으로 성장하는 토대를 마련해 준다.

둘째, 수출이 어려운 것만이 아니라는 것을 인식을 심어 주고 영어와 무역 실무에 자신이 없는 1인 기업이더라도 글로벌 수출업체로 발돋움할 수 있는 방법을 알려 준다.

셋째, 매출 100억 원 이상의 업체라도 내수 시장에 머물기보다 글로벌 시장에 도전하여 안정적인 성장의 기반을 마련하는 데에 지침서 역할을 한다.

글의 초안을 완성해 본 결과 위 세 가지 목적은 어느 정도 달성된 것 같다. 다만, 두 번째 무역 영어에 있어서는 최대한 쉽게 이해할 수 있도록 서신(이메일) 작성법, 전화 통화, SNS 작성법에 대해 설명했지만 독자의 개인적인 기초 실력이 바탕이 되므로 온도 차가 있을 것이다. 차후에 따로 무역 영어에 대한 책을 집필하려는 계획도 가지고 있다.

    무역 실무도 최대한 간결하게 정리했으며 글로벌 기업을 지향한다면 반드시 알아두어야 할 내용을 적었다. 물론 요즈음은 유튜브나 인터넷에 수많은 정보가 넘치고 있어 어렵지 않게 익힐 수 있지만 무엇이 중요한지 핵심 포인트와 유의 사항을 가미하여 기초를 단단히 할 수 있도록 내용 구성에 심혈을 기울였다.

    또 해외에 진출할 때 우선적으로 고려해야 할 사항과 목표 시장의 선정 그리고 시장 진출 전략과 경쟁 우위 전략에 대해 핵심적인 내용을 실었다. 그리고 해외에 진출할 때 반드시 해야 할 사항과 하면 안 되는 사항을 적었다. 수출과 관련한 정부 지원 정책도 한눈에 알아볼 수 있도록 간략하게 설명하여 쉽게 접근할 수 있도록 했다.

    비즈니스 실무 서적은 이론과 실제 적용을 동시에 잡아야 한다고 생각한다. 이 책은 이론 위주 또는 사례 중심이 아닌 중용을 표방했다.

    이 책이 수출의 기본서로 본연의 가이드 역할을 다할 것을 기대하고 열정을 쏟아 부었다. 무역에 대해 전혀 모르는 독자라고 할지라도 쉽게 이해할 수 있도록 최대한 배려했으므로 누구나 무역과 수출 실무, 마케팅, 전략 등에 대해 기본적인 지식을 습득하고 실무에 적용할 수 있을 것이다.

    수출 현장에 오랫동안 있으면서 밝혀야 할 사실 하나는 만일 누군가가 필자에게 이 책에서 언급된 것을 실천해 왔거나 실천하고 있느냐고 묻는다면 고개를 설레설레 흔들 수밖에 없을 것이다. 다만, 그렇게 실천하려고 노력한다. 또 하나 밝힐 사실은 디지털 등 새로운 수출 방식에 익숙한 스타트업이 이 책에 있는 가이드를 잘 지키고 적극적으로 활용한다면 필자 회사보다 훨씬 큰 성과를 거둘 수 있을 것이다.

필자에게는 '수출 역군'이라는 말의 의미가 남다르게 다가온다. 천연 자원이 부족한 우리나라는 무역, 특히 수출을 통해 최빈국에서 선진국 반열에 올랐다. 앞으로도 수출을 제외하고는 우리나라의 발전을 논할 수 없을 것이다. 천연 자원이 부족하지만 가장 우수한 인적 자원이 있기 때문에 지금의 우리나라가 있는 것이다. 그 인적 자원이 지향해야 할 방향 역시 수출임은 두말하면 잔소리가 될 것이다.

그러므로 현재의 기조가 그대로 이어져 나간다면 우리나라의 발전은 지속될 것이고 가장 경쟁력 있는 국가가 될 것이다. 이를 요즘 신세대들의 열의와 학습 및 선진적 태도에서 엿볼 수 있다.

이 책을 통해 내수 기업이 수출 기업이 되고 작은 기업이 글로벌 수출 기업으로 발돋움하는 사례가 많이 나오기를 희망한다. 또 성공 기업을 넘어서서 세계 전역에 올바른 가치를 창출하여 수시로 밀어닥치는 위기를 해결하고 많은 사람을 돕는 위대한 기업이 많이 탄생하기를 바란다.

지면을 빌어 일일이 언급할 수 없지만 책을 출간하는 데에 도움을 주신 여러분들에게 감사한 마음을 표하고 싶다.

목차 CONTENTS

프롤로그 • 05

CHAPTER 1. 지지부진한 중소기업 수출 • 12

무엇이 문제인가 • 15
기술력은 9번째 애로 사항 • 22
글로벌이 답이다 • 25
글로벌 기업의 조건 • 29
잘 나가는 기업은 다르다 • 41

CHAPTER 2. 무엇이 중요한가 • 74

해외 진출 계획 • 77
전시회 준비는 1년 전부터 • 98
디지털 적응은 선택이 아니다 • 113
아이템 선정 요령 • 119
끈기가 생명이다 • 125

CHAPTER 3. 중소기업의 글로벌 경쟁력 • 131

6개의 수출 경쟁 우위 전략 • 133
해외 진출 분석과 전략 수립 요령 • 147
글로벌 마케팅의 단계별 요령 • 153
작아도 큰 브랜드가 될 수 있다 • 176
고객이 원하는 제품을 개발하라 • 185

CHAPTER 4. 쉽게 배우고 가는 수출 실무 • 193

인코텀즈(Incoterms) • 195
결제 조건 • 201

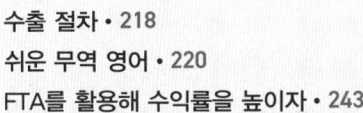

수출 절차 • 218
쉬운 무역 영어 • 220
FTA를 활용해 수익률을 높이자 • 243

CHAPTER 5. 해외 고객 잡기 • 247

사기꾼 분별이 먼저 • 249
해외 영업의 기본은 동일하다 • 256
바이어 개척의 두 가지 줄기 • 261
바이어 관리와 자동 수익 시스템 • 272

CHAPTER 6. 수출 환경 변화의 기회 • 287

무역에 변화의 바람이 분다 • 289
해외 역직구 시장을 노려라 • 293
검색 엔진(플랫폼)의 상위 노출 • 311
스마트 워크 • 318

CHAPTER 7. 정부 수출 지원 활용하기 • 327

수출 지원 사업 활용하기 • 329
무역 보험과 친해지자 • 335
수출 정보 활용의 요령 • 339

CHAPTER 8. 한국 수출호, 미래를 대비하라 • 342

CHAPTER 1

지지부진한 중소기업 수출

CHAPTER

1

지지부진한 중소기업 수출

무엇이 문제인가

평소 잘 알고 지내는 보안 관련 기기를 제조하는 중소기업 사장 한 분이 현재 매출이 모두 내수 시장에서만 나오는 까닭에 수출을 하는 것이 소원이었다. 그는 30년 동안 통신기기 분야로 한 우물을 팠고 한때는 사업이 위기를 맞이하고 파산에 이르렀다가 기사회생하는 저력을 드러내어 제2의 도약을 하여 약 100억 원의 매출을 올리고 있었다. 그는 국내 관공서 위주의 영업망을 직접 개척하여 탄탄한 입지를 구축한 입지전적인 인물이고 국내 시장에 대해서는 훤한 전문가였지만 해외 시장에 대한 정보가 전무한 실정이었다.

해외 시장에 대한 확신이 없었기 때문에 수출 부서를 별도로 운영하지 않은 채 국내 시장에서처럼 본인이 직접 해외 시장을 개척하고자 정부의 해외 시장 개척단에 참가하여 동남아시아, 남아메리카 등의 여러 나라에 날아가 부스 안에서 제품을 홍보했다. 영어에 능숙하지 않은 탓에 전시장에서는 통역 인원을 사용했고, 회사에서는 영어를 잘하는 지인에게 부탁하여 자신의 답장을 영어 문서로 만들어 대신 보내게 했다.

그리고 여러 곳에서 관심을 보이고 연락을 주고받는 와중에 곧 좋은 소식이 있을 것 같다고 전해 오기도 했다. 그래서 내심 기대하면서 관심 있게 지켜보았는데 결국 주문을 받았다는 소식은 끝내 듣지 못하고 흐지부지되더니 더 이상 해외 시장의 문을 두드리는 것을 멈추고 있는 상황이었다. 국내 시장의 한계에 부딪혀 성장이 정체되고 있는 현실이 불안하기만 하다고 한다.

또 다른 지인은 소프트웨어 업체를 운영하여 국내 대기업의 협력 업체가 성장되었고 해외 현지 법인도 운영하면서 수출하고자 하는 바람이 있었다. 그런데 특별히 해외 전시회에 참가하려고 노력하지 않았지만 국내 거래선의 소개로 미국의 바이어를 알게 되었고 현지에서 몇 번 상담을 하여 구체적인 주문 계획을 접했다. 미국 시장의 가능성을 보고 곧바로 미국 현지 법인을 만들고 A/S에 대한 우려를 불식하며 바이어와 상담을 지속한 결과 소량이나마 주문을 받을 수 있었다. 그리고는 몇 번에 걸쳐 좀 더 큰 금액의 주문을 받기는 했지만 만족할 만한 금액의 주문은 받지 못한 채 초기의 바이어 한 사람에게서 3년째 가끔 적은 금액의 주문만 받고 있는 실정이다. 현지 법인을 설립할 때는 기대에 차 있었는데 더 이상 또 다른 바이어를 만들지 못하고 기대만큼 성과를 보지 못하고 있는 상황이다.

또 다른 중소기업은 차량용 내비게이션을 제조하면서부터 해외 수출을 염두에 두고 전문 인력을 한 명 채용했다. 그 사원이 사업을 할 당시에 보유하고 있던 20여 곳의 해외 거래선에 연락하여 샘플을 보내고 몇몇 바이어로부터 긍정적인 피드백을 받아 수출 성사에 대한 기대를 가지게 되었다.

하지만 접촉하는 큰 유통망 위주의 바이어들은 실제로 결정에 이르는 데에 많은 시간이 걸리고 바이어의 주문을 계속 기다리고 있으며 해외 시장 개척에 임한 지 2년이 지났지만 첫 수출을 아직 못하고 있다. 제품의 품질은 좋지만 큰 차별점이 없다는 평가이다. 그래서 인력을 좀 더 보강하고 해외 전시회에 참가하는 등 보다 적극 시도해야 할 필요를 느끼지만 손에 잡히는 결과가 없어 더 투자를 해야 하는지에 대해 선뜻 결정하지 못하고 있다.

여기에 소개한 기업들의 문제는 우리나라 중소기업들이 처해 있는 답답한 상황이다.

삼면이 바다로 둘러싸여 있고 내륙은 휴전선의 장벽이 있어 명실공히 해양 국가인 우리나라는 천연 자원이 부족한 대신에 강력한 인적 자원을 무기로 수출을 통해 전 세계에서 가장 짧은 시간에 선진국 반열에 올랐다. 1970년대와 1980년대 고도성장 시기에 서류가방만을 달랑 들고 전 세계를 누빈 수출 역군들이 있었기 때문에 우리가 이만큼 잘 살게 되었다.

2021년에 우리나라의 수출액은 약 6,500억 달러로 세계 7위에 자리하고 있다. 1961년 산업화를 시작할 때는 3,800만 달러로 87위를 기록했었다. 이는 아프가니스탄, 아프리카의 모잠비크, 우간다보다 더 아래에 위치한 것이다.

그러나 1970년에 8억 달러로 43위, 1980년에 170억 달러로 27위, 그리고 1990년에는 670억 달러로 11위에 진입했다. 이와 같이 10년마다 거의 2배로 순위가 상승했으며 이제 세계 정상의 위치에 있다. 우리나라 제품을 사용하지 않는 나라의 국민은 없다. 삼성, 현대 등의 세계적인 브랜드를 가진 나라가 되었다.

중소기업도 2021년에 전체 수출액이 약 1,200억 달러를 넘고 작지만 세계 시장을 호령하는 글로벌 강소기업의 출현이 점점 많아지고 있다.

하지만 전체 기업 수의 1%도 안 되는 대기업이 60%의 수출 비중을 차지하고 있으며, 전체 기업 수의 1.6%를 차지하는 중견기업은 16%의 수출 비중을 차지하고 있다. 하지만 전체 기업 수의 97%를 차지하는 중소기업의 수출 비중은 18%에 불과한 실정이다.

이러한 중소기업을 좀 더 상세히 살펴보면 소상공인**(근로자 10인 미만)**이 93.9%, 소기업**(매출 10~120억 원 이하)**이 4.8%로 근로자 10인 미만이면서 매출 10억 원이 안 되는 소상공인과 소기업이 중소기업의 대부분을 차지하고 있다. 그러나 중소기업에서 전체 근로자의 83%가 일하고 있다.

   이들이 바로 미래 한국호의 주역으로서 글로벌 수출 기업 후보군이다. 여기에서 글로벌화에 성공한 업체들이 거래선의 안정화를 바탕으로 장기적 성장의 토대를 마련하게 되고 중견기업, 대기업으로 도약할 기반을 마련한다.

   2019년 중소 벤처기업 진흥공단이 2,500개 중소기업의 수출 애로 사항에 대해 설문조사한 시행한 결과를 살펴보면 다음과 같다.

중소 기업 수출 애로 사항

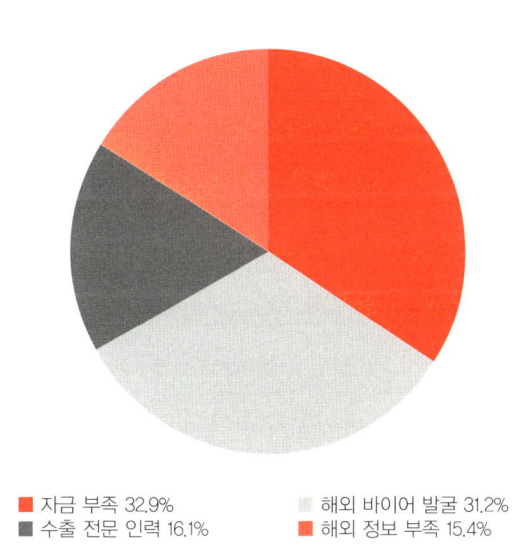

■ 자금 부족 32.9% ■ 해외 바이어 발굴 31.2%
■ 수출 전문 인력 16.1% ■ 해외 정보 부족 15.4%

또 98%의 중소기업이 해외 진출에 대한 의향을 나타내고 있지만 그중 절반의 업체가 해외 진출 계획만을 세우고 있고 안정적으로 수출하고 있거나 시장을 다변화하는 데에 성공한 기업은 8.7%에 불과했다. 이와 같이 수출을 통해 경영 안정화가 이루어진 기업이 10%가 안 되는 것이다.

물론 이러한 애로 사항은 업체의 규모와 업종 및 업체의 특수 상황에 따라 약간씩의 차이가 있다. 예를 들어 규모가 작은 업체일수록 애로 사항은 자금 부족이 더 큰 비율을 차지하고 게임, 콘텐츠, 소프트웨어 등을 아이템으로 하는 서비스업의 가장 큰 애로 사항은 해외 바이어의 발굴이다.

이러한 애로 사항은 각각 독립적인 요소가 아니며 상호 관계가 있다. 운영 자금이 부족해 해외 마케팅 인력을 충분히 투여하지 못하고 정보 수집을 위해 만족할 만한 투자를 못하게 된다. 그리고 수출을 통한 수익이 없어 다시 운영 자금이 부족해지는 상태가 지속된다. 하지만 자금이 풍부하더라도 제대로 된 전문가를 보충하지 못하고 해외 시장에 대한 잘못된 판단으로 초기의 많은 자금이 고갈될 때까지 제대로 된 바이어를 하나도 건지지 못한 경우도 있다.

반면에 창업하자마자 정부에서 지원한 몇 천 만 원의 자금을 그야말로 극단적으로 절약하면서 적은 비용으로 가능한 한 온라인 위주로 해외 시장을 개척하여 거래선을 하나 발굴하고 그것이 레퍼런스(Reference, 선례)가 되어 바이어를 몇 개 더 구축하여 안정적인 성장을 지속하고 있는 소상공인 또는 소기업도 있다.

예전에는 상사 직원이 서류 가방에 브로슈어와 계약서를 넣고 전 세계를 종횡무진 돌아다니며 제품을 팔았지만 지금은 컴퓨터 앞에서 화상 상담을 하는 상황이 되었다. 하지만 시장 개척을 못하면 살아남지 못한다는 절박함은 오히려 지금이 더욱 크다.

그만큼 고객들의 선택의 폭이 다양하고 넓어졌으며 정보의 보편화가 진행되어가고 있다. 이제는 모바일로 무장을 한 수출 역군이 우직함을 넘어 스마트하게 일하면서 더욱 높은 성과를 올리고 있다.

기술력은 9번째 애로 사항

우리나라의 기술력은 국력의 상승과 더불어 발전해 왔고 이제는 세계 상위권의 기술 경쟁력을 가지게 되었으며, 이미 20여 년 전부터 중국은 한국의 기술을 배우고 추격해 왔다.

2021년 국제경영개발원(IMD)이 발표한 세계 경쟁력 연감을 살펴보면 한국의 국가 경쟁력은 23위로 이미 31위인 일본을 제쳤다. 한국은 기술 인프라 경쟁력이 세계 17위에 위치해 있고, 과학 인프라 경쟁력은 2위이다.

유엔산업개발기구(UNIDO)가 2018년 지표를 기준으로 2020년에 발표한 세계 제조업 경쟁력 지수(CIP)에서 우리나라는 전 세계 152개국 중에서 독일과 중국에 이어 3위를 기록했다. UNIDO가 격년마다 발표하는 CIP는 1인당 제조업 부가가치, 제조업 수출액 등 8개 항목을 종합한 지수로 국가별로 총체적인 제조업 경쟁력을 보여 준다.

앞 파트에서 보여 준 중소기업 수출 애로 사항에는 기술력에 대한 애로 사항이 없다. 사실 주요 애로 사항에서 기술 부문은 순위에 들지 못하는 것이다. 이와 같이 기술력이 부족한 문제로 수출하지 못하는 경우는 줄어들게 되었다.

2021년에 통계청이 발표한 정보통신기술(ICT) 중소기업 수출 애로 사항을 순위별로 살펴보면 다음과 같다.

ICT 중소기업 수출 애로 사항의 순위

1	시장 정보의 부족/거래처 발굴
2	자금 부족
3	수출 전문 인력의 부족
4	현지 시장 규격 및 인증에 대한 대응
5	수출 규제 부담
6	언어 장벽
7	기업 인지도의 부족
8	국내 레퍼런스(국내 시장 매출 경험) 부족
9	기술력 부족

이와 같이 기술력은 수출 장애의 가장 하위에 위치해 있다. 사실 우리나라의 ICT 기술 경쟁력이 높은 측면도 있지만 전반적으로 중소기업에서 기술력 때문에 수출을 못한다고 하는 경우는 적다.

우리나라는 기술력을 높이기 위해 꾸준히 노력해 왔고 필요한 기술을 개발할 수 있는 인프라도 잘 발달되어 있어 전자통신연구원

(ETRI)과 같은 정부 연구기관 및 대학교와 연계하여 기술을 개발할 수 있고 대기업의 협력 업체로서 공동으로 기술 개발을 할 수도 있다. 매년 우수한 이과계나 공과계 졸업생들이 배출되고 있으며 시제품의 제작 지원과 같은 잘 구성된 정부의 기술 개발 지원 프로그램을 활용할 수 있다.

종합하면 마음만 먹으면 원하는 제품과 서비스를 개발하는 것은 그렇게 어려운 일이 아닌 환경이 된 것이다. 그래서 "기술은 좋은데"라는 말은 그야말로 옛날이야기가 되었다. 이제는 대한민국호에서 기술력은 기본이 되었고 다른 부문에서 경쟁력을 추가해야 되는 시대인 것이다. 기술은 제품을 해외 시장에 판매하고 회사를 글로벌화하는 데에 우선적인 요소가 아닌 이미 바탕에 갖추어져 있는 기본적인 필수 요소이다.

우리나라의 우수한 기술 인력, 고도의 상용화된 기술력, 정부의 기술 지원 정책은 작은 기업이라도 기술 집약형 업체로서 세계 시장에 당당히 나아갈 수 있는 기반이 이미 조성되어 있다. 이미 있는 것을 찾아 본인의 것으로 만들어 세계 시장의 문을 두드리기만 하면 되는 것이다.

글로벌이 답이다

　글로벌은 미국, 일본처럼 큰 내수 시장을 가지고 있지 못한 우리나라의 화두가 되었다. 글로벌 진출은 예전과 같이 특수한 여건에 처해 있는 일부 기업들만의 문제가 아니며 이제는 모든 한국 기업의 문제이다. 지속 가능한 기업을 운영하기 위해 글로벌 진출은 필수이다.

　창업하면서부터 글로벌 계획은 사업 계획서에 들어가 있어야 한다. 처음부터 해외 시장을 공략하는 전략을 세울 수도 있고, 국내 시장에 먼저 정착하고 난 다음에 해외 시장에 나간다는 전략상의 문제이며 글로벌은 외면할 수 없는 현실이다. 전 세계적으로 5,000만 명의 내수 시장은 작지 않지만 일본 내수 시장의 절반이 안 되고 중국의 1/30에 불과하다. 베트남은 우리보다 2배의 내수 시장을 가지고 있다. 그리고 세계 최고의 낮은 출산율로 인해 국내 시장의 규모는 점점 줄어들게 될 것이다.

　또 이미 선진국형의 소비 구조와 높은 자영업자 비율 그리고 고학력으로 인해 세계 어느 시장과 비교하더라도 가장 치열한 경쟁이 전개되는 곳이기도 하다. 우리나라 내수 시장은 똑똑한 사람들이 즐비하고 트렌드에 민감하여 필자가 유통 업무를 담당하며 고전했던 경험이 있다. 그래서 해외 시장이 훨씬 쉽다는 것을 다시금 느꼈다.

2021년에는 코로나19 팬데믹으로 인한 방역 제품 등의 중소기업 수출이 늘어났음에도 불구하고 중소기업의 수출액 비중은 18%로 OECD 평균인 31%보다 낮고 26개 OECD 국가 중에서 최하위이다. 우리나라는 수출액이 매년 증가하고 있는 무역 강국으로 대기업과 중견기업의 수출 비중이 크다.

수출을 하는 기업들은 상대적으로 안정적인 경영을 하고 있다. 수출을 하는 중소기업의 평균 매출액은 전체 중소기업 매출 평균의 10배 이상이다. 수출의 경우에는 아무래도 시장이 다변화되어 있기 때문에 내수 시장의 리스크가 완화될 수 있다. 국내 시장에서 소비 성향의 하락, 경기 침체, 가처분 소득의 축소, 인접 지역의 군사적 및 경제적 혼란 등의 영향으로 매출이 부진한 경우 그 영향으로부터 자유로운 국가들이 있기 마련이다. 그래서 거래하는 수출 국가도 다양하면 할수록 더욱 리스크 관리에 용이하다. 한 국가의 수출 환경이 나빠지는 경우 다른 국가에 수출을 늘리게 되면 그 영향이 감소될 수 있다.

예를 들어 사드(THAAD, 공중 방어 시스템)로 인해 중국 수출에 빨간불이 들어왔을 때 베트남은 대체 시장으로서 반사 이익을 얻는 결과를 낳았다. 이때 중국 시장이 크다고 여겨 다른 국가에 대한 시장 개척을 소홀히 한 업체들 중에서 많은 기업이 문을 닫았다. 전 세계의 많은 국가는 저마다 다양한 특성의 시장을 가지고 있기 때문에 글로벌 수출 기업이 되기 위해서는 가능하면 많은 국가의 거래선을 개척해야 한다.

또 해외 진출의 노하우는 그대로 회사에 축적되어 점점 쉽게 다양한 시장에 더 많은 거래선을 개척할 수 있게 된다. 수출을 하는 회사는 더 쉽게 거래선을 개척하고 수출을 못하고 있는 업체들은 노하우가 없어 점점 자신감을 잃어가고 있는 악순환에 빠지는 것이다.

현재 성장 가도를 달리고 있는 '글로벌 강소기업'(혁신성과 성장 잠재력을 갖춘 수출 중소기업을 발굴하여 수출 선도 기업으로 육성하려는 정부에 의해 선정된 중소기업)은 사업 초기부터 해외 시장을 바라보고 모든 역량을 업그레이드한 업체인 경우가 많다.

여기서 글로벌화는 수출만을 말하는 것이 아니며 수입도 포함한다. 해외의 천연 자원, 원재료를 수입하여 완제품을 만드는 것도 완제품의 경쟁력을 높여 준다. 이는 수요 지향이 아닌 공급 지향의 글로벌화이다. 유망한 부품과 소재를 생산하는 해외의 거래선을 찾아내어 국내 제조업체에 소개하고 공급망을 원활하게 하는 것도 글로벌화로 가는 길이다. 글로벌 지향의 다른 말은 '세계화'이다. 국내 시장에 안주하며 머물러 있지 않고 얼마나 해외 시장을 가지고 있는지, 해외 비중이 얼마나 되는지, 해외로 국내 리스크를 얼마나 완충할 수 있는지에 달려 있다.

1인 기업도 글로벌 수출 기업이 될 수 있다. 국제 환경은 이제 전 세계가 '국경 없는 경제 전쟁터'라고 표현할 정도로 전방위적인 경쟁 환경에 놓여 있기 때문에 소품종 대량 생산을 등에 업은 대기업 위주의 글로벌화 시대가 저물었다. 다양한 시장의 다양한 특성을 가진 소비자를 상대해야 하는 다품종 소량 생산 시대에는 세계화와 동시에 지역화(localization)에 강한 작은 기업들이 생존에 유리하다.

그래서 비록 1인 기업일지라도 해외의 틈새시장을 틈새 제품으로 공략하면 충분한 경쟁력을 가질 수 있다. 이러한 거래선을 몇 개만 만들어 놓으면 혼자서도 글로벌 수출 기업을 운영할 수 있다. 특히, 언택트(untact)가 중요한 수단이 된 시대에 들어 화상 상담 시스템과 글로벌 공급망(Global Supply Chain)을 구축해 놓고 모바일을 통한 스마트 워크(Smart Work)를 실행한다면 저렴한 비용과 노력을 들여 글로벌 경영을 할 수 있다. 또 초기에는 외부의 다양한 장점을 지닌 다른 기업과의 협력을 통해 점진적으로 글로벌화로 나가는 전략을 펼칠 수도 있다.

글로벌 기업의 조건

글로벌 수출 기업이 되려면 어떤 조건을 갖추어야 할지 생각해 보자. 필자가 생각하는 글로벌 기업의 조건은 다음과 같다. 이러한 기준은 대기업과 중소기업에게 공통적으로 필요한 것도 있고 중소기업에게 주로 필요한 것이 있다.

첫째, 다양성이다. 큰 기업도 그렇지만 중소기업은 특히 인력 한 사람 한 사람이 생명줄이다. 한 사람의 역량이 전체 조직을 좌우하기도 한다. 글로벌 수출 기업의 근본 바탕은 구성 인력의 마인드에 있다. 다양한 문화와 인종의 특이성을 수용하고 이해하는 마인드가 글로벌의 출발점이다.

다름은 거추장스럽거나 불편한 것이 아니라 기회이다. 다른 것에 따르는 갈등에는 발전이 숨어 있다. 필요한 경우 외국인도 채용하여 '우리 사람'으로 만드는 마인드가 있어야 한다. 필자도 중국에 위치한 외주 공장에서 일할 중국 현지인을 채용한 경험이 있다. 이때 그들의 문화에 맞추고 합리적인 근무 조건으로 관리한 결과 우려했던 바와 달리 조직에 잘 적응하고 좋은 성과를 보여 주어 국적은 중요한 것이 아님을 실감하게 되었다.

둘째, 글로벌 조직이다. 글로벌 문화의 구체화는 글로벌 조직에 있다. 경영자가 회사의 철학을 정할 때부터 글로벌화를 기치로 내걸고 조직 구성원들을 끊임없이 교육해야 한다. 성과급을 주는 것보다 해외 연수를 보내 주고 전문가를 초빙하여 어학 교육을 제공하는 등의 방법도 좋다.

직원들의 마인드는 몇 번의 이벤트 시행 등의 단기적 노력만으로는 바뀌지 않는다. 글로벌화를 위한 동기 부여를 위해서는 작은 변화를 지속하는 것이 필요하다. 작은 변화를 주어 작은 성공을 맛보도록 기회를 제공하고 이를 지속하면 조직은 어느새 크게 변화하게 된다. 마치 운전을 하는 것과 같이 조직 내에 글로벌 문화와 언어 등이 계속 노출되도록 시스템화하면 어느 순간 의식하지 못하는 사이에 글로벌 조직화가 이루어진다.

세계 지도를 벽면에 붙이고 진출할 국가를 표시하여 목표의식을 키우든지, 정부에서 지원하는 온·오프라인 상담회에 적극적으로 참여하든지, 외국어 동영상 소개서를 만들어 보든지, 글로벌 지수에 따른 인사 정책을 실시하는 등의 여러 가지 방법이 있다. 최고 경영자가 본인부터 변화하면서 현실에 안주하는 모습에서 탈피하여 적극적으로 진두지휘하는 리더십이 있지 않으면 직원은 변화하지 않을 것이다.

셋째, 글로벌 경쟁력이다. 글로벌 경쟁력은 글로벌 경쟁 환경의 차이를 인식하는 것에서부터 시작한다. 국내 시장에서의 경쟁력과 해외 시장에서의 경쟁력의 기본은 크게 다르지 않지만 동일하게 적용하면 안 된다. 현재 국내 시장에서 가지고 있는 강력한 경쟁력이 해외 시장에서는 약점이 될 수가 있음을 알아야 한다.

다양한 해외 여러 국가들은 정치, 법률, 경제, 사회 및 기술의 거시적인 부문과 경쟁 상황, 공급망의 구성, 관련 기관 등의 미시적인 부문에서 동일하지 않다. 이러한 환경들이 복합적으로 어우러져 보여 주는 시장의 차이는 클 수밖에 없다. 그래서 다양한 시장을 모두 한 번에 접근하는 것은 대기업이나 할 수 있으며, 중소기업은 기업에 가장 적합한 시장을 먼저 선정하는 작업이 필요한 것이다. 국내 시장에 이미 경쟁력을 보유한 기업은 국내 시장과 유사한 국가를 선정하는 것도 좋은 선택이다.

예를 들어 일본은 가까운 이웃이지만 성숙된 시장이고 일본 제품에 대한 강한 신뢰가 형성되어 있기 때문에 진입하기가 여간 어려운 일이 아니다. 하지만 세계 3위의 큰 내수 시장을 가지고 있고 같은 동양 문화권이라는 것은 큰 매력으로 다가온다. 그리고 먼저 산업화를 시작하여 세계적인 경쟁력을 갖춘 일본 시장에서 유행하는 것이 나중에 한국에서 동일하게 유행하는 현상이 지속되는 분야가 많다. 한국은 1인 가구, 고학력 인구의 증가 등 인구 구조도 일본과 유사한 패턴을 보인다.

이제 우리나라의 국가 브랜드가 높아지고 삼성, 현대 등의 대기업과 밀폐용기 업체인 락앤락, 오토바이용 헬멧 업체인 HJC, 봉제완구 업체인 오로라월드 등의 글로벌 중소기업들의 약진으로 한국 제품에 대한 해외의 평가는 높아졌다.

그러나 아직 브랜드가 해외 시장에 알려지지 않은 중소기업들은 가성비 있는 제품을 구비하는 것이 좋다. 그렇지 않은 분야도 있지만 많은 분야에서 독일, 일본, 프랑스 등의 전통 제조 강국의 제품과 비교하여 많은 국가에서 한국 제품은 한 단계 낮게 평가되고 있는 것이 현실이기 때문이다. 한국의 제조업 경쟁력은 세계 최상위이지만 해외 소비자들에게 지금까지 각인되어 있는 국가 또는 제품에 대한 인식은 하루아침에 바뀌지 않는다. 이를 인정하고 품질과 디자인이 우위에 있는 제품력을 갖추어 전통 선진국 제품들에 밀리지 않으면서 좀 더 저렴한 가격으로 어필하는 것이 좋다.

가성비 있는 제품으로 해외 소비자 또는 B2B 제품이라면 해외 업체들에게 판매가 늘어나면서 브랜드가 서서히 알려지면 가격 선정에 힘을 가지게 되고 이후 프리미엄 전략으로 높은 가격의 차별화를 도모할 수도 있다.

그리고 제품력과 더불어 글로벌 마케팅 역량을 높이는 것에도 동시에 관심을 쏟아 좋은 제품임에도 불구하고 판매하지 못하는 경우를 예방해야 한다. 글로벌 마케팅은 환경 분석과 시장 세분화, 그리고 목표 시장의 선정과 마케팅 믹스의 기본적인 절차를 해외 시장에 맞추어 시행하는 것이다(3장의 '글로벌 마케팅의 단계별 요령' 파트를 참조한다).

넷째, 글로벌 네트워크이다. 당연한 이야기이지만 글로벌 수출기업은 관련된 많은 해외 거래선이 있다. 제품을 구매하는 바이어도 있지만 제품을 자사에 공급하는 업체도 있다. 그리고 해외 물류, 홍보 등의 서비스 업무를 담당하는 업체도 있다.

대기업도 마찬가지이지만 중소기업은 최대한 협력과 제휴를 통해 글로벌 네트워크를 구축해 나가야 한다. 협력 관계는 기술, 시장과 유통망, 공급망, 투자 등이 있다. 근래 들어 해외 선진 기술을 구매하는 장(market)을 정부에서 운영하는 사례도 있는 등 기술 제휴를 통해 제품과 서비스를 개발하여 시간과 비용 및 리스크를 줄일 수도 있다.

유통망을 가지고 있는 업체와 제휴하여 공동 마케팅을 하는 경우도 있는데 공동 브랜드를 사용하는 등 협력을 통해 시장에 안착할 때까지 기존 유통망을 활용하는 것이 중소기업에게는 유리하다. 중소기업도 물류 인프라가 잘 발달된 현재는 공급망 관리(Supply Chain Management)를 효율적으로 할 수 있다. 원자재나 반제품의 공급망이나 외주 제조업체(Contract Manufacturer, 고객과 계약을 통해 고객이 제시한 특정한 기준의 제품을 전문적으로 생산하는 업체로 주로 OEM, ODM으로 제조함)의 활용, 그리고 물류, 마케팅 전문 업체와 전 과정의 협력 구축을 통해 글로벌한 경영이 가능하다.

동일한 바이어를 두고 경쟁을 하는 경쟁 업체라 하더라도 때로는 협력을 통해 진입 장벽을 함께 넘을 수 있고 작은 업체로서의 약점을 서로 보완하여 완전체로 거듭나는 것도 고려할 수 있는 선택이다.

이상의 네 가지는 글로벌 기업이 되기 위한 필수 사항이라고 할 수 있다. 다음은 필수 항목으로 선정하지는 않았지만 고려해야 할 중요한 사항이다.

다섯째, 세계적 문제에 관심을 가져야 한다. 글로벌화로 인해 이제는 국내 문제에만 관심을 가지고 있으면 우물 안의 개구리 신세를 벗어나지 못하는 시대가 되었다. 국내의 문제들은 끊임없이 해외의 문제들과 상호 작용을 하고 변화하고 있으며, 해외 한 국가에서의 문제가 우리나라의 문제로 번지는 데에 걸리는 시간이 점점 짧아지고 있다.

1997년에 태국을 중심으로 동남아시아 지역에 금융 위기가 일어나 함께 휩쓸렸다. 이때 우리나라는 IMF 구제 금융을 받고 수많은 기업들이 사라지는 사태를 겪었다. 그리고 2008년에 미국에서 촉발된 금융 위기는 1929년부터 1939까지 지속되었던 대공황에 버금가는 세계적인 대혼란을 초래했다. 또 2019년에 중국에서 시작된 코로나19 팬데믹으로 인해 전 세계의 교류가 마비되었으며 지금도 진행되고 있다.

2021년 말에 우리나라에 요소수가 부족하여 물류가 멈춘 것은 중국에서 요소수 공급을 중단했기 때문이다. 중국의 공급 중단은 탄소 배출 규제라는 중국 정부의 정책이 바탕이 되었으며, 그 기저에는 환경 오염국의 오명에서 벗어나고 청정에너지 산업을 활성화하려는 의도가 숨어 있었다.

그리고 2022년에 들어 미국이 계속 금리 인상 정책을 시행함에 따라 우리나라를 비롯하여 전 세계 각국은 금리 상승 압박을 받게 되는 등 큰 영향을 미치고 있다.

또 세계적 문제는 기업에게 기회를 제공하고 있다. 환경 오염에 대한 해결책으로 신재생에너지, 미세먼지 감축 기술, 오염 정화 기술, 물 정화 기술, 탄소 배출권 등이 가장 유망한 사업 중의 하나로 떠오르고 있으며 미래에도 그 열기가 식기는 힘들 것이다. 4차 산업 혁명으로 각종 차세대 사업의 등장과 기존 사업의 재편에 대해 관심을 집중하지 않는다면 곧 글로벌 경쟁력을 상실하게 될 것이다. 로봇, 3D 프린팅, 메타버스, 클라우드 기술, AI 등의 기술을 개발하거나 최소한 그 기술을 활용하는 것이 필수가 되고 있다.

세계의 공장으로서의 중국의 역할이 임금 상승과 정부의 산업 개혁으로 점차 동남아시아로 이동 중이며 베트남 이외에도 수면 밑에서 도약을 기다리고 있는 인도, 방글라데시, 캄보디아 등의 국가들을 눈여겨보아야 할 것이다.

    국제 무역 질서도 세계무역기구(WTO)의 역할이 점점 축소되고 있으며 보호 무역 기조가 강화되어 가고 있는 것을 눈여겨보아야 한다. WTO 전체 회원국의 의견에 따라 도출되는 다자간의 무역 협정이 약화되고 있으며, 인접 지역의 국가들끼리 통상 이슈와 관련된 규범을 수립하고 새로운 국제 무역 질서를 형성하려는 움직임이 나타나고 있다. 거대한 경제 규모를 기반으로 역내 가치사슬과 교역을 강화하고자 하는 시도이다.

    우리나라는 59개국과 20개 자유무역협정(FTA)이 체결되어 있고 발효 중이므로 주요국의 대부분이 포함되어 있다. 따라서 수출할 때는 관세, 규제 완화 등의 혜택을 보기 위해 그 국가가 FTA 체결국인지를 알아야 하고, 나아가서는 FTA의 동향에 대해서도 알아야 한다(4장 'FTA 활용으로 수익률을 높이자' 파트를 참조한다).

    삼성의 고(故) 이건희 회장이 독일 프랑크푸르트에서 임원들을 모아놓고 "국제화 시대에 변화하지 않으면 영원히 2류나 2.5류가 될 것이다. 지금처럼 잘해 봐야 1.5류이다. 마누라와 자식 빼고 다 바꾸자."라며 글로벌 시대를 맞아 기존 경영 체제를 혁신한 신경영을 주창하여 회사 도약의 시초가 되었다.

유니클로(Uniqlo)의 야나이 다다시 회장은 "자신의 비즈니스가 세계를 바꿀 수 있다는 신념이 있어야 한다."라는 생각으로 캐쥬얼 의류 글로벌 업체가 된 것을 상기할 필요가 있다.

여섯째, 장기적 계획을 세워야 한다. "눈은 멀리 보고 손은 닿는 곳에 집중하라."라고 한다. 중소기업이 글로벌 수출 기업이 되기 위해서는 위에서 언급한 항목과 자사의 현재를 인식하고 그 차이를 단계별로 좁혀 나가야 한다. 기업의 최종적인 목표점을 정하고 기간별 마스터플랜을 가지고 있어야 한다. 그리고 기업 내부의 상황과 시장의 변동에 따라 그것을 지속적으로 수정해 나가야 한다.

장기적 계획이라고 하면 3년이나 5년을 말한다. 필자는 3년은 짧고 5년이 장기 계획으로 가장 적합하다고 본다. 빠르게 변화하는 글로벌 환경에서 5년을 초과하는 계획은 너무 길다. 글로벌화를 향한 장기적 계획과 현재 기업이 당면한 단기적 문제의 해결을 위한 계획이 효과적으로 어울려야 한다. 먼 산만을 바라보고 제자리걸음을 해서는 안 되며 목표로 하는 정상을 바라보지 않고 앞으로 나아가서도 안 된다.

일곱째, 리스크를 관리해야 한다. 우리나라의 중소기업이라면 필수적으로 글로벌 시장을 목표에 두고 적극적으로 시장을 개척해야 하지만 동시에 작은 기업으로서 자원의 한계를 염두에 두고 리스크를 관리할 필요가 있다.

가장 우선적인 리스크 관리 대상은 자금이다. 이는 모든 리스크의 기반이 되는 것이다. 글로벌화를 위한 장기 계획을 세울 때 기존의 자금 현황과 더불어 장단기 예상 매출과 수익을 예측하여 어느 정도를 해외 시장 개척에 배분할 것인지를 계획한다.

글로벌화를 위한 자금 배분은 업체의 상황에 따라 다르다. 국내 기업을 통한 간접 수출**(대기업 등에 수출용 원자재 등의 납품을 통한 수출 방법)** 에는 큰 비용이 소요되지 않지만 직접 수출을 하려면 전시회 참가, 해외 업체 방문, 시장조사 등에 대한 자세한 예산 계획이 필요하다.

자금의 여유가 없으면 온라인 상담회나 정부에서 지원하는 각종 수출 관련 지원 정책을 잘 분석하여 적합한 항목에 참여해야 한다. 중소벤처기업청, 중소벤처기업진흥공단 등의 홈페이지에 들어가 수출 관련 지원책을 잘 살펴보기를 바란다.

또 아이템에 따라 우선 국내 시장에 집중하여 국내 시장에서 브랜드를 알리고 정착한 다음에 그 자원과 성공 경험을 바탕으로 해외 시장의 문을 노크하는 전통적인 방법도 리스크 관리를 위한 선택이 될 수 있다.

또 하나는 국가 진입 장벽 리스크이다. 해외 각 국가에서는 나름의 법규로 수입을 제재하고 있으며 관세, 인증 등의 장벽이 있다. 먼저, 목표로 하는 시장의 수입 법규를 상세히 검토하여 법규로 인해 시장 진출에 차질을 빚지 않도록 준비해야 한다.

　마지막은 브랜드 리스크이다. 국내 시장과 마찬가지로 브랜드를 구축하는 것은 시간과 비용이 많이 소요되지만 브랜드가 무너지는 것은 한순간에 일어날 수 있다. 특히, 중소기업 입장에서 해외 시장은 낯설고 여러 변수들에 대한 관리를 효율적으로 수행하기가 힘들기 때문에 거래선을 선정하는 데에 평가 시스템이 필요하다. 큰 매출을 바라보고 장기간 독점 에이전트 계약을 하더라도 거래선의 잘못으로 브랜드 가치가 떨어지는 경우를 대비하여 계약서에 안전장치를 해 두어야 한다. 법률, 무역 등의 협력 파트너 선정도 신중하게 하여 부가 업무로부터 예상하지 못한 어려움을 겪지 않아야 한다.

　그리고 해외에 진출하기 전부터 현지에 상표를 미리 등록하고 마케팅을 할 때 현지인들의 성향과 관습 및 문화적 특성 등을 잘 주지하여 예상하지 못한 반대급부의 반응이 나오지 않도록 잘 관리해야 한다.

　리스크 관리는 위험(危險) 관리라기보다는 위기(危機) 관리라고 할 수 있다. 여기서 위기는 위험과 기회를 모두 포함한 개념이다. 위에 언급한 위험을 잘 인지하고 관리한다면 안전하게 해외 시장에 진입을 하고 장기 성장의 디딤돌이 될 기회를 잡을 수 있을 것이다.

글로벌 기업의 조건

필수
다양성
글로벌 조직
글로벌 경쟁력
글로벌 네트워크

부가
세계적 문제에 관심
장기적 계획
리스크 관리

잘 나가는 기업은 다르다

여기에 소개하는 업체들은 글로벌 수출 중소기업들이다. 우선, 이 업체들이 글로벌 기업으로 성장하는 과정을 살펴보고 다음 내용을 살펴보는 것이 좋다고 판단되어 신중을 기하여 선정했다. 이 중소기업은 각자 다른 방향의 글로벌화를 진행했기 때문에 나름의 독특한 특성이 있어 독자들이 글로벌 수출 기업을 향해 어떤 방법으로 운영해 나갈지를 참고할 수 있을 것이다.

슈피겐 코리아

슈피겐 코리아는 모바일 액세서리 업계 최초의 코스닥 등록 기업이고 스마트폰 케이스 제품을 주력으로 한다. 2020년

아마존(Amazon)의 슈피겐 코리아 전용 스토어

에 기록한 매출 4,000억 원 중 93%가 수출에서 얻은 전형적인 글로

벌 중소기업이고 온라인을 해외 시장 개척의 주력으로 삼아 작은 기업의 글로벌화에 좋은 선례라고 할 수 있다.

또 중소기업임에도 특허를 기반으로 하는 제품력과 브랜드 파워를 앞세워 20%의 영업이익을 달성하여 성장과 함께 수익을 가져오고 있다. 2009년에는 매출 80억 원의 내수 기업에 머물다가 진입 장벽이 낮고 수많은 경쟁자가 가격 싸움을 하고 있는 내수 시장을 벗어나 10여 년 만에 어떻게 글로벌 강자로 우뚝 설 수 있었는지를 알아보자.

2009년 에스지피(주))로 창업하여 국내 업계에서는 처음으로 무상 제품 교환 서비스를 시작했고 CS(고객서비스) 센터를 오픈했다. 고객 불만이 많은 모바일 액세서리 업계에서 서비스를 통해 승부를 본 것이다.

설립한 지 얼마 안 된 업체였지만 그동안 대기업의 전유물로 여겨왔던 서비스를 과감히 도입하여 고객들로부터 큰 호응을 받아 시장에 이름을 알리게 된 것이다. 제품도 프리미엄 전략을 고수하며 특허를 통한 고급 제품을 선보였다. 스마트폰이 낙하될 때의 파손을 방지하는 '에어쿠션' 기술, 케이스 장착에 따른 사용자 불편을 최소화하는 기술, 스크린 보호 기술 등을 적용한 제품을 출시하여 짧은 시간에 국내 시장에 정착했다.

이후 곧바로 해외 시장에 눈을 돌려 우선 북아메리카 시장을 공략했다. 2012년에는 미국의 한 판매 대리점이던 슈피겐(Spigen Inc.)을 인수하여 미국 시장에 발을 들여놓았다. 회사명도 지금의 슈피겐 코리아로 바꾸었다. 이는 인수합병(M&A)을 통한 시장 개척 전략을 사용한 것이며 대외적 측면에서 대중에게 미국 회사로 홍보되어 미국 소비자의 거부감을 줄이는 전략을 취한 것이다.

    그리고 유통은 온라인 플랫폼을 공략했다. 북아메리카 최대 온라인 플랫폼인 아마존(Amazon)에 스마트폰 케이스 카테고리로 입점했다. 1994년에 온라인 서점으로 시작하여 1997년에는 각종 카테고리를 추가하여 종합 온라인 플랫폼으로 자리한 아마존에서 성장 고리를 발견한 것이다.

    슈피겐 코리아의 예측대로 아마존을 통해 회사의 제품력과 서비스가 결합되었으며 그 결과 카테고리를 선점하고 만점에 가까운 소비자 만족도를 기록해 해당 브랜드를 미국 소비자들에게 알리는 성과를 거두었다.

    슈피겐 코리아는 이후 일본 시장에서는 라쿠텐(Rakuten), 동남아시아 시장에서는 라자다(Lazada, 현재는 쇼피가 선두 업체임), 인도 시장에서는 플립카트(Flipkart) 등 국가별 및 지역별 대표 온라인 플랫폼에 입점했다. 이와 같이 미국 시장에서 펼쳤던 전략을 적용한 결과 온라인 유통 채널에서 경쟁력을 확보하게 되고 시장에 안착해 시장의 다변화에 성공했다. 시장 개척 기술의 변화에 적절히 대응하여 동시에 성장한 것이다.

슈피겐 코리아는 이제 기존 온라인 유통 경쟁력을 통해 제품의 다변화에도 나서고 있다. 자회사 슈피겐 뷰티를 설립하고 화장품과 같은 뷰티 제품도 온라인 플랫폼을 통해 판매하고 있다. 아마존 유통 노하우를 활용하여 물류 서비스도 시작하여 중소기업의 해외 진출에 도움을 주는 사업도 진행하고 있다.

이를 정리하면 슈피겐 코리아의 글로벌화는 다음과 같은 특징이 있다. **첫째, 제품의 선정과 시장의 선택에 특장점이 있다.** 슈피겐 코리아는 모바일 시장의 성장과 함께 액세서리 분야가 큰 성장을 할 것으로 예측했다. 창업 당시는 스마트폰이 개발되어 시장에 출시되는 시점이었고 스마트폰을 보호하는 액세서리에 주목하여 보호 필름으로 아이템을 삼았다. 그리고 보호 필름보다 훨씬 시장이 크고 교환 주기도 짧아 더욱 매력적인 아이템인 케이스에 집중했다.

그러나 곧 국내 시장은 1년 이내에 영세 업체들의 치열한 경쟁으로 저마진 및 저성장이 이어지게 되어 과감하게 미국 시장을 선택했다. 국내에서 슈피겐 코리아의 주력 제품인 아이폰에 특화된 케이스의 최대 시장이 미국이었기 때문이다. 모바일 액세서리는 시장 규모가 국내 시장보다 10배 이상이었고, 소비자의 50% 이상이 아이폰을 사용하고 있었기 때문이다.

또 모바일 트렌드를 가장 먼저 읽을 수 있는 시장이 미국이었기 때문에 미국 시장에 성공하는 것은 세계 시장에 성공할 수 있는 기반을 다지는 것이었다. 2021년 현재 회사의 지역별 매출을 살펴보면 북아메리카 52%, 유럽 29%, 국내 11%, 아시아와 기타 지역이 9%로 전 세계를 상대로 판매하고 있으며 여전히 미국 시장이 압도적 부분을 차지하고 있다.

둘째, 지식재산권을 통한 제품 개발이다. 처음에 미국 시장에서 슈피겐 코리아는 제품 전략 측면에서 실패를 맛보았다. 얇고 화려한 국내 시장용 제품을 그대로 미국 소비자에게 소개한 것이 실수였다. 사전에 시장과 소비자에 대한 제대로 된 조사가 시행되지 않은 채 도전한 것이다. 이는 시장 분석을 소홀히 하는 중소기업에서 많이 나타나는 실패 양상이다. 결국 제품은 미국 소비자의 이목을 끌지 못했고 고전할 수밖에 없었다.

그러나 슈피겐 코리아는 신속히 잘못을 알아차리고 현지인 R&D 인력을 채용하여 현지 소비자의 구미에 맞는 제품 개발에 나섰다. 이를 통해 미국 소비자는 두껍고 차분한 색상을 좋아한다는 것도 알게 되었다. 플라스틱 대신에 메탈을 사용해 견고한 제품을 선호하는 미국인들의 마음을 사로잡으려고 노력하고, 신기술을 통해 소비자 불편 사항을 해결했다.

디자인과 내구성을 동시에 만족시킨 제품은 온라인 마켓을 통해 팔려 나가게 되었고 높은 평점을 받으며 인기를 끌었다. 이후 두께를 5mm 줄여 디자인을 좀 더 세련되게 수정하고, TPU 소재로 신축성과 내구성을 동시에 잡은 신제품도 선보이며 결국 미국 시장에서 선도 브랜드로 자리 잡을 수 있었다.

현재 슈피겐 코리아는 다수의 지식재산권을 보유하여 기술 보호와 함께 기술 기업으로서 지속적인 성장의 입지를 다져가고 있다. 또 제품도 다양하게 출시하여 케이스 65%, 보호 필름 11%뿐만 아니라 충전기 등 기타 모바일 액세서리 제품이 24%로 구성되어 있다.

셋째, 브랜드 관리와 마케팅이다. 회사는 미국 시장에 진출한 지 3년만인 2015년 1월 기준 브랜드 랭킹(Brand Ranking)이 발표한 모바일 액세서리 부문 미국 4위에 올랐다. 1981년에 설립된 로지텍(Logitech), 1983년에 설립된 벨킨(Belkin) 등의 업력 30년 이상인 강호들과 어깨를 나란히 하게 된 것이다.

슈피겐 코리아의 제품력과 더불어 국내 시장에서와 같이 A/S 부문에도 대형 회사 이상의 공을 들이면서 99%의 소비자로부터 긍정 평가를 받았다. 온라인에서는 소비자 평가가 판매량에 절대적인 역할을 함을 간파했고, 처음부터 소비자의 만족도를 높이기 위해 세심히 관리하여 점점 선호하는 브랜드로 자리 잡은 것이다. 현지에 법인을 설립한 현지 회사로서 현지 소비자의 요구에 맞춘 제품과 기대 이상의 서비스를 지원해 난립하는 중국의 저가 제품과 확실한 차별점을 두어 선두 업체들과 겨루며 경쟁한 것이다.

이러한 성공 방식은 다른 국가 시장에서도 그대로 적용되었으며 2021년 현재 약 60여 국가에 진출하여 선두 브랜드로서 입지를 유지하고 있다.

슈피겐 코리아는 아마존의 상품 노출 알고리즘(판매되는 상품들이 아마존 쇼핑몰에서 상위에 노출되는 정도를 결정하는 일련의 시스템, 6장 검색 엔진의 상위 노출 참조)과 유통 형태를 연구하여 회사의 노하우로 쌓았다. 그리고 이러한 데이터를 토대로 온라인 마케팅에도 강점을 가지며 빠르게 온라인 시장을 점유했다.

넷째, 온라인 판매로 시장을 개척한 것이다. 슈피겐 코리아의 해외 온라인 플랫폼에서의 판매 전략은 유통 시장의 변화를 잘 간파한 전략이었다. 브랜드 파워가 미미한 작은 업체로서 초기에 오프라인을 공략했다면 매장에 입점하기 위해 많은 시간과 노력의 소모가 요구되었을 것이다. 오프라인 매장은 기존 선두 브랜드 위주의 입점이 이루어지고 있었기 때문이다. 지금은 아마존이 우리나라 국내 법인도 있고 제품 판매를 돕는 서비스가 잘되어 있어 누구라도 쉽게 제품을 아마존에서 팔 수 있다. 하지만 그 당시 전통적인 해외 시장 개척 방식인 오프라인 유통보다 온라인에 주력하는 선택을 한 데에는 회사의 탁월한 혜안이 있었다고 말할 수밖에 없다.

아마존에 셀러로 등록하면 현지에 창고가 없더라도 제품을 판매할 수 있는 장점이 있었다. 그리고 제품 리뷰에 따라 판매량이 결정되므로 계급장을 떼고 경쟁하는 시장이 만들어진다. 따라서 제품과 서비스에 자신이 있는 작은 회사는 이를 선택하여 빠르게 시장에 정착할 수 있는 판매 방식이다.

슈피겐 코리아는 온라인에 성공적으로 정착한 다음에 2014년부터 오프라인 시장에 진출하여 2015년에 2,200개의 매장에 입점할 수 있었다. 온라인에서 짧은 시간에 쌓은 브랜드 파워에 힘입어 오프라인 매장에 입점한 것으로 해외 시장을 개척할 때 우선순위를 어디에 두어야 되는지 지침이 되고 있다.

슈피겐 코리아는 이 방식을 유럽, 아시아 등의 다른 시장을 개척하는 데에도 활용하여 빠른 시간 내에 시장에 정착할 수 있었다. 물론 온라인 판매는 복불복의 시장으로 제품력과 서비스가 경쟁력이 없으면 그 브랜드는 시장에서 빠르게 외면당할 수 있는 함정이 있지만 슈피겐 코리아는 성공에 대한 확신이 있었기 때문에 과감하게 온라인에 도전한 것이다.

온라인 판매는 작은 회사가 기존의 선두 업체들과 치열한 경쟁 상황에서 빠르게 시장에 이름을 알릴 수 있고 소비자의 평가에 따라 가부가 신속히 결정된다. 그래서 온라인 판매를 통해 제품 개선과 사업 방향을 조기에 전환하여 매몰 비용을 줄일 수 있는 장점이 있다.

오케이쎄

휴식을 위해 베트남으로 떠났던 한 청년이 사업 기회를 포착하고 현재 가입자 400만 명, 거래 금액 1,300억 원의 베트남 최초이자 최대 온라인 중고거래 플랫폼을 만들었다. 발품을 팔며 일일이 매장을 돌아다닌 노력으로 1,700여 오토바이 전문 매장과 거래하게 되었다. 2021년 11월에 35억 원의 투자를 받은 이래 지금까지 총 105억 원의 투자를 받아 가입자(회원)를 통한 금융 플랫폼으로 발전해 나가려 노력하고 있다.

베트남의 시장 환경에 대해 잘 알지 못하고 베트남어도 못하는 회사의 대표가 짧은 시간 내에 어떻게 베트남 시장을 점유할 수 있었는지를 알아보자.

오케이쎄의 김 대표는 2016년 베트남에 휴식을 위해 들렀다가 한국에 있을 때부터 좋아하던 오토바이에 눈이 꽂혔다. 베트남은 오토바이를 제외하고는 상상할 수 없는 오토바이 나라이며 각 가정에서 평균 2대의 오토바이를 보유하고 있다.

단순히 볼거리를 넘어 사업 기회를 찾다

김 대표는 오프라인에서만 거래하고 호객 행위가 난무하며 품질 보증서도 없는 베트남 오토바이 시장에서 기회를 발견했다. 온라인 플랫폼의 성공을 직감한 것이다. 아무도 가지 않은 길이 그의 눈에는 보인 것이다.

그는 오토바이 매장을 방문했다. 소비자가 믿을 수 있는 거래 시스템에 대해 설명하고 불신이 팽배하여 판매에 애로를 느끼는 상인들을 설득했다. 이와 같이 1년 동안 3,000여 매장을 돌아다니며 온라인 판매자로 한두 매장씩 등록하여 총 500개의 매장을 등록했다. 그리고 나서 비로소 해당 온라인 플랫폼을 소비자에게 소개했다.

그동안 이미 적지 않은 매장이 판매자로 등록한 결과 소비자가 안전하게 거래할 수 있는 시스템이라는 확신을 주면서 5개월 만에 플랫폼의 가입자가 40만 명이 되었다. 온라인의 특성상 그다음부터는 바람을 타고 성장의 불길이 타올랐다.

이를 정리하면 IT 스타트업이 해외 시장을 어떻게 개척할 수 있는지 다음과 같은 시사점을 찾을 수 있다. **첫째, 시장조사와 기회 포착이다.** 세상에는 수많은 문제점이 있고 그 문제점을 해결하는 데에서 사업 기회가 존재한다. 베트남에 방문한 모든 사람들이 가장 인상적인 장면으로 사람들이 남녀노소 가리지 않고 헬멧을 쓰고 오토바이를 타고 다니는 장면을 꼽을 것이다. 이는 재미있고 인상적인 것이지만 또한 사업 기회가 숨어 있기도 했다. 그들의 오토바이 생활을 한 겹 벗겨 들여다보며 어떤 문제가 있는지를 살펴보는 것이 출발점이었다. 김 대표는 이를 마냥 구경거리로만 여기지 않았다. 사람들이 어떻게 오토바이를 매매하는지를 지켜보며 문제점을 발견한 것이다.

베트남에서 사업 기회를 포착할 당시인 2016년 오토바이 등록 대수는 약 4,000만 대였고 판매량은 약 300만 대였다. 그러나 중고 오토바이 매매는 2배의 시장 규모를 가지고 있었다. 그리고 중고 시장에는 매매에 대한 불신이 잠재되어 있었으며, 특히 40%가 여성 운전자이므로 매매에 따른 기대 불일치의 위험을 해결해 줄 무언가에 대한 갈망이 내재되어 있었다.

우리나라도 2020년 기준 중고 자동차 판매량이 약 250만 대이고 온라인 매매가 일반화되어 있지만 그 전에는 동일한 불편함을 겪고 있었다.

베트남 인구의 70%가 넘는 모바일 보급률을 감안하면 중고 거래 애플리케이션은 가장 좋은 문제 해결 방안이었다. 예전 한국의 중고 자동차 상황과 크게 다르지 않았다. 이러한 베트남의 상황에서 이를 사업으로 연결한 결과를 살펴보면 당연한 생각이라고 할 수 있다. 하지만 신기술이나 신사업 아이디어가 주로 이와 같은 방식의 결과론적 평가를 받는 것을 볼 때 주변의 불편함과 사업을 연결하는 것에 무감각한 채 뒷북치고 있음을 반증한다.

이러한 국가 간의 시장의 기술 차이를 활용하면 전 세계의 어느 곳에서도 아직 많은 사업 아이템의 금광이 세상에 나오지 못한 채 묻혀 있음을 알 수 있다.

둘째, 현지 영업과 네트워크이다. 수출 시장을 개척하기 위해 현지 시장을 잘 알아야 하는 것은 상식이다. 하지만 많은 중소기업이 온라인 또는 KOTRA와 같은 정부 기관을 통해 시장조사를 마치는 것을 본다. 이는 시장조사의 마침이 아니고 시작일 뿐이다. 본격적인 조사는 직접 방문하여 눈으로 직접 확인하기 위한 좋은 사전조사이다. 한 시장의 소비자를 알려면 그 속에 들어가 사람들과 대화하고 질문하며 어울려야 한다. 백화점뿐만이 아니라 재래시장에 가서 물건을 살펴보고 가격도 물어보며 사람들이 어떻게 흥정하는지를 관찰하는 것이 필요하다.

김 대표는 사업 기회를 발견하고 베트남에 머물면서 현지인과 소통을 이어갔다. 가장 좋은 영업은 맨투맨 영업이다. 비용과 시간의 문제 때문에 온라인 등을 이용하는 것이다. 그리고 베트남은 아직 온라인 영업 인프라와 인식이 잘 갖추어지지 않았다.

그는 일일이 오토바이 매장을 찾아가 자신의 사업을 설명하고 설득했다. 처음 보는 한국인이 매장에 방문하더라도 처음부터 현지인들이 반갑게 받아들이지 않은 것은 당연했다. 그러나 꾸준하게 방문하며 진솔하게 설명하는 것을 지켜 본 사람들이 곧 마음을 열었고 비즈니스 모델을 이해한 뒤에 거래를 승인하게 되었다. 한국이 1위 베트남 투자국이고 2위 베트남 제품 수입국인 좋은 이미지가 베트남에 형성되어 있는 것도 무시할 수 없는 배경이 되었을 것이다.

직접 방문하여 이야기를 나누면서 맺은 독점 계약은 신뢰의 거래가 되었다. 김 대표도 매장 사장의 신뢰성을 평가하여 믿을만한 곳만을 골라 거래를 제의했다. 무분별하게 거래 매장만 늘렸다면 추후에 소비자의 불만이 발생하고 크게 고전했을 것이다. 신뢰가 밑바탕이 된 현지 네트워크는 회사의 가장 큰 자산이 되었다. 경쟁자가 생기더라도 신뢰로 맺어진 1,700개 매장의 독점 계약 네트워크는 회사를 보호해 줄 것이다.

현재 온라인 플랫폼 애플리케이션과 함께 회사 홍보와 오토바이에 관한 정보 제공 등 소통을 위한 블로그의 투 트랙의 소비자 접촉점이 있고, 페이스북 등의 SNS 활동도 꾸준히 하면서 소비자와 소통하고 있다.

셋째, 선택과 집중이다. 오케이쎄 사례와 같이 작은 회사는 처음부터 여러 시장에 진출하는 것보다는 하나 또는 소수의 시장을 선택하여 그곳에 집중하고 정착한 뒤에 인접 시장 또는 다른 시장을 공략해야 한다.

전혀 다른 문화와 언어, 사회 시스템 등을 이해하고 소비자를 정확히 파악하면서 영업망을 구축하려면 회사의 역량에 따라 하나의 시장도 다루기가 버거울 수 있다. 오케이쎄는 하나의 시장, 하나의 아이템에 집중했다. 영업 네트워크가 구축되고 제품이 소비자에게 알려지면서 안착한 다음에 비로소 시장의 다변화에 대해 고민해야 한다.

여기서 다변화는 아이템과 시장의 다변화를 말한다. 다변화도 같은 시장에서 연관된 아이템으로의 다변화 또는 같은 아이템을 인접한 시장에 진출하는 다변화가 좋다.

오케이쎄는 400만 명의 가입자를 대상으로 하는 다양한 사업 기회가 있다. 회사가 오토바이 관련 금융과 연계한 신용 프로그램을 추진하는 것도 그 일환으로서 좋은 방향으로 나아가는 것이다. 또 인접한 인도네시아, 인도 등의 오토바이 시장을 탐색하는 더 큰 곳으로의 진출도 생각해 볼만한 가치가 있다. 같은 아이템으로 인접 시장을 공략하는 것이다.

넷째, 소비자의 만족이다. 많은 사용자들은 매매의 통상적인 형태로 거래할 때 오토바이의 품질을 확인하는 문제를 가장 어려워한다. 전문 지식이 없는 사용자는 어떤 오토바이가 정말 좋은지를 완전히 확신할 수 없기 때문이다.

오케이쎄는 품질을 보장하기 위해 오토바이에 대한 모든 정보를 온라인에 게시하기 전에 상점 소유자와 계약을 통해 약속한다. 이는 구매자와 판매자가 모두 거래에서 품질과 투명성 및 안전성을 보장하기 위한 것이다.

또 애플리케이션의 이용은 다운로드에서부터 계정 등록, 거래 게시, 매매에 이르기까지 모두 무료이다. 또 사용자는 플랫폼을 통해 몇 번의 클릭으로 잠재 고객뿐만 아니라 수천 개의 다양한 제품에 쉽게 접근할 수 있다.

게다가 고객 편의를 위해 오케이쎄는 신한은행과 협력하여 구매자를 위한 새로운 결제 솔루션을 만들었다. 협력 매장에서 오토바이를 구입할 때 구매자는 무담보 대출을 통해 매우 유리한 이율로 구입할 수 있다. 신한금융과 연계해 자동차 대출 프로그램을 운영하면서 소비자들이 보다 편리하게 구매할 수 있을 뿐만 아니라 즉시 납부할 여력이 없는 구매자에게 혜택을 제공했다.

다섯째, 최신 기술의 적용이다. 오케이쎄는 빅데이터 기술(Big Data)과 인공지능(AI)을 플랫폼에 적용했다. 상점 소유자는 오케이쎄 애플리케이션에 판매용 제품을 게시할 수 있고, 구매자는 오프라인 상점에 방문하기 전에 자신의 필요에 맞는 다양한 오토바이를 안심하고 선택할 수 있다.

또 사용자가 몇 가지 간단한 단계로 다양한 상점의 품질과 가격을 비교하고 평가하는 데에 도움이 되는 기능을 갖추고 있다. 빅데이터와 AI 기술을 바탕으로 사용자가 차종, 차량 용지, 제조 연도,

수리 현황, 가격 등 필요한 정보에 쉽게 접근할 수 있도록 했다. 그리고 판매자의 가짜 뉴스 분별, 고객의 구매 및 판매 요구 사항을 분석하고 고객이 쉽고 빠르고 안전하게 거래할 수 있도록 새로운 기능을 지속적으로 개발하고 있다. 이러한 기술들은 이미 국내 온라인 플랫폼들이 선보이고 있었던 것이며, 이를 베트남이라는 다른 시장에 적용한 것이다.

여섯째, 단계적 성장 전략이다. 오케이쎄는 베트남 시장에서 최초로 온라인 중고 오토바이 플랫폼의 성공 가능성을 면밀한 조사를 통해 확인하고, 우선 중고 오토바이 매장을 방문하여 독점 판매자를 확보했다. 만약 여러 번 방문해 설득함에도 불구하고 매장에서 판매자들이 비즈니스 모델에 호의적이지 않아 판매자로 등록하는 비율이 극히 낮았다면 비즈니스 모델 자체의 문제점은 없는지, 아직 온라인 시장에 들어갈 시기가 아닌지를 재확인하는 과정이 필요했을 것이다.

　이러한 경우 기업들은 시장에 대한 확신을 가지고 우선 큰 자금을 투입하여 플랫폼과 조직을 만드는 것을 보게 되지만 실제 시장에서 부딪히며 그 예상과는 다른 반응이 나타날 수 있음을 염두에 두어야 한다.

　오케이쎄는 매장들이 독점 판매자로 등록하는 결과를 얻은 뒤에야 비로소 분명한 확신을 가지게 되었다. 500개의 독점 판매자를 확보한 뒤에 애플리케이션을 오픈하고 소비자를 대상으로 홍보하기 시작했다. 그리고 나서 비로소 소비자 가입자 수를 늘리는 것에 집중했다. 5개월 만에 사용자가 40만 명을 돌파하면서부터는 별다른 홍보 없이도 자동적으로 입소문이 나고 날개를 단 것처럼 가입자가 증가했다. 오케이쎄는 이때부터 국내 투자자들에게 투자를 받아 인력 보강과 애플리케이션의 기능을 고도화했고 마케팅을 강화했다. 그리고 베트남에 진출한 신한은행과 협력하여 대출을 연결해 주는 프로그램도 도입하여 보다 편리하게 거래할 수 있게 했다. 이와 같이 초기에 무리하지 않으면서 단계를 밟아 나아간 것이 어느 순간이 되자 급성장의 기반이 되었다.

현재 오케이쎄는 현지인 COO(Chief Operating Officer)와 50명의 직원이 있다. 사용자가 400만 명에서 좀 더 늘어나면 금융 중개 수수료와 광고 수수료의 부가 수익도 더욱 늘어날 것이다. 오케이쎄는 다음 단계로 금융 서비스를 확대하려는 계획을 가지고 있다. 사용자 정보의 빅데이터를 통한 다양한 비즈니스를 떠올릴 수 있다. 그 다음 단계에서는 오토바이 이외의 다른 교통수단으로의 진출 또는 인접 시장으로의 진출도 고려할 수 있을 것이다.

홍진 HJC

1971년에 설립하여 현재 세계 1위 자동차용 헬멧 업체 지위를 유지하고 있는 홍진 HJC는 2020년에 220명의 직원이 일하며 약 1,000억 원의 매출을 기록하고 있다. 영업이익이 약 100억 원으로 10%의 영업이익률은 약 5%인 우리나라 기업의 평균 영업이익률보다 2배가 높다. 계열사들은 합하면 그룹 전체 매출은 2,000억 원이 넘으며, 수출 비중은 95%를 상회하여 명실공히 글로벌 수출 기업이다.

홍진 HJC는 국내 시장을 석권한 다음에 1986년에 'HJC'라는 자체 브랜드를 앞세워 미국 시장에 진출하여 1992년에 북아메리카 시장에서 일본을 제치고 점유율 1위를 달성했다. 아울러 2001년에 유럽 시장에도 본격적으로 진출하여 그 해에 세계 시장 점유율 1위를 달성했고, 2021년 현재까지 세계 1위 자리를 한 번도 내준 적이 없다.

이 회사가 어떻게 세계 1위를 차지한 뒤에도 20년 동안 세계 1위를 지킬 수 있었는지를 알아보자. 홍진 HJC의 홈페이지 메인 화면에서 회사의 사명을 찾아볼 수 있다.

"HJC 헬멧은 오토바이 헬멧을 독점적으로 제조하는 것을 전문으로 합니다. HJC가 헬멧 제작을 한 지 48년이 다가오면서, 우리는 전 세계 오토바이 운전자에게 최고 품질의 헬멧을 제공하겠다는 약속을 다시 한 번 다짐합니다."

약 50년 동안 한국 1위 그리고 세계 1위를 수성해 오면서 '오토바이 헬멧' 하나의 아이템에 집중해 온 것을 보게 된다. 전 세계 오토바이 운전자의 안전 이외의 것에는 눈을 돌리지 않았다. 이러한 선택과 집중은 전통적으로 중소기업의 성장 모델이다. 독일과 일본의 수많은 작지만 세계 시장을 주도하는 글로벌 기업들의 성장 모델이기도 하다.

홍진 HJC는 1971년에 창업할 때 오토바이용 의류 제조업체로 출발했다. 처음에는 헬멧 안쪽 내피를 제조했다. 그러다가 1974년에 서울 헬멧을 인수하면서 오토바이 헬멧 시장에 본격적으로 진출했고, 1978년에 한국 오토바이 헬멧 시장 1위에 올랐다. 그러나 한국 오토바이 헬멧 시장은 크지 않았다. 그 당시 한국에서는 오토바이가 상업용으로 주로 쓰이는 경우가 많았고 헬멧 시장도 다양해지기 어려웠다.

홍진 HJC는 미국 시장 진출을 시도했다. 그러나 미국 연방 교통성의 기준을 맞춘다는 것은 쉽지가 않았다. 디자인도 개선해야 할 문제가 많았다. 이에 홍진 HJC은 R&D 투자를 아끼지 않고 제품 개선에 집중하여 가볍고 튼튼하면서도 저렴한 오토바이 헬멧을 생산

했다.

　홍진 HJC는 해외 시장 진출 전략을 가지고 자체 브랜드를 처음부터 고집했다. 그 시장에서 이미 브랜드가 알려진 큰 업체를 통한 OEM(주문자 상표 부착 제조) 방식을 활용하면 비용과 시간을 줄이고 훨씬 쉬웠지만 품질에 대한 자신감과 자체 브랜드에 대한 의지가 있었다. 미국 헬멧 회사의 큰 금액의 OEM 제의를 물리치고 직접 진출을 선택했다.

　홍진 HJC는 미국에서 대형 유통망보다는 개별 도매상들을 목표로 삼았다. 소비자들에게 평판이 좋은 중소 규모의 도매상을 선정한 다음 그들과 긴밀한 유대 관계를 맺었다. 중소 규모의 도매상들도 홍진 HJC 제품의 품질을 알아보고 선뜻 응하게 되었다. 이와 같이 유통망에서 윈윈(Win–Win) 구조를 만든 것이 주효했다. 좋은 물건과 성실한 중간 판매자가 소비자한테까지 혜택을 나누어 주는 선순환 구조가 만들어진 것이다. 그리하여 홍진 HJC는 결국 미국 시장을 석권했다.

　그러나 시장 1위가 된 홍진 HJC는 기존의 중소 도매업자들과의 관계를 버리지 않았다. 더 좋은 구매 조건을 제시하는 중간 판매자가 찾아와도 거절했다. 덕분에 한국 중소기업이 미국 안에서는 웬만한 대기업 못지않은 밀접한 관계로 다져진 탄탄한 유통망을 갖추게 되었다.

　홍진 HJC가 유럽 시장을 공략하는 전략도 살펴볼 필요가 있다.

미국에서는 시장 점유율 1위였지만 유럽 시장은 다른 전략이 필요했다. 유럽의 오토바이족들은 헬멧에서 패션을 기대했고 미국 소비자들에 비해 훨씬 까다로웠다. 홍진 HJC의 미국 시장을 겨냥한 실용적인 헬멧은 유럽 소비자들에게는 잘 통하지 않았다. 그래서 고급화 전략을 쓰고 고급스러운 디자인의 새로운 헬멧 '알파(ALPHA)'

레드불(RedBull)이 최초로 협업한 홍진 HJC의 RPHA 1 시리즈 헬멧 출처_홍진 HJC

시리즈를 선보였다. 개당 70만 원이 넘는 고가 제품이다. 품질에서도 해외의 품질평가 기관과 바이크 전문지 등에서 호평을 받았다. 디즈니 그룹 산하의 마블 루카스 필름과 협업을 통해 잇따라 신제품을 선보이면서 전 세계 바이커들의 이목을 붙잡는 데도 성공했다.

제품을 홍보하기 위해 유럽 모토 그랑프리(Moto GP) 대회도 후원하기 시작했다. 오토바이 경주 대회의 슈마허라고 불리는 스페인의 호르헤 로렌소와 전속 계약도 맺었다. 세계 모터스포츠의 후원자로 나선 셈이었다. 한국의 대기업도 선뜻 나서지 못한 일이다. 유럽에서 모터사이클 그랑프리 대회의 인기는 상상을 초월한다.

200개국에서 2억 가구 이상이 시청하는 월드컵 못지않은 인기 스포츠이다.

특히, 이른바 '변신 헬멧'을 출시해 유럽 소비자들을 공략하기 시작했다. 이는 하나의 헬멧으로 스피드용과 레저용의 필요가 동시에 만족할 수 있는 헬멧이다. 디자인과 실용성으로도 유럽 시장 공략에 나선 셈이다. 이와 같이 프리미엄 제품의 출시와 적절한 홍보 전략으로 유럽 시장에서도 시장 점유율 1위를 달성했다.

홍진 HJC가 세계 시장 1위를 달성한 만큼 1위 수성을 위한 노력도 돋보인다. 홍진 HJC는 기술력과 품질에서 최고의 제품을 공급하기 위해 매출액 대비 10% 이상의 R&D 투자를 지속적으로 시행하여 시대의 급격한 흐름과 끊임없는 변화 유동성에 대비해 새롭고 창조적인 제품들로 업계를 선도하고 있다. 또 고급 프리미엄 제품을 중심으로 중가 및 저가 제품에도 경쟁력을 강화하여 다양한 소비자의 니즈에 맞는 맞춤형 '토털 솔루션'을 제공하여 전 세계 시장을 계속 석권하고 있다.

지속적으로 성장하는 기업은 이와 같이 공통적으로 굳건한 매출에도 제품의 개선, 기술 개발, 차기 아이템 개발에 많은 투자를 한다. 또 제품 중심의 제조 기업을 뛰어넘어 엄청난 파급력과 성장 잠재력을 가지고 있는 스포츠와 문화 산업의 융합을 통해 기업 가치의 제고와 사업 다변화를 모색하고 있다. 스켈레톤 선수인 윤성빈이 2018년 평창동계올림픽에서 착용해 더욱 유명해진 '아이언맨 헬멧' 외에도 '스파이더맨 헬멧', '다스베이더 헬멧', '블랙팬서 헬멧' 등이 꾸준히 인기를 끌고 있다.

이를 정리하면 홍진 HJC의 해외 시장 진출은 다음과 같은 시사점을 알려준다. **첫째, 국내 시장에서 기반을 다진 후 해외 진출한 것이다.** 40년 전인 1980년대 초에는 인터넷이 없었고 해외 시장 공략의 인프라가 미미했었기 때문에 국내 시장에서 우선 정착하는 전략은 작은 회사로서는 당연한 선택이었다. 하지만 현재의 디지털 인프라에서는 굳이 그러한 선택이 필수가 아니다. 특히, 시각을 다투는 IT 업계에서는 국내 시장보다는 해외의 적합하고 더 매력적인 시장을 우선적으로 공략하는 것도 하나의 좋은 전략이다. 하지만 지금도 내수 시장에서 다진 기반은 자금의 안정과 해외 시장에 진출할 때 레퍼런스(Reference, 바이어가 안심하고 구매하는 등의 선례)로 작용하여 보다 쉽게 해외 진출을 할 수 있는 것은 분명하다.

둘째, 자체 브랜드로 진출한 것이다. 'HJC'는 이제 세계 시장 20%를 점유하는 모터싸이클 마니아들에게 최고의 브랜드이다. 이러한 브랜드 파워가 있기 때문에 높은 가격임에도 소비자들이 선호하고 있다.

라이센스나 OEM, ODM이 아닌 자체 브랜드로 해외 시장에 진출하려면 기본적으로 품질이 확실하게 보장되어야 한다. 그리고 가격과 마케팅이 그 품질에 맞추어 적절하게 적용되어야 한다. 그 시장에 대해 정통하여 소비자가 원하는 것을 정확하게 파악하여 대체하지 않으면 안 된다. 외국의 소비자들은 처음 보는 해외 작은 회사의 브랜드를 눈여겨보지 않기 때문이다.

홍진 HJC는 시장을 정확히 보았고 근거 있는 자체 브랜드 전략을 세웠다. 의지만 가지고 한 것이 아니었다. 중소기업은 이렇게 기업과 제품의 위치와 시장을 정확히 보고 자체 브랜드로 진출할 것인지, OEM이나 ODM 등 다른 보다 안전한 방법으로 진출할 것인지를 결정해야 한다. 여기서 기억할 것은 브랜드를 시장에 안착하기는 힘들지만 한 번 훼손된 브랜드는 다시 복구하기가 훨씬 더 힘들다는 것이다.

셋째, 최대 시장을 선택한 것이다. 홍진 HJC는 최초에 큰 시장인 미국을 공략했다. 미국 시장은 실용성을 중시하는 소비자들이 있어 가성비가 있는 제품이 유리한 것을 간파한 것이다. 경쟁사 대비 품질은 떨어지지 않지만 상대적으로 선도 브랜드 대비 낮은 가격을 책정할 수 있기 때문에 처음부터 실용을 추구하는 미국 시장 진출은 좋은 전략이었다.

또 미국 시장 자체로도 큰 수익이 나지만 가장 큰 시장에서 브랜드를 알리는 기회를 잡을 수 있기 때문에 다른 시장에 진출할 때 교두보 역할을 할 수 있었다. 그 다음에 최대 시장인 유럽으로 진출한 것이 좋은 진출 단계였다. 그리하여 미국과 유럽을 석권해 세계적인 브랜드가 되었고 선두 브랜드 혜택을 계속 유지해 올 수 있었던 것이다.

만약 미국, 유럽과 같은 시장의 경쟁이 치열하고 자사의 제품력이 경쟁에서 밀린다면 동남아시아나 남아메리카와 같은 대체 시장을 우선 공략하고 제품 개선을 통해 점차 메이저 시장을 다음에 공략하는 것이 더 좋은 전략일 것이다.

넷째, 현지 시장에 맞게 제품을 개선한 것이다. 미국 시장에 진출하기에는 제품력이 떨어짐을 알고 해당 시장에 맞는 가성비가 있는 제품을 만들었고 유럽 시장을 위해서는 고급화 전략으로 유럽 소비자들의 눈높이를 맞추었다. 만일 아프리카 시장에 진출하려고 했다면 제품을 최대한 단순화하여 '안전'만을 중시하는 저가품을 만들어 시장의 소비자들에게 다가가야 했을 것이다. 이와 같이 각 시장은 해당 시장에 맞는 제품이 있고 같은 국가도 목표로 하는 소비자층에 맞는 제품이 있다.

해외 시장의 현지화 사례에 빼놓을 수 없는 회사가 식품 회사 오리온이다. 인도에서는 인도 현지인을 법인장으로 앉혀 식습관과 종교 및 문화에 거부감을 없앴고, 초코파이 제조 원료에 현지인들에게 거부감이 있는 돼지고기 원료 대신에 해조류 마시멜로를 사용한다.

베트남에서는 베트남 언어를 이용한 캠페인을 벌이고 쌀 과자 제조에 베트남 쌀을 사용하며, 베트남인들이 좋아하는 향을 넣었다. 또 베트남에서 재배한 채소를 원료로 사용하는 제품을 제조하여 현지인들의 호감을 얻는 등 현지화 전략에 따른 해외 시장 진출에 있어 모범 사례로 평가된다.

다섯째, 중소 규모 유통상과 유대 관계를 맺은 것이다. 홍진 HJC가 신의 한 수를 둔 것은 영업이다. 대형 유통상들에게 제품을 납품했으면 보다 쉽고 빠르게 시장에 제품이 알려졌겠지만 규모가 큰 업체들은 전체 독점을 요구하는 경우가 많고 한국의 중소기업 제품을 숟가락 하나 얹듯이 홍보 등에 많은 관여를 하지 않았을 것이다. 자칫 시장에서 그저 그런 이류 브랜드로 취급받았을 가능성이 있었을 것이다.

여러 중소 규모의 유통상들을 상대하려면 일일이 그들과 만나 협상을 하는 수고가 필요하지만 일종의 포트폴리오와 같이 한 곳의 리스크를 다른 곳이 상쇄해 주는 유통의 안정성이 있다. 또 소수의 제품을 취급하므로 사력을 다하여 홍보하고 신속한 시장 정착을 위해 노력한다. 홍진 HJC는 그들과 자주 만나 밀접한 유통 관계를 통해 미국 시장을 석권했다.

자금과 인지도가 많이 부족한 중소기업은 초기에 큰 유통상과 독점 거래를 통해 시장에 빠르게 제품을 소개하는 것도 경우에 따라서는 하나의 선택지이다. 큰 유통상과 거래를 하고 있다는 것을 홍보 차원에서 활용할 수 있다. 하지만 인지도가 없는 중소기업이 해외의 큰 유통상과 거래하는 것은 쉽지 않다. 이러한 경우 발품을 팔아 중소 규모 유통상들을 개척하는 것도 좋은 대안이다.

여섯째, 해외 인증과 제품에 맞는 마케팅을 한 것이다. 홍진 HJC는 미국 시장 진출 초기에 싸구려 제품으로 문전 박대를 당했지만 곧바로 제품 개선으로 수출에 성공했다. 하지만 미미한 수출량을 극복한 것은 해외 인증이었다. 해외의 유명 브랜드들도 획득하기 어려운 스넬(SNELL) 안전 인증의 획득으로 수출이 증가했다.

홍진 HJC의 미국 시장 성공의 원동력은 제품력과 유통망이었고 유럽 시장 성공의 원동력은 마케팅이었다. 헬멧을 패션으로 인식하는 유럽 소비자들을 위해 디자인을 과감히 바꾸고 프리미엄 브랜드를 새로 만들었으며 고급화하여 고가 시장을 공략했다. 프리미엄 제품에 맞는 마케팅도 시행했다. 그리고 모터싸이클 대회의 인기를 간파하고 스포츠 마케팅으로 프리미엄 제품의 입지를 굳혔다. 유명 선수들의 헬멧에 적힌 'HJC' 라는 선명한 문구는 가장 훌륭한 광고판이었던 것이다. 미국 시장에서 다져진 제품력이 유럽 시장에서 모터싸이클 스타가 쓰는 최고의 패션 제품이 된 것이다.

슈프리마

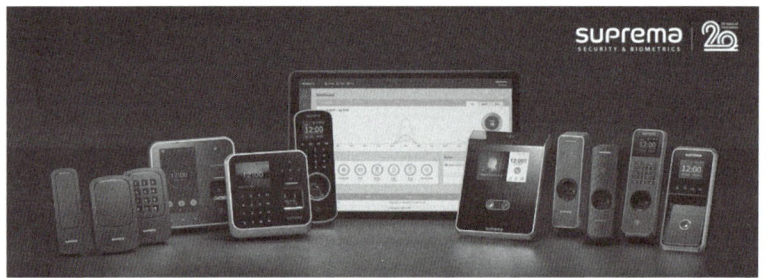

슈프리마 20주년 제품 컬렉션 출처_슈프리마

슈프리마는 지문인식 분야의 글로벌 기업으로 창업 초기부터 해외 진출을 했다. 국내 시장에 집중했다면 회사는 얼마 못가 문을 닫았을 것이다. 현재 슈프리마는 140여 국가에 수출하고 매출의 70% 이상이 수출이며 세계 50대 보안 기업으로 선정된 글로벌 수출 기업이다. 2020년 매출이 약 500억 원이고, 이 중에서 영업이익이 약 120억 원으로 영업이익이 24%로 높은 이익률을 가지고 있다.

슈프리마는 2000년에 설립하여 2년 동안의 기술 개발로 지문인식 모듈을 개발하고 2005년에는 2년 만에 무려 70개국에 제품을 수출했다. 2008년에는 코스닥 시장에 상장했는데 짧은 시간 내에 성공한 비결은 수출이었다.

슈프리마가 창업한 뒤에 국내 시장보다는 해외 시장에 진출하여 빛을 본 기업의 성공 여정은 다음과 같다. **첫째, 유망한 아이템을 선정하고 제품을 개발한 것이다.** 대기업 연구원으로 근무하던 슈프리마 대표는 자신이 근무하던 사업부가 없어지자 과감히 창업을 선택했다. 여기에는 2000년 벤처 창업 열기도 한몫을 했다.

대학 선후배와 2,000만 원의 창업 자금을 가지고 시작했다. 처음에는 미세전자 제어 시스템(MEMS)을 사업 아이템으로 정했다. 마이크로 시스템이라고도 불리는 것으로 자동차 에어백 센서, 의료기기, 정보기기 등에 들어가는 초소형 첨단 부품이다.

그러나 경쟁이 치열하고 수익성이 점점 떨어진다는 것을 알게 되었다. 회사는 좀 더 경쟁력이 있는 분야를 찾았고 지문인식에 주목했다. 지문인식은 이미 오래전부터 그 이론이 알려졌지만 디지털 정보기기가 나날이 발전하고 보안의 중요성이 점점 커지면서 개인을 식별할 수 있는 신분증, 비밀번호 등의 불편함으로 지문인식에 대한 관심이 떠오르던 상황이었음을 파악한 것이다. 생체 보안 분야는 디지털 정보기기와 함께 계속 발전하고 시장이 점점 커질 것이라고 판단한 것이다.

또 지문인식은 기술력으로 승부하는 분야로 대기업의 브랜드와 마케팅을 상대할 수 있는 분야였다. 지문인식 제품은 인증율과 인증 속도를 높이는 알고리즘과 센서를 비롯한 다양한 주변 기술이 필요하기 때문에 기술 장벽이 높아 개발을 완료하면 장기적인 성장의 교두보를 마련하는 것이었다.

당시에는 벤처 붐이 펼쳐져 수십억 원의 투자가 이어지고 단시일에 승부를 보는 상용화 기술 개발이 주를 이루었지만 회사는 원천 기술 개발에 사활을 걸었다. 기술 혁신이 가장 큰 경쟁력이라고 판단한 것이다. 연구진 대부분을 박사급으로 두고 연구에 매진하여 2년 만에 제품을 개발했다.

둘째, 초기부터 해외 시장을 정조준한 것이다. 제품 개발을 완료한 2002년은 벤처 붐이 사라지고 지문인식에 대한 국내 시장의 인식이 그다지 좋지 않았다. 우후죽순으로 생겨난 벤처 기업들의 제품에 불신이 생겨나기 시작했고, 또한 지문인식 업체가 정부 기관에 전방위 로비를 한 사건이 드러나 기술에 대한 의문이 팽배해졌다. 그래서 회사는 투자를 받지 못하고 국내에서는 제품을 판매하기가 쉽지 않았다.

그러나 이와 같은 악조건이 오히려 회사의 방향성을 올바르게 정할 수 있게 했다. 국내 시장에서 고군분투하는 것보다 해외 시장을 정조준하여 달린 것이다. 사장과 부사장이 시제품을 가지고 세계 최대 보안 전시회인 'ISC WEST'가 열리고 있는 미국 라스베가스에 가서 전시장을 돌며 제품을 홍보했다. 전시장을 누비면서도 수출 계약을 따내지 못했지만 세계의 기술 벽과 시장의 동향을 알게 되어 어떤 제품을 출시해야 되는지를 알게 된 것이 성과였다.

셋째, 해외 시장 개척 전략이다. 우선, 회사가 개발한 원천 기술의 우수성을 해외 시장에 알리는 것을 목표로 정했다. 기술성의 입증이 시작이라고 판단한 것이다. 마침 지문인식 경연대회가 개최되었다. 'FVC(Fingerprint Verification Competition) 2002'에 처음 참가하여 아시아 1위를 차지했다. 그동안의 기술 개발이 어느 정도 입증된 것이다. 그러나 여기에 만족하지 않고 세계 시장에 통할 제품 개발에 더욱 몰두하여 'FVC 2004'에서 세계 1위를 차지했다. 그리고 미국 연방수사국(FBI)의 국제 인증과 미국 국제기술표준원(NIST) 인증을 받아 기술력을 인정받게 되었다. 회사는 이제 당당하게 ISC WEST에 참가하게 되었다.

해외 영업팀은 영업력의 차별화를 위해 엔지니어 출신으로 꾸렸다. 지문인식은 첨단 기술 분야이고 전문가 수준의 고객도 상대하기 위한 것이다. 해외 시장 개척 초기부터 그 당시에는 생소했던 인터넷 검색 광고를 이용했다. 구글, 야후 등의 유명 검색 엔진에 지문(fingerprint)을 입력하면 슈프리마가 가장 먼저 화면에 나타나도록 온라인 광고를 시작했다.

입증된 기술력이 있었지만 초기부터 소수의 해외 다국적 대기업과 거래를 하지 않고 직접 각 나라의 지역 바이어와 거래를 한 것은 탁월한 전략이었다. 2008년 경제 위기 등 세계 시장이 요동질을 할 때 회사가 큰 충격을 받지 않고 견뎌 낼 수 있었던 것은 많은 국가에 바이어가 있었기 때문이다. 미국, 유럽 등의 선진국과 아시아를 비롯하여 남아메리카와 아프리카까지 세계 전 지역에 거래선이 있어 한 지역의 상황에 좌우되지 않았기 때문이다.

슈프리마는 제품의 품질이 어느 정도 인정을 받자 안정성과 큰 규모가 있는 시장인 공공 부문에 눈을 돌렸다. 국내 시장에서 인천국제공항공사 등의 굵직한 거래를 발판으로 삼아 해외 시장의 공공 부문에서 성과를 올렸다. 미국, 일본과 같은 선진국을 비롯해 멕시코, 인도 등의 개발도상국의 정부와도 거래를 맺어 안정적인 성장에 바탕이 되었고 현재 23개국의 정부와 프로젝트를 진행해 오고 있다.

넷째, 성장 전략이다. 슈프리마는 2002년에 지문인식 모듈 제품을 시장에 출시하여 진입하다가 2009년부터 얼굴인식 분야로 제품의 다각화를 시도했다. 그리고 보안 부문의 다양한 분야에서 기본적으로 생체인식 분야에 집중적으로 전문화하여 왔다.

2015년에는 '생체인식 기반 토털 보안 플랫폼 기업'이라는 목표를 정하고 생채인식 기술을 기반으로 하드웨어, 소프트웨어를 모두 아우르는 솔루션 및 기술을 개발해 통합 보안 플랫폼 기업으로 나아간다는 비전을 가졌다. 이러한 목표 설정은 기존의 글로벌 선도 기업인 허니웰(Honeywell)과 같은 대기업과의 경쟁이 불가피해졌음을 의미한다. 그러나 회사는 개방형 모델로 최근 떠오르는 기술인

사물인터넷, 빅데이터, 클라우드를 유연하게 도입하고 관련 기업들과의 협업을 통해 그 장벽을 돌파하려 노력하고 있다.

글로벌 조직도 더욱 강화해 왔다. 일본, 영국, 프랑스 및 독일에 현지 법인을 설립했고 시장 크기에 비해 비중이 적었던 미국, 멕시코 및 브라질에도 현지 법인을 설립하여 매출을 늘리려 노력하고 있다. 그리고 현지인 채용을 늘려 글로벌화를 더욱 가속화하고 있다.

현재 100여 개 기업과 기술 제휴를 하여 안정적인 영업과 더불어 협업 기술로 경쟁력을 강화하고 있으며, 매년 연 매출의 15~20%를 R&D에 투자하여 순이익의 약 75%를 기술 개발에 투자하는 기술 기반의 성장을 이어 나가고 있다. 또 지식재산권을 100개 이상 보유하고 있고 전체 임직원의 40%가 R&D 인력일 정도로 회사의 핵심 경쟁력은 기술이다. 그래서 '고품질 프리미엄' 전략을 사용하여 높은 이익을 얻고 이를 다시 기술 개발에 투자하여 성장을 유지하고 있다.

결국 고기술 위주 사업에서는 '기술과 글로벌화'의 두 가지가 회사의 경쟁력이고 우리나라 중소기업이 기술 위주 시장에서 글로벌 수출 기업이 되기 위해 가져야 할 핵심이다.

CHAPTER 2

무엇이 중요한가

CHAPTER 2

무엇이 중요한가

해외 진출 계획

모든 사업에는 계획이 있어야 한다. 아무리 세부적인 계획 없이 사업을 운영한다고 하더라도 최소한의 방향은 있다. 계획이 없는 것이 아니라 계획의 넓이와 깊이의 차이가 있는 것이다. 요즘처럼 기업 환경이 변화무쌍한 상황에서는 무계획이 계획이라고 하면서 그때그때 닥치는 문제를 해결해 나가는 기업들도 있다. 하지만 계획을 세워 손해를 보는 일은 없다. 계획을 통해 몰랐던 사실을 알게 되고 막연하게 머릿속에만 있던 아이디어를 정리하는 것은 추가로 얻을 수 있는 것이기 때문이다.

지금과 같은 환경에서는 올바른 방향성이 중요하다. 해외 진출은 낯선 나라에서 낯선 바이어들을 상대로 사업을 하는 것이다. 당연히 좀 더 면밀한 계획을 세워 시행착오를 예방하는 것이 자금 여력이 많지 않은 중소기업에게 필수적으로 요구된다.

에이브러햄 링컨은 계획의 중요성을 설파하며 "나무 한 그루를 베어 내는데 여섯 시간을 주어진다면 나는 도끼를 가는 일에 처음 네 시간을 쓸 것이다."라고 말했다.

그리고 계획에 대해 한 가지 덧붙이면 계획을 달성하지 못하는 것에 대해 너무 두려워하지 말라는 것이다. 중요한 것은 내가 최선을 다했다면 계획했던 목표와 자사와의 간극을 확인하게 된 것이다. 그래서 계획을 실행한 뒤에 피드백이 반드시 필요한 것이다. 자사의 능력과 위치 그리고 장점과 단점을 확인하면 장점을 더욱 살리고 단점을 보완해 개선할 수 있게 되며, 차후에 좀 더 현실적이고 구체적인 계획을 세우게 된다.

해외 진출 타당성 조사

사업을 시작하기 전에 그 사업이 잘될 수 있는지를 평가하는 과정을 보통 '사업 타당성 조사'라고 한다. 과연 사업이 성공 가능한지를 미리 예측하여 보완, 연기, 기각 등의 의사결정을 하는 것은 중요하다.

해외 진출을 할 때 타당성 조사는 반드시 필요하다. 해외 진출 타당성 조사라고 하면 거창하게 들리지만 한마디로 정리하면 '지금 해외로 진출할 타이밍인가?'를 검토하는 것이다. 사업에는 타이밍이 중요하다. 해외에 큰 기회가 있음에도 불구하고 국내에서만 사업을 하는 경우에는 발전의 기회를 놓치게 된다. 국내 시장에서 장기간**(5년 이상)** 업력을 쌓은 후에 해외 시장에 나가는 것이 좋은 경우가 있고, 창업과 동시에 해외 시장에 진출하는 것이 나은 경우도 있다. 우선, 1~2년 동안 단기간으로 국내 시장에 있다가 해외로 진출하는 것이 적합한 경우도 있다.

그리고 해외 진출을 할 경우에는 무엇을 보완하고 강화해야 하는지, 진출 시장과 마케팅에 대해서도 예비적 통찰을 얻게 해준다.

해외 진출 타당성 조사는 다음과 같은 단계를 거친다. **첫째, 자사의 상황을 파악한다.** 어떤 결정을 하기 전에 먼저 회사를 아는 것에서부터 시작한다. 회사의 상황과 국내 시장 환경 등을 조사하는 것이다. 현재 자사의 국내 시장에서 동종업계 점유율이 얼마이고 국내 시장에서 경쟁사 대비 비교 우위 및 차별점을 파악한다. 제품과 가격이 적정한지도 파악한다. 국내 시장에서 단기(3년 이내) 예상 매출과 순이익도 도출해 본다.

둘째, 해외 환경을 파악한다. 선발 업체의 동향, 무역, 정치, 경제, 기술 등을 파악해야 한다.

선발 업체의 동향은 같은 업종에서 이미 해외에 진출한 업체의 매출과 순이익 동향과 현재 또는 근래에 겪게 된 어려움, 그리고 잠재적 진입자(향후 시장에 참여할 잠재적 경쟁자)를 파악한다.

무역은 보호 무역, 물류 대란, 무역 이슈 등을 조사하고, 우리나라 및 다른 국가의 무역협정(FTA) 체결과 발효 시기 등을 파악한다.

정치는 강대국의 파워 게임(미국과 중국 등), 내란과 같은 사태의 발생 가능성, 한국의 대외 관계(사드 배치로 인한 중국의 한한령, 북한 문제 등의 예측)를 파악한다. 경제는 환율, 금리, 경제 전망 등을 파악한다. 그리고 기술은 회사의 기술이 해외에서 어떤 위치에 있는지와 선진 기술과 추격자들의 기술을 비교해 본다.

셋째, 해외 진출을 결정한다. 자사의 상황과 해외 환경을 파악하고 해외에 진출할 시기를 정한다. 그리고 결정한 후에는 그 결정을 하게 된 이유에 대해 기록을 남기고 차후에 다시 타당성 조사를 할 경우 자료로 삼는다.

해외 진출 전략

해외 진출 타당성 조사를 시행한 결과에 따라 당장 해외 진출을 감행하기로 결정을 내렸다면 이제 본격적으로 진출에 대한 전략을 세운다.

이미 사업 타당성 조사에 따라 해외 진출에 대한 정보를 파악하고 시장에 대한 조사가 어느 정도 이루어졌다. 그러나 타당성이 있는지를 알기 위한 조사는 자신의 제품을 본격적으로 판매하기 위한 조사와는 접근이 다르다. 글로벌 수출 전략의 시장조사는 구체적으로 시장을 선정하고 어떤 방식으로 진출해야 하는지, 누구와 협력해야 하는지, 어디에서부터 접근해야 하는지 등 보다 구체화된 조사이다.

　해외 진출 전략은 특정한 시장을 선정한 다음에 해당 시장에 맞는 진출 전략을 세우는 것이지만 회사의 장기적 글로벌 전략과 함께 수립하는 것이 좋다. 회사가 어차피 한 국가에만 진출하려고 하는 것이 아니라 글로벌 수출 기업을 만드는 것이 목표이기 때문이다. 눈앞의 시장이 우선 고려 대상이지만 전체적인 맥락에서 계획을 세우면 특정 시장의 변동으로 인한 리스크를 대비할 수 있다.

　다음과 같이 해외 진출 전략을 세운다. **첫째, 목표 시장의 선정과 시장조사를 한다.** 유망한 해외 시장 중에서 가장 적합한 시장을 선정한다. 이를 목표 시장이라고 한다. 타당성 조사에 따라 장기간 국내 시장에 집중해야만 된다는 결론에 도달한 업체도 참고하기 위해 유망 시장조사를 해 두는 것도 나쁘지는 않다. 그리고 시장조사는 몇 년이 지난 뒤에는 시장의 변동으로 인한 변화가 있으므로 반드시 재조사를 시행해야 한다.

　유망 시장의 선정은 다음과 같은 절차를 거친다.

　① 적합한 지역의 선정: 대륙을 선정한다(아시아, 남미, 유럽, 아프리카 등).

② 적합한 국가의 선정: 하나의 시장 또는 소수의 시장을 선정한다.

③ 선정된 시장조사: 경쟁사의 동향, 시장(소비자 동향, 트렌드 등), 무역 장벽(관세, 인증 등), 이전에 진출한 업체의 동향, 정치 및 경제, 기술 상황 등을 조사한다.

④ 진출 시 예상 결과: 예상 매출과 이익, 진출 비용, 잠재적 리스크 등을 알아본다.

유망 시장을 선정할 때 고려해야 할 요인으로는 선진국 시장과 신흥 시장(Emerging Market)의 동향이다. 지금까지 중국이 세계의 공장 역할을 하며 제조의 중심 역할을 담당해 왔다면 그 역할이 동남아시아의 신흥국으로 이전되고 있다. 또 중국이 이제는 국민 소득과 중산층의 증가로 소비 시장으로서의 역할을 하는 것과 함께 동남아시아 국가들도 높은 성장으로 소비 시장으로서의 매력이 커지고 있다. 남아메리카나 아프리카 국가들도 높은 성장률을 보이며 떠오르는 시장으로서 매력이 있음을 염두에 두고 해외 진출 편이만 생각해 선진국 시장으로 진출하는 것보다는 전반적인 정보와 경쟁 상황 그리고 회사의 장기적 미래를 염두에 둘 필요가 있다.

그래서 동남아시아에서 인도, 베트남, 인도네시아 등의 현재 신흥 시장과 미얀마, 라오스, 캄보디아 등의 차세대 신흥 시장, 아프리카의 남아프리카공화국, 우간다, 케냐, 그리고 중동의 아랍에미레이트, 사우디아라비아, 이스라엘 등의 시장에도 주목할 필요가 있다.

 진출 인프라가 잘 구비되어 있는 해외 시장은 리스크가 적은 반면에 더욱 치열한 경쟁의 장이다. 그리고 아프리카나 인도, 미얀마, 캄보디아 등의 차세대 신흥 시장은 진출할 때 여러 어려움이 있지만 상대적으로 경쟁이 덜 치열하고 아직 개척의 여지가 많을 수밖에 없다.

 시장을 선택할 때 또 하나의 주안점은 보호 무역 주의와 선진국의 제조업 유턴(U-turn) 기조, 그리고 지역별 연합의 경향을 주목할 필요가 있다. 선진국 주도의 자유 무역 기조로 팽창하던 글로벌 무역이 미국과 중국의 패권 다툼과 중국 등 신흥국의 인건비 상승으로 자국 제조를 권장하는 유턴 기조가 이어지고 있다. 또 동남아시아, 아프리카, 북아메리카 등에서 자국의 이익에 따라 인근 지역별로 연합하는 추세를 주목하고 이를 리스크의 관점보다는 활용할 기회라고 여길 필요가 있다.

 이에 대비하여 중소기업으로서 대기업 공동 진출, 공동 물류를 활용하는 등 전방위 협력을 모색하고 물류, 마케팅, 인터넷 서비스, 기술 이전 등 우리나라가 현재 고도화되어 있는 역량을 활용하여 해외 개도국에 서비스를 제공하는 영역으로도 수출 범위를 확장하는 것도 좋은 전략이다.

 또 지역별 특성을 감안하여 다음 표와 같이 구분하여 접근할 필요가 있다.

지역별 특성에 따른 시장 구분

생산 지역	중국, 베트남, 인도네시아, 멕시코 등
기술 협력 지역	미국, 독일, 프랑스, 이스라엘 등의 선진국
부품을 공급할 지역	선진국, 중국 등 글로벌 기업을 보유한 국가
인프라 건설 지역	중동, 아프리카
차세대 신흥국	미얀마, 라오스, 캄보디아, 아프리카

그래서 자사의 역량을 발휘할 지역은 어디인지, 협력을 할 곳은 어디인지, 장기적 투자를 할 지역은 어디인지를 파악하는 것이다.

기업의 역량에 따라 목표 시장은 다르겠지만 시장이 좁을수록 작은 기업에게는 유리하다. 만일 차세대 신흥국을 적합한 시장으로 보고 있다면 전체 차세대 신흥국이 아니라 그중 하나의 국가를 선정하는 것이 역량이 부족한 기업에게는 필요하다. 그리고 캄보디아를 목표 시장으로 선정했다면 더욱 나아가 '캄보디아의 부유층 여성'으로 좀 더 시장을 좁히는 것이 역량이 부족하고 초기 진출하는 기업이 선택해야 할 방향이다.

목표 시장을 선정했다면 타당성 조사에 추가하여 다음과 같은 좀 더 자세한 조사가 요구된다.

- 경쟁사의 동향: 현지 경쟁사, 한국 업체 경쟁사 조사
- 예상 신규 진입 업체의 동향: 가까운 미래에 시장에 신규로 참여하게 될 업체를 예상한다.
- 대체재나 신기술 예상: 빠르게 변하는 기술 환경에서는 항상 다가올 신기술과 대체 상품에 대한 모니터링이 필요하다.
- 소비자: 인구통계학적 조사(연령별, 성별, 소득 수준별 등), 특수한 성향, 관습과 문화, 최근 트렌드 등으로 조사한다.
- 협력 가능 업체: 조언해 줄 업체(물류, 법률 등), 합작 파트너, M&A 가능 업체 등이 있고 경쟁 업체와도 서로 보완 관계에 있는 업체를 잘 파악하여 협력할 수 있는지 여부를 수집한다.

둘째, 목표를 수립한다. 해외 진출은 글로벌 수출 기업이 되는 것이 최종 목표이지만 해당 시장에서의 장단기 목표와 인접 국가 또는 다른 시장으로의 진출도 함께 고려하여 목표를 수립한다. 목표는 가능한 한 구체적으로 세우는 것이 좋다. 추상적 목표는 목표 의식을 흐리게 하고 상황이 어려우면 위축되기 쉬우므로 명확한 목표를 세우도록 한다.

'최초 1년은 투자 기간으로 1억 원의 적자 감수 및 해당 시장 브랜드 순위 10위 안에 진입', '3년 차에 매출 10억 원, 영업이익 1억 원을 달성하고 해당 시장 브랜드 순위 5위 진입' 등과 같은 숫자로 표기된 목표를 정하면 기억하기 쉽고 조직이 그 목표를 향하여 전

진하는 동기 부여가 된다.

셋째, 목표 시장 진출 전략을 수립한다. 목표 시장 진출 전략은 목표 시장에서 목표를 달성하기 위한 전략이다. 목표 시장 진출 전략에 대해서는 3장의 '해외 진출 분석과 진출 전략 수립 요령'에서 자세하게 설명하므로 여기에서는 생략한다.

넷째, 시장 접근의 방향을 결정한다. 목표 시장에 대한 조사와 진출 전략이 제대로 이루어졌다면 자연적으로 목표 시장에의 접근 방향이 어느 정도 정해지는 것을 볼 수 있다.

시장 접근의 방향은 글로벌 진출 단계를 선택하는 것이다. 파악된 경쟁사나 시장 동향의 상황 등을 기초로 하여 회사의 자금 등 내부 상황과 결부해 다음 글로벌 진출 단계에서 최적의 접근 방향을 정한다.

간접 수출/직접 수출/라이선싱/합작 투자/직접 투자

이 글로벌 진출 단계 중에서 가장 적합한 방법을 정한다. 자금과 브랜드가 열위에 있는 중소기업으로서는 최대한 협력 관계를 이끌고, 시장에 진출한 대한무역진흥공사(KOTRA)와 같은 유관 기관을 활용하고 대기업의 상생 프로그램과 같은 기업 간의 협업을 이용하는 것이 좋다.

그러나 자체 브랜드를 전 세계에 알리고 자체 네트워크를 구축하는 장기적 목표의 한 과정으로서 인식하는 것이 좋다. 너무 협력에만 기대어 자생력을 떨어뜨려 훨씬 더 발전할 수 있는 역량을 스스로 줄이는 것을 경계해야 한다.

글로벌 진출 단계를 각각 알아보자.

1. 간접 수출 - 국내 대기업 등의 수출 역량이 있는 업체에 제품을 납품하는 방식을 말한다. 수출을 다른 회사 명의로 하는 것이다. 회사의 제품이 해외에 수출되지만 대외적으로 공급업체인 자사의 이름은 없다.

또는 수출을 대행하는 업체에 자사의 이름으로 수출하도록 협상할 경우에는 회사의 이름을 알릴 수 있지만 이는 간접 수출이 아니라 대행업체를 통한 직접 수출이라고 불러야 할 것이다.

간접 수출은 전통적으로 중소기업이 해외 진출 초기에 해외 거래선이 있는 업체와 협상을 통해 제품을 해외에 소개해 보는 효과를 거둘 수 있고 직접 수출의 교두보로서의 역할을 한다. 때로는 제조와 국내 영업에 집중하고 해외는 간접 수출에만 의지하는 전략을 펼치는 것도 회사의 상황에 따라 나쁘다고 할 수는 없다.

한국 콜마(Kolmar)와 같은 ODM 전문 업체들은 간접 수출을 발판

한국 콜마 홈페이지

으로 해외 유명 브랜드에도 직접 수출을 하여 세계적인 기업으로 자리매김해 왔다.

2. **직접 수출** - 직접 해외 바이어를 개척하고 자체 브랜드 또는 OEM(Original Equipment Manufacturing, 주문자 상표 부착 방식), ODM(Oroginal Design Manufacturing, 생산자 개발 방식)을 통해 수출하는 것을 말한다.

회사가 독립적으로 수출자가 되어 세관에 수출 신고를 하는 등 모든 수출 업무를 직접 관장하고 수출하는 것이 직접 수출이다. 물론 통관과 물류는 전문 서비스 업체를 이용하고, 특히 포워더 (Forwarder, 국제 물류 주선업체)를 이용하면 모든 업무의 대행이 가능하다.

전통적으로 많은 중소기업들이 초기에는 국내 수출 기업을 통한 간접 수출을 하면서 성장하다가 자체 브랜드를 개발하고 직접 수출을 하면서 공격적으로 전략을 전환하여 장기적으로 성장해 왔다.

그러나 근래 무역 인프라의 발전과 정보의 공유, 디지털/온라인 기술의 발전으로 작은 기업도 직접 수출할 수 있는 환경이 잘 구비되어 있으므로 전통적인 글로벌화 과정을 그대로 답습하지 말고 최대한 인프라를 활용하여 보다 적극적인 글로벌화 과정이 요구된다. 또 수출 업무가 부담인 경우에는 수출 대행업체를 이용해 업무만을 서비스 받고 대외적으로 직접 수출을 하는 형식을 선택하면 글로벌화를 향한 과도기적인 방법이 될 것이다.

3. 라이선싱(Licensing) - 해당 시장의 현지 유력 업체 또는 글로벌 기업에 기술이나 노하우 또는 무형 자산을 제공하고 그 대신에 로얄티를 받는 것을 말한다.

중소기업 중에서는, 특히 국내의 바이오 관련 기업들의 기술 수출이 활발하다. 많은 자금이 투입되어야 하는 신약 개발보다는 특허 등이 확보된 기술로 직접 개발하지 않고 해외 기업에 기술을 수출하여 외화를 벌어들이고 있다. 국내 바이오 벤처 기업들이 1조 원이 넘는 기술을 수출하는 경

1조 원이 넘는 누적 상품 매출과 약 4,000억 원의 브랜드 가치를 가지는 여러 뽀로로 캐릭터 출처_아이코닉스

우도 찾아볼 수 있다.

개도국에 솔루션(정보통신, 인프라) 수출도 이루어지고 있으며, 개도국 정부가 추진하는 입찰을 통해 기술 서비스를 수출하는 사례도 있다. 또 뽀로로 등의 캐릭터 수출도 한류 영향으로 증가하고 있다.

4. 합작 투자 - 기술력이나 차별적 제품을 보유한 중소기업이 해외 목표 시장에 이미 사업 노하우를 가지고 있는 업체와 공동으로 법인을 설립하여 해외 진출을 하는 것을 말한다. 작은 기업은 해외 진출 리스크를 경감할 수 있고, 합작 파트너는 신기술, 신제품을 시장에 소개하여 서로 윈윈(Win-Win)하는 것이다.

일반적으로 합작 파트너의 현지 시장 영업망 노하우를 활용하는 형태와, 자본을 지원받는 형태의 합작 투자가 많다. 큰 기업이 작은 기업에 지분 투자를 하고 공동으로 해외에 진출하는 형태도 많다.

5. 직접 투자 - 해외 시장에 직접 현지 법인을 설립하고 자신의 제품과 서비스를 직접 생산하고 마케팅을 하는 등 모든 업무를 직접 하는 것을 말하며, 글로벌 기업의 최종 단계이다.

그러나 개도국에서는 주로 직접 투자에 현지 정부에서 자국 업체와 지분 투자를 하도록 법규화하고 있는 경우가 많기 때문에 이러한 경우는 조인트 벤처(Joint Venture)라고 하며, 보통 절반 정도의 지분을 소유하는 합작 투자의 형태가 된다. 개도국 일부 국가에서는 자국 업체가 51% 이상 지분을 가지도록 법규화하는 경우도 있으며, 차후 법적인 문제가 발생되면 현지 파트너 업체가 지분 비율상 의사결정에서 우위에 있기 때문에 유의해야 한다.

진출하는 기업의 규모나 자본, 브랜드 및 기술 역량에 따라 적합한 방식을 선택해야 하며, 장기적 계획을 바탕으로 현재 진출 방식과 향후 진출 방식을 구분하여 정하는 것이 좋다. 또 여기에 소개하는 글로벌 진출 단계를 순차적으로 하는 것이 필수적인 요소가 아니다.

작은 기업이라도 투자를 받아 자금을 확보한 업체는 특정 시장을 정하여 처음부터 직접 투자를 하지 말라는 법은 없다. 다만, 이러한 경우에는 보다 철저한 시장 분석이 필요하다. 국가, 제품과 가격의 선정과 마케팅을 잘못하여 금쪽같은 자금을 날리는 경우가 있다. 섣불리 모든 것을 직접 다하려고 하는 것보다 M&A나 전략적 제휴를 통해 리스크를 최대한 줄이면서 장기적인 포석을 전개하는 방법이 좋다.

직접 투자는 자금과 시간이 많이 소요되기 때문에 작은 기업은 당연히 가능한 한 하나의 국가에 집중해야 한다. 국가와 목표 시장의 선정에 심혈을 기울여 시장 선정의 오류가 없어야 한다. 많은 자금과 시간을 투입했는데 시장을 잘못 선택하여 철수해야 되는 경우가 발생하거나 좀 더 기회가 많은 시장을 놓치는 경우가 있어서는 안 될 것이다. 이러한 오류가 발생하는 경우에는 회사의 존망이 좌우될 수도 있다.

다섯째, (글로벌 진출 단계에 따른) **해외 마케팅 전략이다.** 해외 마케팅 전략은 3장의 '중소기업 글로벌 경쟁력' 장에서 자세히 설명하므로 여기서는 위의 글로벌 진출 단계에 따른 간략한 차이를 설명한다.

간접 수출

간접 수출은 국내에 대기업, 무역업체 등 해외 거래선이 있는 업체에게 제품을 납품하는 것이므로 주로 국내 마케팅의 범주이다. 다양한 방법을 통한 홍보나 인지도에 따라 제안을 받기도 하고 직접 업체 영업을 통해 거래가 성사되기도 한다.

소비재 제품의 경우에는 판매할 때 대외적인 노출로 인해 먼저 제안을 받을 수도 있지만 산업재나 부품 등의 경우에는 제품 경쟁력과 기술력을 언론 홍보나 방문 영업을 통해 알리고 거래처를 만들어야 한다. 국내 전시회에 참가하는 것도 제품을 소개하는 데 유용한 방법이다.

라이선싱

직접 수출과 같이 마케팅 계획을 통해 라이선싱을 할 바이어의 유형이 정해지며, 바이어를 어떻게 개척할 것인지도 알게 된다. 또 회사나 기술 및 노하우를 주목한 바이어의 제안을 받기도 한다.

일반 전시회뿐만 아니라 라이선싱 전문 전시회에 참가하여 바이어를 개척할 수도 있다. 이후 현지 시장에 대한 마케팅은 일반적으로 바이어가 직접 수행한다. 그래서 관세나 마케팅 비용 없이 고수익을 거둘 수 있다.

라이선싱을 주요 수출 방식으로 선택하더라도 각 시장에 따라 차별을 둘 수 있다. 특정 시장에서는 라이선스 수출을 하고, 다른 시장에서는 제품이나 서비스를 제공하는 것이다. 하지만 계약할 때 철저한 가이드라인을 정하여 기술이나 노하우의 유용을 방지하고, 유출로 인해 경쟁 업체를 양산해서는 안 된다.

합작 투자

합작 투자로 진출할 경우 합작 파트너의 역량을 어떻게 활용하는지에 따라 마케팅 계획이 달라진다. 합작 파트너의 영업망(유통망)과 마케팅 망(인플루언스 광고, 광고 간판, 온라인 망 등)을 주로 활용하는 형태의 합작이라면 자사의 마케팅 계획은 좀 더 단순화된다.

합작 투자는 협력 범위를 정하고 서로의 장점으로 각자가 가진 단점을 보완한다는 바탕에서 마케팅 계획을 세워야 할 것이다. 여기서 합작 파트너가 마케팅을 주관하더라도 무조건 따라가는 것보다는 자체적인 브랜드 관리와 마케팅 역량을 기르도록 노력해야 한다. 한 번 무너진 브랜드 가치는 회복하기 어렵고 합작이 끝났을 경우를 대비하는 것도 필요하다. 그리고 반드시 지역 전문 업체를 통해 합작 투자 계약서를 검토해야 한다.

직접 수출

직접 수출에서의 마케팅 전략은 한마디로 현지 바이어를 개척하고 관리하기 위한 전략이다. 작은 기업은 시장의 규모와 상황에 따라 시장을 세분화하고 회사의 제품이 적합한 시장을 선택하여 그 시장에 우선적으로 집중하는 전략이 선택할 수 있는 좋은 전략이다. 때로는 세분화된 시장에 맞는 제품이 없는 경우 현재 보유한 제품을 개선하거나 신제품을 개발해야 한다.

시장에 맞는 온라인 홈페이지 제작 또는 랜딩 페이지(홈페이지보다 간단하게 제품과 회사를 소개하는 온라인 브로슈어)를 만들고 온라인 플랫폼에 홍보하며 온·오프라인 방식을 동원하여 홍보한다. 현지 전시회 참가 또는 바이어 목록을 입수하여 메일링을 하거나 우편을 보내는 방법 등의 전통적인 방법도 고려한다.

또 바이어와의 거래에서는 어떤 형태의 권리를 바이어에게 줄 것인지(독점, 과점, 오픈 독점), 장기적으로 바이어를 어떻게 관리하고 시장 점유율을 높일 것인지 계획을 세운다.

직접 투자

현지에 현지 법인을 통해 국내 시장에서 하는 것처럼 마케팅 계획이 펼쳐진다. 직접 수출과 유사한 마케팅 계획이 세워지지만 현지 회사와 현지 직원을 직접 보유한 입장에서 현지의 기업법과 노동법 등의 적용을 받고 현지에서 직접 활동하면서 시장 개척을 하고 바이어를 관리하는 양상에서 차이가 나타난다.

그래서 방문 영업과 A/S 등 고객을 직접 대면하는 방식을 강화하고 소비자에게 밀접하게 다가갈 수 있는 마케팅 계획을 세울 수 있다. 이는 현지에서 홀로 사업을 진행하는 것이므로 사전에 마케팅 협력 파트너(마케팅 대행, 인플루언서, 온·오프라인 홍보, 유통 파트너, 법률 회사 등)를 든든히 구축하는 것이 필요하다.

비용과 성과의 추산

작은 기업은 항상 자금의 흐름에 민감하게 주의를 기울여야 한다. 글로벌 수출 기업을 위한 계획에도 투입되는 자금과 예상 수익을 세세하게 측정하여 자금의 어려움으로 인해 곤란을 겪지 않도록 해야 한다.

목표를 달성하는 데에 소요되는 비용을 산정하고 목표 달성을 위한 3개년 계획을 세운 뒤에는 매년 소요되는 비용도 추산한다. 비용에는 조사 비용, 인건비, 마케팅 비용, 제품 개발 비용 등이 있다. 그리고 비용을 투입할 때 기대되는 매출과 수익의 성과도 동시에 추산한다. 여기서 성과는 매출, 이익 등의 정량적 성과를 바탕으로 브랜드 가치, 경험 자산 등의 정성적 성과도 함께 추산한다. 또 자금 조달 방법은 무엇이고, 기대 수익을 수출 글로벌화에 얼마나 재투입할 것인지도 함께 고려한다.

시나리오 관리

비용과 성과에 대한 추산은 정확하게 시행해야 하지만 현대의 사업 환경, 그것도 자국이 아닌 시장 진출을 위한 예측을 정확하게 시행하기는 사실상 어려운 일이다. 이때 미처 고려하지 못한 변수가 발생하여 예측한 바와 어긋나게 진행될 수 있고, 고려한 변수라 하더라도 수많은 환경의 복합적 양상에 따라 변화하는 상황에 처하게 된다. 예측한 바에 대한 지나친 확신을 가지고 큰 어려움에 맞닥뜨리게 되는 경우가 많이 있다.

하지만 비관적인 예상을 하여 기회를 놓치는 잘못을 범할 수도 없다. 그래서 최대한 모든 변수를 고려해 정확하게 예측하려고 노력하되 예측대로 진행되지 않을 수 있다는 생각을 염두에 두어야 한다. 그래서 시나리오 접근이 필요하다. 특히, 자금과 관련된 사항은 중소기업에게는 인체의 혈액에 비견할 정도로 중요한 것이므로 한 번의 잘못된 의사결정으로 인해 파산할 수도 있는 것이다.

시나리오를 최상, 보통, 최악의 세 가지로 정하여 각각에 대한 기대 매출과 수익을 추산한다. 최상, 긍정, 보통, 부정, 최악의 다섯 가지로 정할 수도 있다. 시나리오에 따라 추산하고 각각의 시나리오에 따른 대응을 계획해 두면 돌발 상황에 유연하게 대처할 수 있게 된다. 그리고 전체적인 계획에 대한 이해도와 최악의 경우를 대비했다는 안정감이 들어 적극 추진할 수 있는 동기 부여가 된다.

해외 진출 계획

1. 해외 진출 타당성 조사
자사 상황 파악
해외 환경 파악
해외 진출 결정

2. 해외 진출 전략
목표 시장 선정 및 조사
목표 수립
목표 시장 진출 전략
접근 방향 결정
해외 마케팅 전략

3. 비용과 성과 추산

4. 시나리오 관리

전시회 준비는 1년 전부터

IFA2022, 매년 독일 베를린에서 개최되는 유럽 최대 가전 IT 전시회

　해외 시장을 개척하는 데에 가장 효과적이고 효율적인 전략은 전시회에 참가하는 것이다. 전시회는 중소기업이 활용할 수 있는 가장 좋은 수단이다. 한 장소에서 수많은 관련 바이어를 만날 수 있고 바이어들은 해당 제품에 관심이 있어 자의에 따라 찾아온 것이므로 대등한 입장에서 제품을 소개할 수 있다. 전시회는 중소기업

은 물론이고 1인 기업도 하나의 부스를 임차하여 전 세계에서 찾아온 방문객들을 맞이할 수 있다.

때로는 작은 기업이라도 큰 부스를 임차하고 인테리어도 잘하여 많은 사람들의 주목을 받기도 한다. 방문객들은 부스를 보고 해당 회사를 판단할 수밖에 없다. 잘 구성된 인터넷 홈페이지와 전시장 부스가 방문객들이 해당 회사를 알 수 있는 유일한 통로이다. 그래서 중소기업에게 전시회는 최적의 홍보 수단이다.

하지만 전시회에 참가한 모든 회사가 좋은 성과를 거두는 것은 아니다. 큰 부스를 빌리고 인테리어를 멋지게 하더라도 아무런 성과를 거두지 못하는 경우도 많이 있다. 구경꾼들만 많고 실제로 상담은 미미한 경우를 종종 본다.

대기업이라면 일단 주목을 끈 자체로 홍보 효과를 충분히 거두었다고 자평할 수 있지만 중소기업은 그렇지 않다. 인체의 혈액과 같은 자금을 투입한 만큼 눈에 보이는 성과를 거두어야 한다. 최소한 유망 잠재 바이어라도 많이 만들어 미래의 바이어로 만들 수 있는 여지의 성과라도 거두어야 한다. 그래서 중소기업은 전시회를 기획할 때 비용과 기대 성과 그리고 추진 계획을 면밀하게 계획해야 한다. 전시회가 열리기 전에 할 수 있는 마케팅과 잠재적 바이어 목록을 미리 확보하여 부스 방문을 유도하는 메일을 보내는 등 전시회에서 최상의 결과를 내도록 계획해야 한다.

또 한 번의 전시회 참가로 큰 성과를 기대하기는 어려우므로 같은 전시회를 주기적으로 참가해야 한다. 진성 바이어들은 작년에 참가했던 업체를 기억하고 있으며 여러 번 참가한 업체를 신뢰한다. 그리고 바이어들의 의사결정 시기는 알 수 없으며 회사의 제품이 업그레이드되는 것을 지켜보며 구매하는 경우도 있다.

다음은 전시회에서 좋은 성과를 거둘 수 있는 절차와 요령에 대한 설명이다.

전시 기획

전시회는 글로벌 기업을 향한 스타트 자리하고 볼 수 있다. 처음부터 어떤 전시회를 나갈 것인지를 찾는 것도 좋지만 자신의 제품을 많은 불특정 다수에게 선보이는 자리이므로 글로벌 수출 기업의 비전을 염두에 두고 전체적이고 넓은 시야에서 우선적으로 고려할 것들이 있다.

우선, 목표로 하는 시장의 상황을 고려하여 전시회에 참가해야 하는지를 검토한다. 그리고 목표로 하는 시장에서 전시회가 얼마나 효과적인 홍보 및 영업 방법인지를 알아본다. 온라인 홍보를 먼저 당분간 시행하는 것이 순서일 수도 있고, 하나의 큰 유통상에게 독점을 주는 것이 좋을 수도 있기 때문에 무조건 전시회가 우선이라는 것은 아니다. 전시회는 비용과 시간이 소요되고 자금이 없다는 이유로 한 번 경험해 본다는 식으로 부스를 허술하게 꾸며 나가게 되면 회사 이미지만 나빠질 수 있다.

해당 시장에서 전시회에 참가하는 것이 가장 좋은 전략이라고 결정했다면 본격적으로 전시회 기획에 들어간다. 전시회 기획은 개최 1년 전부터 준비하는 것이 좋다. 각종 준비해야 할 내용이 많아 체계적으로 시행하지 않으면 막상 현지에서 낭패를 당할 수도 있다. 그리고 유망한 전시회의 참가 신청을 1년 전부터 하지 않으면 부스를 차지할 수 없거나 원하는 자리의 부스를 배정받을 수 없기 때문이다.

참가 신청을 하고 부스 장치 계획, 홍보자료의 제작, 항공 및 숙박 예약, 보도자료 및 언론 홍보, 잠재 고객에 대한 초청장 발송 등을 순차적으로 시행하면 1년 남짓의 시간이 금방 흘러간다. **첫째, 전시회에 참가하는 목표를 정한다.** 처음 참가하는 전시회인 경우 시장조사나 회사명과 제품을 알리는 홍보가 목표인지, 30명의 진성 유망 바이어 목록을 만드는 것이 목표인지, 해당 제품을 소비자에게 체험 경험을 제공하는 것이 목표인지, 아니면 1억 원 이상의 계약을 현장에서 체결하는 것이 목표인지 등을 정한다. 여기서 목표는 회사의 상황에 따라 달라지겠지만 좀 더 구체적인 목표를 세우는 것이 좋다. 물론 이 목표는 시장 분석, 전시회 분석과 함께 현실적으로 이루어져야 한다.

둘째, 목표를 위해 가장 적정한 전시회를 선정한다. 회사의 유망 시장이 선정된 상태인 경우에는 목표에 부합하고 해당 시장의 바이어들을 가장 잘 만날 수 있는 전시회를 선정한다.

규모가 지나치게 큰 전시회는 방문객이 많이 찾아오지만 해당 회사에 대한 집중도가 떨어지는 단점이 있다. 진성 바이어보다는 일반 소비자나 학생들이 많이 찾아오는 유명 전시회가 많다. 하지만 유명 전시회는 글로벌 기업, 각국의 정부 기관 인사들이 많이 찾아오고 언론의 주목을 받기 때문에 한순간에 스타가 되는 기업이 탄생하는 경우도 있다. 미국에서 매년 개최되는 세계 최대의 가전 IT 전시회인 국제 가전제품 박람회(CES)에서는 매년 혁신상을 받아 일약 세계적으로 주목받는 스타트업과 중소기업의 이름이 언론에 소개된다. 2023년에도 스타트업 34개 업체가 혁신상을 수상하여 해외 경쟁력을 입증 받았고 정부의 지원도 받게 되었다.

CES2023에서 혁신상을 받은 제품들 출처_CTA

규모가 작은 전시회를 살펴보면 홍보할 제품에 특성화된 전문 전시회의 경우 일반인보다는 관련 바이어들이 많이 찾아오기 때문에 바쁘지 않은 분위기에서 차분히 상담할 수 있는 장점이 있다. 또 규모가 작더라도 목표로 하는 해당 국가가 주최하는 전시회는 그 국가의 관련 바이어들이 많이 참관한다.

만일 전시회 참가 비용 등이 부담스럽다면 정부에서 개최하는 무역 상담회에 먼저 나가 경험을 쌓아놓는 것도 좋다. 중소기업 유관 기관이나 지방자치단체에서 부스 임차료와 통역을 지원하므로 적은 비용으로 참가할 수 있고 적지만 미리 섭외한 바이어들만 만나므로 분주하지가 않다. 국내의 유사 업종의 업체들과 유대 관계도 다질 수 있는 장점이 있다. 하지만 섭외한 바이어들이 진성 바이어라고 하더라도 초대를 받았으므로 단순한 호기심 차원에서 참관하는 경우도 많고, 사실은 단순히 시장조사를 목적으로 방문하는 바이어였음을 나중에 알게 되는 경우도 많다.

유명 전시회인 경우에는 수출 유관 기관이나 지방자치단체에서 중소기업에게 지원해 주는 경우가 많으므로 이를 이용하여 비용을 절감할 수 있다. 하지만 한국관처럼 한국 업체들이 모여 있는 공간에 참가해야 하고 잡힌 부스 공간의 자리가 좋지 않은 경우도 있으며, 해당 회사만의 독립적으로 눈에 띄는 부스를 만들지 못하는 단점이 있다. 그러므로 회사의 목표와 예산, 목표 시장의 상황을 고려하여 전시회를 선택해야 한다.

셋째, 전시회 부스를 선택하고 인테리어를 계획한다. 전시회가 선정되었으면 부스의 규모와 인테리어에 대해 계획한다. 앞에서도 언급했지만 바이어는 전시회 부스를 살펴보며 회사를 평가하게 된다. 그래서 비용을 고려하여 적정한 규모를 정하되 최대한 알차게 꾸며야 한다.

전시회에 따라 다르지만 보통 9m2(3m×3m)가 기본 크기이다. 작은 회사는 일반적으로 부스를 한두 개 임차하며 작은 공간이라도 제품과 홍보물 등의 배치에 따라 부스가 다르게 보인다. 제품의 디

9m²의 작은 부스 하나에 효율적 배치를 통해 바이어의 눈길을 끌고 좋은 성과를 거둘 수 있다.

출처_글래드컴

스플레이, 홍보물의 설치(벽 홍보물, 동영상 등), 시연 공간, 상담 테이블, 접수 테이블 등을 조화롭게 배치하되 너무 복잡한 인상을 주지 않아야 한다.

부스의 입구에 디스플레이 화면을 배치하여 회사와 제품에 대한 동영상을 보여 주는 것이 효과적이지만 내용이 너무 길지 않도록 하고 가시성이 있으며 특징을 한눈에 보여 줄 수 있는 콘텐츠가 반복 재생되도록 한다. 다른 부스와 차별화할 수 있는 도구를 배치하여 바이어들의 주목을 끄는 것도 하나의 방법이다.

필자는 제품을 상징하는 캐릭터를 만들고 만화 동영상을 재미있게 제작하여 부스 입구에 설치한 큰 PC 화면을 통해 반복 상영한 결과 방문객들의 주목을 많이 끌어내는 성과를 거두었다.

배치를 정확한 위치에 하지 않으면 막상 전시물을 설치할 때 크기가 맞지 않고 가지고 간 구조물을 설치할 기반 시설이 갖추어지지 않아 곤란을 겪는 경우가 있다. 워드 프로세서를 통해 2D 프로그램으로도 배치도 설계가 가능하지만 가능하면 3D 프로그램을 사용하여 실제 부스를 재현하면서 배치하는 것이 시행착오를 좀 더 예방할 수 있다.

전시회에 '쇼(Show)'라는 이름을 붙이는 경우가 있다. 사실 전시회는 Trade(거래) Show(홍보, 축제)이다. 수출과 수입이 이루어지면서 재미와 흥미가 가미된다. 그래서 전시회를 찾는 방문객들은 기대와 흥분에 가득한 상태에서 찾아온다. 이러한 방문객들의 기대감이 충족될 만한 아이디어가 필요하다. 복장과 인테리어 부문에서 쇼의 분위기를 한껏 보여 줄 수 있도록 꾸미는 것은 낭비가 아니다. 바이어들은 흥미롭게 부스를 방문하고 즐기며 작은 부스이지만 돌아가 해당 회사명과 상품을 기억하게 될 것이다.

바이어들은 부스의 규모가 작다고 결코 낮게 보지 않는다. 오히려 사람들이 북적이는 큰 부스보다 작지만 알차고 협력의 여지가 많은 작은 부스를 찾아다니는 진성 바이어들이 많다. 비용을 들여 주목도를 높이고 화려하게 꾸미면 더욱 좋겠지만 바이어들에게 전할 내용을 정확히 알리고 동시에 작은 부스라도 최대한 주목을 끄는 인테리어와 복장 그리고 이벤트 등은 그리 큰 비용이 소요되지 않더라도 실행할 수 있다. 최소한 준비를 많이 했고 정성을 들였다는 정도의 느낌만을 주어도 성공이다.

가끔 장황하게 깨알같이 설명해 놓은 홍보물을 벽에 도배해 놓은 부스도 발견할 수 있는데 바이어들은 한가하게 그 내용을 일일이 읽어 볼 시간이 없다. 중요한 내용을 먼 곳에서도 볼 수 있도록 크게 써 놓으면 관심 있는 바이어는 다가와 세부적인 내용에 대해 질문할 것이다.

사전 홍보

사전 홍보는 바이어와 전시회 전에 교감을 가지는 것이다. 전시회장에서 불특정 다수만을 상대하는 것이 아니라 사전에 연락을 전하여 진성 바이어가 부스에 방문하도록 하는 것이다. 해당 국가의 언론을 이용하거나 직접 소통을 통해 회사와 제품을 홍보하고 전시회 참가에 대한 정보를 미리 알려 준다.

전시회에 처음 참가하는 업체라면 해당 시장의 바이어 목록을 입수하여 이메일 또는 우편을 통해 회사와 제품을 소개하고 전시회에 참가한다는 메시지를 보낸다. 바이어 목록을 구하는 것은 해당 국가의 옐로우 페이지(Yellow Page, 업종별 업체 목록)를 통한 전통적인 방법도 있고 인터넷 검색을 통해 찾아낼 수도 있다. 인터넷 검색은 구글(Google)과 같은 유명 검색 엔진도 좋지만 해당 시장의 소비자들이 사용하는 지역 검색 엔진을 사용하면 보다 규모가 작고 많은 바이어 정보를 입수할 수 있다. KOTRA 해당 무역관의 바이어 정보를 찾아 주는 서비스도 이용해 볼 수 있다.

언론을 통해 어느 기업이 전시회에 참가하여 큰 금액을 수주한 뉴스를 종종 보게 된다. 이러한 경우는 이미 사전에 많은 교류를 통해 어느 정도 수주에 대한 논의가 오갔던 경우가 대부분이다. 어느 정도 확정되었던 주문을 전시회장에서 주문받은 것이다. 전시회에서 양해각서(MOU: Memorandum of Understanding)나 공급 계약서 등을 체결하는 경우도 사전에 논의가 오갔던 이후에 전시회장에서 바이어가 결정하는 경우가 훨씬 많다. 사전 홍보 없이 처음 참가한 업체가 그러한 성과를 도출한다는 것은 가능할 수는 있지만 현실적으로 일어나기 어려운 일이다.

전시회의 행동 요령

전시회에 참가한 직원을 안내 데스크 및 상담 담당 등으로 적절히 역할 분담을 한다. 1인 기업이라면 모든 것을 혼자 처리해야 하고 안내할 현지 아르바이트 직원만을 고용할 수도 있다. 현장에서는 교육을 하는 시간이 아니라 실전이다. 전시회 현장에 오기 전에 회사에서 충분히 직원 교육을 하여 각자가 맡은 역할을 최대한 발휘하도록 한다. 역할 연습을 함께해 보기도 하고 대응 매뉴얼을 만들어 공유하며 바이어가 방문했을 때 허둥거리지 않고 일사천리로 대응하도록 연습한다. 현지인 통역이나 아르바이트 직원도 사전에 섭외하여 교육 자료를 배포하고 연락을 통해 분명한 메시지와 대응 요령을 숙지할 수 있도록 한다.

제품에 관심이 있는 바이어는 명함을 주거나 기록을 남기기도 하지만 많은 부스를 방문해야 하므로 시간이 촉박한 경우가 대부분이다. 따라서 관심을 표명한 바이어인 경우에는 명함을 요구하거나 출입증을 스캔하여 나중에 다시 연락해 보도록 한다.

부스에서 상담을 한 방문자는 상담일지에 회사명, 이름, 직책, 관심 제품, 상담 내용을 자세히 기록하여 이후에 연락할 때 자료로 삼는다. 샘플은 충분히 준비하고 반드시 유상으로 지급해야 한다. 제품에 정말 관심이 있다면 구매할 것이다. 때로는 제품의 기술이나 디자인 정보를 알기 위해 요청하는 경우도 있으므로 잘 판단하여 지급해야 한다.

시연이 가능한 제품은 현장에서 시연할 수 있도록 장치를 설치하는 것이 좋다. 짧은 만남에서 최대한 제품에 대한 정보를 알리는 것이다.

제품에 정말 관심이 있는 바이어는 전시회 기간 중에 두 차례 이상 방문하기도 한다. 이러한 바이어는 자료만 가져와 상담하다가 관심이 있어 한 차례 더 방문하는 경우도 있고, 전시회 기간 내에 자신의 시장에 대해 어느 정도 확약을 얻으려는 의사를 표현하는 경우도 있다.

참가 업체들은 경쟁 업체보다 먼저 바이어를 잡으려고 노력하고 참관자들은 좋은 제품이면 해당 시장에 자신이 먼저 독점 수입을 하려고 한다. 이와 같이 서로 반대의 입장에서 치열한 경쟁을 하는 것이다. 그러므로 좋은 제품을 출품하여 마음에 드는 바이어를 고른다는 여유 있고 당당한 마음이 필요하다.

조금 여유가 있다면 호텔 미팅룸 등을 예약한 다음에 전시회가 종료한 뒤에 부스에 방문한 유망한 바이어들을 초대하여 식사와 함께 간단한 파티를 통해 더 깊이 있는 대화를 하고 유대 관계를 다지는 것도 좋은 방법이다.

때로는 전시장에서 만난 바이어를 긴급히 재상담해야만 할 경우도 있다. 다른 경쟁 업체에 바이어를 빼앗기지 않아야 되는 등의 상황에 처했을 때는 다음날 전시회 부스에서 만나기를 약속하지 말고 당일 저녁식사에 초대하여 한 템포 빠르게 보다 깊은 상담을 시행하고 계약서 작성까지 마무리하는 경우도 있다. 전시회장 내에서만 반드시 비즈니스가 이루어질 필요는 없다.

사후 행동

전시회의 종료는 끝이 아니라 본격적인 비즈니스의 시작이다. 우선, 전시회 종료와 함께 피드백을 한다. 계획과 성과를 비교하고 잘했던 사항과 잘못한 사항에 대해 토론을 통해 전시회 파일에 기록해 놓는다. 이는 다음 전시회에 참고 자료가 된다.

다음에는 부스에 찾아온 방문객들을 분류한다. 큰 관심과 함께 구체적인 상담을 하고 샘플도 구매했다면 A급 바이어로 구분하고, 매출 가능성에 따라 B급, C급 바이어로 구분한다. 바이어의 홈페이지가 있다면 방문하여 회사에 대해 간단한 소개 내용을 분류표에 입력한다.

주목할 것은 현재 비록 C급 바이어로 분류했더라도 자사의 제품과 비즈니스의 변화 그리고 바이어의 변동과 시장의 변동에 따라 몇 년 후에 유망 바이어가 될 수도 있으므로 바이어 데이터를 잘 보관해 두고 차후에 다시 홈페이지를 방문하거나 연락해 볼 수 있다.

이제 가장 유망한 바이어부터 연락해 본다. 바이어도 귀국 후에 사후 정리의 시간이 필요하므로 전시회가 종료한 뒤에 일주일 정도 시간을 준 다음에 연락하는 것이 좋다. 이메일을 통해 방문에 감사의 말을 전하고 상담했던 내용을 기입하여 제품 관심도를 다시금 확인한다. 여기서 상담 내용은 바이어 입장에서 기입해야 하며 지나치게 서두르거나 다그쳐서는 안 된다. 항상 회사의 베스트 제품을 구매하여 함께 성공할 바이어를 선정한다는 여유 있고 당당한 마음을 가지고 대해야 한다. 샘플을 구매했다면 테스트 결과를 물어보고 도와줄 것이 무엇인지를 물어본다. 바이어가 이메일을 보낸 후 일주일이 지나도 답장이 없다면 전화를 걸어 이메일을 받았는지를 확인한다.

바이어와의 연락은 많은 인내를 필요로 한다. 때로는 1년 내내 수천 통의 이메일을 주고받은 다음에 첫 주문을 받기도 하고, 곧바로 주문할 것처럼 대응하다가 결국 아무런 성과도 거두지 못하는 바이어도 있다. 하지만 어떤 바이어로부터 성과를 가져올지는 아무도 모른다. 최대한 바이어 정보에 대해 분석하고 주문 가능성을 따져 보며 각각의 바이어에 대한 시간 배분을 적절히 해야 하지만 전혀 예상하지 못한 바이어로부터 큰 주문을 받는 경우도 있으므로 섣불리 단정하거나 결론을 내지 않도록 한다. 바이어가 지속적으로 물어보고 답장을 보내고 있는 경우에는 일단 관심이 있고 가능성이 있는 것이므로 계속 성실하게 대응해야 한다.

지속적인 연락과 함께 어느 정도 매출 성사 가능성이 있는 바이어라고 판단되는 경우에는 회사로 초대하든지, 직접 바이어를 방문하는 것도 좋은 방법이다. 바이어를 방문할 때에는 현지 국가에 여러 유망 바이어들을 한 번의 출장으로 방문하여 비용을 절감할 수 있다. 이러한 만남은 바이어가 회사의 실체와 생산 설비 등을 확인하거나 계약할 때의 요청에 따라 진행할 수 있지만 관계를 돈독하게 다지거나 최종 결정을 이끌어 내기 위한 전략 차원에서 실행하는 경우가 있다. 여기서는 그 타이밍을 잘 살펴보아야 한다.

바이어 목록은 지속적으로 업데이트하여 상황을 표기하도록 하고 유망 바이어를 유지, 추가, 보관 등으로 분류해 회사의 영업 자산으로 삼는다. 앞서 언급했지만 주변 상황은 항상 변화하고 있으며 사업은 몇 년을 하다가 그만두는 것이 아니므로 현재 유망하지 않은 바이어라 하더라도 홀대하거나 가볍게 여기지 말고 정중히 미래를 기약하자는 말로 마무리하고 몇 년 후 다시 연락해 보는 것이 바이어를 가장 큰 자산으로 인식하는 마인드이다.

디지털 적응은 선택이 아니다

코로나19 팬데믹 상황이 전 세계로 퍼져 나가며 기업의 글로벌화에 많은 영향을 미치고 있다. 이는 '디지털화(digitalization)'와 '언택트(untact)'이다. 이러한 경향은 코로나19 팬데믹으로 인해 새롭게 나타난 현상이 아니고 원래부터 서서히 변화되어 왔던 현상이 코로나19 팬데믹이 기폭제가 되어 급격히 빨라진 것이다. 엔데믹(endemic)으로 나아가고 있는 현재에 이는 일시적인 현상이 아니고 앞으로도 계속 유지될 현상이라는 것을 알 수 있다. 그래서 수출의 글로벌화를 위해서는 여기에 적응해야 하며 적응할 수밖에 없다. 이는 시간과 물리적 비용을 줄여 주며 효율적인 방법이므로, 특히 작은 기업은 이러한 기회를 잘 활용하여 글로벌화를 앞당기는 데에 활용해야 한다.

코로나19 팬데믹을 통해 직접 만나지 않고도 상담을 진행하는 현상이 일반화되고 있다. 인터넷과 디지털 기기를 활용하여 손쉽게 화상 시스템을 구축하는 것이 가능하게 되었다. 이는 작은 기업에게는 기회이자 위험이다.

먼 곳에 있는 바이어를 굳이 비용을 들여 만나지 않아도 컴퓨터로 얼굴을 보고 제품을 보여 주면서 상담할 수 있는 것은 기회이다. 브랜드가 알려진 기업이나 수출을 어느 정도 진행해 온 기업들에게는 오히려 시간과 비용을 절약하며 더 효율적으로 수출할 수 있다. 기존의 전시회 등을 통해 한 번 이상 만나 상담해 본 바이어 목록이 있는 경우에도 효과적인 도구가 될 수 있다.

하지만 해외 시장을 처음부터 개척해야 하는 기업 입장에서는 직접 만나지 않고 컴퓨터 모니터를 통해 계약을 하고 주문을 받기가 쉬운 일이 아니다. 바이어 입장에서는 직접 만난 적이 없고 전혀 알려지지 않은 작은 기업을 신뢰하고 주문을 실행하기가 꺼려지는 것은 당연하다. 직접 회사를 방문해 담당자를 만나고 생산 현장도 둘러보는 과정이 생략되었기 때문이다. 그래서 그러한 리스크를 보완하는 다음과 같은 작업이 필요하다.

이는 코로나19 팬데믹이 종료되더라도 중소기업으로서 효율적인 바이어 개척 방법이므로 지속적으로 업그레이드를 할 필요가 있다.

정보 제공

줌(Zoom), 스카이프(Skype)와 같은 온라인 회의 프로그램을 활용하면 기능에 따라 무료 또는 저렴한 비용을 들여 언택트 회의를 진행할 수 있다. 컴퓨터에 카메라와 마이크를 설치하면 시스템이 완성된다. 스마트폰을 사용하면 장비를 설치할 필요가 없다. 화면을 통해 제품을 보여 주고 시연도 하면서 직접 만나는 효과를 낼 수가 있다.

하지만 바이어 입장에서는 더 많은 정보가 필요하다. 바이어가 회사의 신뢰성에 대해 안심하도록 홈페이지를 보완하고 회사 소개 동영상을 제작하는 것이 좋다. 사무실이나 공장을 촬영하여 직접 보지 않고도 이해할 수 있도록 하는 것이 필요하다.

각종 인증이나 시험 성적서, 특허증 등도 잘 보이도록 사진을 찍어 보여 주는 것도 좋다. 홈페이지에는 제품 설명이 잘되어 있도록 구성하고 바이어가 제품소개서를 다운로드하여 출력할 수 있도록 하면 더욱 좋다.

소비재나 부품과 같은 작은 품목은 샘플을 보내어 확인할 수 있도록 하면 되지만 기계, 장비류 등은 그러한 방식을 동원할 수 없기 때문에 제품 구동 동영상 등 온라인으로 최대한 주문에 근접할 수 있도록 정보를 제공하고 나중에 만나 계약할 수 있는 발판을 마련해 놓는다.

온라인 무역 상담회

수출 경험이 많지 않고 상담할 바이어 목록이 없는 업체는 한국무역협회(KITA)나 정부 부처, 지방자치단체 등의 기관에서 주관하는 온라인 수출 상담회를 활용하면 좋다. 전시회 등에 참가하여 바이어를 만나려고 하면 비행기표, 부스 임차료, 호텔 비용, 인테리어 비용 등과 일주일의 시간이 소요되지만 온라인 상담회는 해당 제품에 관심 있는 바이어를 상대하기 때문에 짧은 시간에 큰 효과를 낼 수 있다. 일부 업체들은 화상 수출 상담회를 통해 오히려 이전보다 수출을 더 많이 올리기도 한다.

온라인 상담회는 짧은 시간에 압축하여 정보를 제공해야 되기 때문에 사전에 충분한 연습과 자료를 구비할 필요가 있다. 그리고 샘플을 사전에 보내어 바이어가 테스트해 본 후 상담을 하면 더 좋은 성과를 낼 수 있다.

무역 조건

작은 회사로서 직접 만나지 않고 바이어의 신뢰를 얻기가 어렵기 때문에 온라인 상담으로 주문까지 받으려고 하면 결제 조건을 바이어 위주로 하는 것이 좋다. 소량의 주문이라면 바이어가 제품을 수령한 다음에 결제하는 후불제도 고려해 볼 수 있다.

적지 않은 금액의 주문이라면 한국무역보험공사의 바이어 신용 조회 서비스를 이용해 보는 것도 하나의 방법이고, 신뢰성이 확실하지 않거나 처음 거래하는 업체인 경우에는 결제 리스크를 회피하기 위해 무역 보험에 가입하는 것을 추천한다(4장의 '결제 조건'과 7장의 '무역 보험과 친해지자' 파트를 참조한다).

온라인 플랫폼

오프라인 전시회를 참관하거나 참가하여 바이어들을 만날 수 없거나 시간과 비용을 절약하려면 EC21, ECPlaza, 콤파스(Kompass), 알리바바(Alibaba)와 같은 B2B 온라인 무역 플랫폼을 더욱 활용한다. 온라인 플랫폼에 입점하여 회사나 제품 소개 내용을 보완하는 것이다.

그리고 정부 기관에서 주관하는 GobizKOREA, Kmall 등의 온라인 플랫폼도 있다. 또 한국콤파스(Kompass in Korea) 등 온라인 플랫폼에서도 온라인 수출 상담회를 개최하는 경우가 있으므로 방문하여 일정을 확인해 보자.

구글(Google) 등의 온라인 검색 엔진에 광고를 강화하여 바이어들이 자발적으로 찾아오도록 유도한다. 해외 검색 엔진 광고는 동영상 등의 교육을 통해 배울 수 있고, 대행업체를 통해 시행할 수도 있다. 하지만 대행사를 선정할 때는 신중하지 않으면 광고주에게 표면적인 보여주기 방식의 광고를 하여 비용을 낭비하는 결과를 낳는 경우가 있다.

또 유료 광고 이상의 효과를 발휘하는 검색 엔진 최적화(SEO: Search Engine Optimazation)는 검색 엔진 광고와 별도로 홈페이지가 검색 엔진의 상위에 노출되도록 하는 기본적인 작업이므로 반드시 해놓을 필요가 있다(6장의 '검색 엔진에 상위 노출' 파트를 참조한다).

국제 환경의 변화로 인해 수출하기가 어렵다고 생각하지 말고 다양한 보완책을 활용하여 오히려 더욱 적극적으로 대응할 필요가 있다. 또 코로나19 팬데믹 이후에도 디지털 적응력은 작은 업체들의 경쟁력이다. 어려운 해외 시장 개척 환경에서는 이러한 적극적인 업체가 기대 이상의 성과를 거두기가 쉽다.

아이템 선정 요령

요즘 중소기업 사장들과 만나면 자주 "마땅한 아이템이 없다."라는 말을 듣게 된다. 이 말의 의미는 중소기업의 입장에서 우리나라 제품의 품질과 기술이 중국을 비롯한 중진국 제품과 큰 차이가 없이 평가되는 반면에 독일, 일본, 프랑스, 미국 등 전통 선진국의 제품에 비해 낮게 평가받고 있다는 것이다.

이 말은 절반은 맞지만 절반은 틀린 이야기이다. 실제로 추격자들, 특히 중국 제품의 품질이 많이 상승했고 일부 산업에서는 오히려 한국 제품을 능가하는 기술을 보유하게 된 것은 부인할 수 없는 사실이다. 그리고 소비자들은 전통 선진국의 제품에 대해 좀 더 높은 가치를 두고 있는 것도 사실이다.

하지만 아직 중국의 전체적인 제품 이미지는 우리나라에 비해 낮은 것도 사실이다. 특히, 최근에는 한류 열풍이 지속되고 있어 우리나라의 제품에 긍정적 영향을 미치고 있다. 전통 선진국 제품이 분명 우리나라보다 유리한 것은 사실이지만 모든 제품이 그러한 것은 아니다. 우리나라 중소기업이 좀 더 강점을 보이고 있는 IT 관련 제품과 화장품 그리고 다른 분야도 어렵지 않게 찾을 수 있다.

 중소기업 **M 사**는 환경 오염과 병균에 대한 경각심과 더불어 기술의 필요성을 느끼고 꾸준히 기술을 높여 왔고 국내 시장에 어느 정도 정착하고 있었다. 그러다가 최근 코로나19 팬데믹으로 인해 방역 제품의 해외 수요가 늘고 우리나라의 기술에 대한 신뢰가 높아지면서 내수보다는 수출 비중이 더욱 높아지게 되었다. M 사는 이제 내수 업체에서 글로벌 수출 기업으로 도약했고 많은 해외 거래선과 관계를 맺으면서 장기 성장의 교두보를 놓게 되었다.

 이와 같이 전망이 있는 아이템에 대한 꾸준한 투자가 밀물에 배가 바다로 나아가는 것처럼 기회를 잡게 만든 것이다. 사실 지구 온난화가 세계적인 이슈가 되고 있고 환경 산업은 지속적인 성장이 예상된다는 것은 쉽게 알 수 있다.

 N 사는 소속된 지방자치단체에서 생산하는 식품류를 단순 무역 대행하는 역할에 머물러 있었으나 한계를 깨닫고 식품 수출의 전 과정을 묶는 원스톱 서비스를 만들어 생산, 가공, 검역, 인증, 무역 및 현지 유통을 아우르는 공급망을 형성했다. 이러한 공급망을 통해 지방자치단체 생산자들은 안심하고 수출을 맡기게 되면서 매출이 늘고 17개국에 수출망을 구축할 수 있었다.

 많은 경쟁력 있는 생산 제품을 발굴하여 해외 전시회에 소개하고 현지 대형 유통망 매대에 전시하기도 하면서 점점 회사의 경쟁력을 높여가고 있다. 이와 같이 식품도 근래 한류 열풍과 한국산 식품에 대한 신뢰도와 인기가 높아지면서 유망한 아이템으로 떠오르고 있다. 2021년에는 처음으로 수출 100억 원을 넘겼고, 2022년에는 약 10%가 증가할 것으로 전망된다.

특히, 최근에는 동남아시아와 중동의 이슬람 종교를 가진 사람들이 찾는 '할랄 식품'에 대한 수출이 급격히 증가하고 있어 관련 인증을 취득하여 관련 시장에 진출하는 것을 추천한다.

G 사는 중동의 한 국가에 우연하게 수출하게 되면서 그 한 국가를 상대로만 수출 비즈니스를 이어왔다. 초기에는 산업용 중고 장비, 중고 자동차를 위주로 수출을 진행하다가 바이어가 다양해지면서 전자기기, 소상공인용 기기, 포장재 등으로 제품을 다양화하며 성장했다.

현재는 한 국가에서 한 지역인 중동 전체를 상대로 수출 지역을 넓혀 여전히 집중화하고 있다. 이와 같이 특정 아이템이 아니라 특정 지역에 특화되어 그 지역에서 필요한 제품과 서비스를 한국과 연계해 비즈니스를 펼치는 경우도 있다.

여기서는 해외의 그 지역만큼은 세계 어느 업체보다도 속내를 잘 알고 무엇이 필요하고 시장 전망은 어떠한지를 정확히 꿰뚫는 것이 핵심 경쟁력이다.

B 사는 대표가 화학제품 관련 업체에 근무한 이력을 살려 창업했다. 대기업이 잘 취급하지 않는 시장 규모가 작지만 수익성이 좋은 화학제품 위주로 아이템을 정하고 이미 알고 있는 대만 바이어를 상대로 수출했다. 그리하여 대만 수출을 통해 회사가 정착하면서 지역을 넓혀 베트남에도 수출을 진행하고, 연이어 중국에도 문을 두드리고 있다. 이와 같이 전 세계적인 경쟁 속에서도 자신의 강점과 작은 회사의 강점을 활용하여 성공적으로 사업을 이어나갈 수 있다.

이 밖에도 많은 사례들을 종합하면 마땅한 아이템이 없는 것이 아니라 마땅한 아이템을 찾아내지 못하는 것이라는 결론이 나온다. 사업 환경이 어렵다는 것은 어제 오늘만의 문제가 아니다. 그러한 환경에서도 살아남고 성장하는 기업은 늘 존재한다.

아이템을 발굴할 때는 자신의 경쟁력, 유망한 산업, 경쟁력의 부가, 그리고 틈새시장을 고려해 진행하는 것이 좋다. 자신의 경쟁력은 자신이 몸을 담았던 직장 경험과 같은 개인적인 경험, 기술, 특기, 잘 아는 분야 등을 말한다. 이를 충분히 활용할 수 있는 아이템을 선정하는 것이 당연히 유리하다.

중소기업에 유망한 산업은 우리나라가 세계적으로 상위에 있는 IT 관련 제품, 화장품이 있다. 그리고 최근 한류와 함께 떠오르는 식품, 방역 관련 제품, 그리고 콘텐츠 등이 있다.

또 세계적으로 이슈가 되면서 향후 지속적으로 발전할 분야인 환경 관련 제품, 바이오 제품 등이 유망하다. 최근에는 우리나라의 국방 관련 제품의 수출이 큰 폭으로 증가하고 있고 차후에도 지속적인 증가가 예상된다.

참고로 2020년 기준 우리나라의 세계 시장 1위 품목은 77개이다. 물론 이는 대기업이 포함된 수치이다.

우리나라 세계 시장 1위 품목(2020년)

품목	5년 연속 1위	2020년 1위
화학제품	19	29
철강, 비철 금속	10	20
섬유	2	6
가죽, 고무, 신발, 여행용품	4	4
비 전자기계		4
광산물	1	3
기타 제조품		3
전자 기계	1	2
수산물	1	2
수송 기계	1	2
농산물	1	1
나무, 펄프, 종이, 가구류	1	1
총계	41	77

출처_UN Comtrade.

경쟁력의 부가는 아이템에 경쟁력을 입히는 것이다. 제품 이미지의 상승 전략이라고 할 수 있을 것이다. 대외적인 제품 이미지를 위해 국제적인 평가, 즉 디자인 어워드나 발명 전시회 입상, 일반 전시회 혁신상 등에 출품하여 이미지를 높일 수 있다.

기술 집약적인 제품은 해당 산업의 국제단체에서 품질을 인증하는 시스템이 있으므로 그곳에 도전하는 것도 좋다. 또 국내 특허뿐만 아니라 국제 특허(PCT), 그리고 목표로 하는 시장의 개별 국가의 특허를 등록하여 기술력과 독보성의 입증을 받는 것이다. 그리고 중소기업이지만 자체 브랜드를 만들고 감동 스토리를 추가하는 것도 경쟁력을 부가하는 방법이다.

틈새시장은 대기업이나 기존 시장을 점유하는 업체들과 직접 경쟁하지 않고 시장 규모가 작더라도 우선적으로 진입하거나 특정 국가를 정하여 그 한 곳에 집중화하는 것이다.

이와 같이 주변 환경을 탓하는 것보다는 환경을 분석하고 기업의 강점을 알며 차별화를 통해 틈새시장을 찾아내는 노력을 지속한다면 분명히 기회를 포착할 수 있을 것이다.

끈기가 생명이다

수출에서 가장 중요한 덕목이 무엇이냐고 질문한다면 '끈기'라고 단언할 수 있다. 국내 영업에서도 물론 끈기가 가장 중요한 요소 중의 하나임에는 틀림없다. 하지만 문화, 관습, 언어 및 제도가 다른 국가와의 거래를 위해서는 국내 영업보다 더 많은 끈기가 요구된다. 해외의 바이어는 자주 만나기가 어렵고 서로 이질적인 사고방식을 가지고 있기 때문에 돈독한 유대 관계를 맺는 것이 더욱 어렵다. 서로 오해할 수 있는 요소가 많기 때문에 더욱 조심스럽게 접근해야 하고 신뢰 있는 파트너로서 서로 인정하기까지 많은 시간이 소요된다.

예전에 두루마리 팩스 용지를 쓰던 시절에는 팩스 메시지를 받기 위해서는 팩스에서 나는 큰소리가 수십 번 반복되면서 두루마리 용지에 글자가 인자되는 것을 지켜보아야만 했고, 두루마리 용지를 잘라 다시 말리지 않도록 펴서 보관했다. 이메일이 없었고 국제 전화비가 비쌌기 때문에 주로 팩스를 이용했으며, 팩스 처리를 하는 것도 상당한 일거리였다. 이와 같이 수백 장의 두루마리 용지를 파일에 철해야 작은 주문을 한 건 받아 비로소 거래를 시작할 수 있었다.

또 해외 바이어를 만나기 위해 출장을 가는 것이 대단한 특권이고 선망의 대상이었다. 그래서 대기업의 종합상사 직원들이 선호 직업 선두를 달렸다. 바이어를 찾기 위해 KOTRA에 방문하여 두꺼운 옐로우 페이지(Yellow Page) 같은 자료를 통해 바이어 정보를 입수해야 했으며, 느린 팩스를 이용해 하루 종일 입수한 바이어에게 팩스를 보냈다.

하지만 지금의 수출 환경은 정말 많이 변화되었다. 인터넷의 등장으로 자리에 앉아 전 세계를 지켜볼 수 있고 정보를 입수할 수 있으며, 바이어들의 홈페이지를 방문하면 바이어에 대해 알 수 있게 되었다. 팩스나 우편을 굳이 보낼 필요가 없이 이메일로 모든 연락이 가능하며 완성된 내용을 보내는 데에 1초도 걸리지 않는다. 온라인 시스템으로 굳이 만나지 않고도 제품을 보여 주며 상담을 진행하고 동영상으로 홍보를 한다.

마음만 먹으면 언제든지 SNS를 통해 실시간으로 연락하고 동영상과 자료까지 보낸다. 샘플은 국제 특송을 통해 2~3일이면 배송된다. 물류와 통관 서비스의 발달로 별도로 수출 업무에 많은 시간을 할당하지 않아도 될 정도로 편리해졌다.

이와 같이 편리하고 효율적인 수출 환경에서 연락 도구, 수출 업무 등에 필요했던 많은 안내가 지금은 필요하지 않게 되었다. 그래서 오로지 바이어를 위한 일에만 집중할 수 있게 되었다. 바이어와 대화하고 교감하며 문제를 해결하는 업무에 한하여 인내가 필요하게 되었다. 본질적인 일에만 매달리면 되는 것이다. 그래서 중소기업도 단기간에 수출업체가 되고 글로벌 기업으로 성장하게 되는 확률이 높아졌다.

어학, 자금, 정보 등 부족한 부분은 정부의 수출 지원 제도를 이용하거나 서비스 회사를 이용하면 적은 비용으로 효율적인 업무가 가능하게 되었다. 대기업과의 상생 프로그램, 해외 교민 교류 등을 활용하여 글로벌 네트워크를 사용할 수 있고 정부의 해외 마케팅 지원 프로그램은 해외 경험이 전무한 업체도 해외 시장에 회사를 홍보할 수 있게 되었다.

이와 같이 일하기 좋은 수출 환경에서 준비하고 대응하며 기다리는 것에 끈기가 조금만 있다면 원하는 성과를 거둘 수 있을 것이다. 하지만 바이어의 대응이 소극적이고 시간이 너무 걸리는 경우 쉽게 포기하고 좌절하는 경우를 종종 볼 수 있다.

필자의 유럽에 있는 한 바이어는 창업 기업이었는데 소량의 첫 수출 주문을 받아내는 데에 꼬박 1년 정도 걸렸으며 약 1,000개의 이메일이 오고 갔다. 그런데 나중에 그 바이어가 유럽 시장에서 큰 거래선을 개척하더니 점점 주문 금액이 증가하면서 지금은 주요 바이어가 되어 10년 동안 관계를 이어오고 있다. 처음에 작은 창업 기업이라고 무시했다면 큰 기회를 놓칠 뻔했다. 아무리 작은 기업이라도 열정과 비전이 있는 바이어는 성공을 하고 함께하는 자신도 성공에 이른다. 바이어가 진정성이 있다면 끝까지 믿고 대응하며 응원을 보내 주어야 한다. 언제 주문이 들어올지 알 수 없지만 성급하게 예단하는 실수를 하면 안 된다.

   수출은 바이어에게 어떤 방식으로 대응하는지에 따라 성패가 결정된다. 그래서 바이어의 까다로운 요구를 잘 들어 주어야 한다. 간혹 황당해 보이는 요구를 접수하는 경우도 있다. 이때 어떻게 대응하는지에 따라 바이어를 잡아 두거나 떠나게 하는지가 결정된다. 그러한 요구에도 성실한 자세로 대응하면 바이어가 담당자를 대하는 눈이 달라지고 신뢰하게 된다. 브랜드도 자금도 없는 작은 기업은 바이어 대응에 최고의 경쟁력을 갖추어야 한다. 보통의 끈기를 가지고는 경쟁력을 가질 수 없다. 엑스트라 마일(Extra Mile, 상식적인 것을 넘어서는 서비스)이 있어야 한다. 5리를 동행하자고 요구하면 10리도 동행할 수 있다는 자세로 대해야 한다. 자신의 제품을 사 주고 자신의 회사를 먹여 살리는 대상이다. 제품의 경쟁력을 갖추어 갑 또는 을이 아닌 대등한 관계로 영업을 하려는 노력은 좋다. 그러나 자칫 이를 오해하여 바이어 대응에 소홀하면 더 좋은 제품을 가지고도 경쟁자에게 계약을 양보할 수밖에 없을 것이다.

우리나라 사람들은 부지런하고 스마트하며 신속하다는 평을 바이어에게 듣는다. 하지만 인내심을 가지고 충분히 기다리는 데에는 미치지 못하는 단점이 있음을 지적받기도 한다. 아프리카, 남아메리카 등의 바이어는 협상할 때에 지지부진하고 결정을 번복하기도 하는데 이는 문화적인 측면도 많음을 이해하지 못하고 화를 내거나 성급하게 불리한 조건임에도 덜컥 계약해 버린다. 노련한 바이어는 이러한 한국 사람의 성향을 협상에 이용하기도 한다.

때로는 약속 시간에 한참 늦게 도착하는 바이어에게 언짢은 표정을 그대로 표출하여 관계를 더 진전하지 못하는 경우도 있다. 우리가 빨리빨리 움직이는 성향이 있는 것처럼 그들은 그러한 비즈니스 관행을 가지고 있는 것이므로 상대의 불쾌한 반응을 이해하지 못할 수도 있다. 해외 시장을 개척하려면 해당 문화를 충분히 이해하고 그에 맞추어 느긋하게 보조를 맞추면 되는 것이다. 바이어가 맞추어 주기를 기대하지 말고 자신이 바이어에게 맞추어야 한다.

거래를 시작한 이후에도 끈기는 역시 중요하다. 제품 개선, A/S에 대한 의견과 요구에 귀를 귀울이고 문제를 해결하는 자세를 항상 가지고 있어야 한다. 자신의 바이어를 만들려면 오랫동안 소량의 주문에도 잘 대응하고 그들의 성장을 돕기 위한 노력을 유지해야 한다. 그러다가 언젠가는 자신의 주요 바이어가 되고 떼어내려고 하더라도 떼어낼 수 없는 가족과 같은 관계가 이루어진다. 그때 자신의 회사는 그들이 있기 때문에 웬만한 흔들림에도 무너지지 않는 군건한 회사로 자리매김하게 된다.

CHAPTER 3

중소기업의 글로벌 경쟁력

　차원 높은 경쟁력은 싸우는 것이 아니라 싸우지 않는 것에서 나온다. 예를 들어 바둑 분야를 살펴보면 신진 고수들은 주로 싸움 바둑을 둔다. 그러다가 시간이 지나 진정한 고수가 되면 싸움을 피하고 싸우지 않고도 이기는 바둑을 둔다. 처절하게 싸우다가 이기기도 하고 지기도 하는 수준에서 한 집 차이로 이기는 바둑으로 발전하게 된다.
　비즈니스 분야의 프로도 가격, 소비자, 공급선, 제품 등을 놓고 치열하게 진흙탕 싸움을 하는 단계에서 경쟁하지 않는 법을 깨닫는 고수의 수준으로 나아간다. 이와 같이 나아가 서로 더 큰 이익을 얻는 것(새로운 아이디어로 시장이 커지고 참여한 회사들이 더 큰 수익을 거두거나 홍보로 전체 시장을 활성화함)을 찾는다. 틈새시장의 소비자에게도 혜택을 주기 위해 노력한다.

CHAPTER

3

중소기업의 글로벌 경쟁력

6개의 수출 경쟁 우위 전략

　중소기업이 수출을 하려고 하면 반드시 짚고 넘어가야 하는 것이 경쟁력이다. 국내 시장에서 경쟁력을 갖추었다고 하더라도 해외 시장에서 그것이 동일하게 적용되지 않는 경우가 많다.

　경쟁력이란, 경쟁 회사에 비해 얼마나 자신이 우위에 있는가를 말한다. 그 우위의 요소는 제품의 가격 및 품질과 같은 기본적 요소가 있고 서비스와 광고 그리고 집중화 요소가 있다. 선택한 시장에 대한 분석에서 도출된 경쟁사들의 제품을 자신의 제품과 비교하여 어떤 요소가 우위에 있고 어떤 요소가 열위에 있는지를 분석하는 것이다.

가격 우위

　가격을 경쟁사보다 저렴하게 책정하는 것을 말하며 가장 일반적인 경쟁 우위 전략이다. 그러나 작은 회사는 대량 생산 또는 공급자에게 대량으로 주문하여 가격을 저렴하게 공급 받을 수 없기 때문에 큰 기업에 비해 불리할 수밖에 없다. 큰 기업은 규모의 경제를 발휘하여 저렴한 원가를 가질 수 있기 때문에 작은 기업이 단순 가격 경쟁에 돌입하면 안 된다.

주로 선진국 업체들과 비교하면 국내에서 생산한 제품이 저렴할 수 있다. 그러나 선진국의 업체가 글로벌 공급망화(Supply Chain)로 생산비가 저렴한 국가에서 생산하면 국내에서 생산한 원가보다 저렴하다. 또 중국과 같은 개도국 업체들이 저렴한 가격을 무기로 삼아 전 세계 시장을 점유하다시피 하고 있는 환경에서 가격 우위 전략으로 우리나라 업체들이 경쟁력을 갖추기가 점점 힘들어졌다.

그러나 시장 진입을 위해 일시적으로 손해를 감수하고 가격을 저렴하게 책정하기도 한다. 이는 전략적 선택의 문제이며 한 번 가격을 책정하면 다시 인상하기가 어렵다는 단점이 있다. 또 처음부터 시장에서 저렴한 제품이라는 인상을 주기 때문에 브랜드 관리에 어려움이 있을 수 있는 점도 고려해야 한다.

저렴한 가격을 위해 국내 생산을 고집할 것이 아니라 생산비가 저렴한 곳으로 생산 기지를 옮기든지, 해외 외주 생산을 통해 경쟁력을 갖추는 것을 고민해 보아야 한다. 이러한 경우 원산지가 한국이 아닌 중국이나 베트남이 되기 때문에 해당 고객들이 그 국가에서 생산한 제품을 어떻게 받아들이는지 면밀하게 분석해야 한다. 그리고 한류가 프리미엄을 얻는 시장에서는 제품력을 떠나 국내 생산이 저렴한 중국산 가격보다 더 경쟁력이 있을 것이다.

제품 차별화

제품 차별화란, 제품의 기능, 디자인, 내구성 등을 고객의 편리와 만족을 위해 경쟁 제품과 다르게 하는 것을 말한다. 그런데 앞에서 살펴본 바와 같이 가격 우위 전략을 중소기업이 선택하기에는 여러 제약이 있다.

중소기업의 입장에서 가장 잘할 수 있는 요소가 제품 차별화에 따른 경쟁력이다. 제품의 혁신을 통해 소비자의 불편을 해소하는 제품은 시장에서 주목받을 수밖에 없고 단기간에 시장에 회사의 이름을 알릴 수 있는 요소가 된다.

이는 전체적인 품질이 경쟁 제품보다 우수하다는 것을 나타내기도 하지만 중소기업으로서는 제품의 여러 가지 기능 중에서 어느 한 부분을 강화하고 보완하여 그 기능을 선호하는 고객의 입장에서는 경쟁 우위에 있는 경우가 더 일반적이다.

독특한 디자인을 선호하는 고객에게 경쟁력이 있는 경우도 있고, 내구성을 선호하는 고객에게는 디자인이나 기능이 떨어져도 경쟁력이 있을 수 있다. 근래에는 포장도 제품 차별화 전략의 하나로 사용되고 있어 독특한 디자인으로 소비자의 마음을 사로잡고 선물용으로 인기를 끌기도 한다. 그러므로 차별화 전략을 너무 어렵게 생각하지 말고 다양한 관점과 부분에서 살펴볼 필요가 있다.

제품 차별화가 특허, 의장 등에 해당되는 경우 이를 유지하기 위해서는 해당 국가에 지식재산권을 등록해야 한다. 사전에 검색을 통해 차별성이 보호받을 수 있는지를 확인하는 것이 필요하다. 그렇지 않으면 유사 상품의 출현 또는 소송으로 불이익을 받을 수 있다.

그리고 해외 목표 시장의 고객과 경쟁 제품의 연구를 통해 그 시장과 목표 고객에 맞는 제품으로 제조 또는 개선이 있어야 하며, 꾸준한 피드백으로 제품 경쟁력을 강화해 나가야 한다.

서비스 차별화

서비스 차별화란, 고객 접근성, 배송, 고객 응대, A/S 등을 경쟁 업체들과 차별화하여 우위를 점하는 것을 말한다. 해외 시장에서 큰 기업은 별도의 서비스 회사를 설립하는 등 서비스를 강화할 수 있지만 서비스 차별화를 하려는 중소기업은 투입 비용 때문에 망설여질 수밖에 없다. 하지만 국내 큰 기업과 협력하여 서비스 망을 사용하든지, 현지 시장의 유통업체와 제휴를 통해 서비스를 활용하는 방법이 있다. 또 온라인 판매에서는 큰 비용을 들이지 않아도 된다.

경쟁 업체들의 서비스와 고객이 선호하는 서비스를 조사하여 틈새 서비스를 발견하고 큰 비용을 들이지 않아도 차별화할 수 있는 부분을 발견하도록 한다.

작은 기업들이 할 수 있는 것은 제한되어 있지만 오히려 더 잘할 수 있는 것도 있다. 적은 인원이지만 철저한 고객 응대 교육을 통해 큰 기업이 실행하지 못하는 부분까지 서비스를 제공할 수 있을 것이다. 마치 가족을 상대하는 것과 같은 따뜻하고 친밀한 응대는 작은 기업이 오히려 더 잘할 수 있다. 고객을 회사에 초대하여 의견을 듣거나 제품 개발에 고객이 참여할 수도 있다. 고객이 원하기 전에 먼저 뛰어가 고객의 불편함을 살펴보고 해결해 줄 수 있다. SNS를 활발하게 하여 고객에게 가족과 같은 친밀함을 만들어 줄 수 있다.

또 1년 무상 교환이 보편화된 시장에서 2년 무상 교환을 내걸 수도 있고, 고객이 수령한 뒤에 마음에 들지 않는 단순 변심마저도 교환해 주는 적극적인 서비스를 펼치는 업체도 있다.

그리고 전국에 A/S 망이 잘 구비된 업체와 협력을 통해 대기업과 동일한 서비스를 제공할 수도 있다. 그리고 기술적인 제품의 경우에는 방문 교육과 같은 한 발 더 나아가는 서비스를 선보인다면 국내 작은 회사인 경우에도 해외 시장에서 결코 만만치 않은 기업 이미지를 정착할 수 있다.

이와 같이 서비스는 무한히 차별화할 수 있지만 중소기업의 역량은 한계가 있기 때문에 많은 선택지 중에서 자사에게 적합하고 고객에게 강력한 어필을 할 수 있는 것을 우선 선택하고 단계별로 선보이는 것이 좋다.

광고 차별화

광고 차별화란, 가시성(可視性)이 높은 광고 디자인으로 고객의 이목을 끌거나 광고 문구나 노래를 독특하게 하거나 중독성이 있도록 제작하여 브랜드를 알리는 등의 차별화를 말한다.

　해외의 목표 시장에 진입할 때 잘 알려지지 않은 기업은 고객의 이목을 끄는 광고 전략을 기획해야 한다. 시장의 경쟁사들이 어떤 방식으로 광고하고 있으며 브랜드 인지도가 어떻게 되어 있는지를 조사하여 광고 방법을 선택한다.

　중소기업은 비용 대비 효과가 좋은 디지털 광고를 잘 활용해야 한다. 구글(Google)을 비롯해 해당 시장의 현지 포탈 사이트에 회사를 등록하고 키워드 검색 등의 광고를 집행한다.

　현지의 고객에게 영향력이 큰 인플루언서(influencer)를 활용하든지 유튜브, 인스타그램, 페이스북 등의 SNS를 통해 광고하는 방법은 짧은 시간에 회사와 제품을 알릴 수 있는 좋은 방법이다. 인플루언서 마케팅은 단시간에 큰 매출을 일으키기도 한다.

　하지만 회사 제품을 광고한 인플루언서가 사회에 물의를 일으킨다든지, SNS나 언론 홈페이지에 올린 글이 부정적인 영향을 받는 시점에서 광고를 집행하면 오히려 시장 진입 초기에 브랜드가 오염될 수 있음을 염두에 두어야 한다.

　해외 시장에서 광고를 위해 광고 대행사를 이용하는 것도 좋은 방법이지만 무조건 업체에서 요구하는 대로 시행하지 말고 스스로 연구를 통해 대행사와 함께 적절한 광고 집행을 해야 한다.

　근래에는 제품의 제작이나 사업에 관한 내용 등을 하나의 스토리(story)로 만들어 고객의 마음을 움직이거나 코끝을 시큰하게 하는 감동을 주어 회자되도록 하는 것도 좋다. 여기서 유의해야 하는 사항은 진정성이 포함되어야 하는 것이다. 억지로 꾸미는 것처럼 보이는 광고는 작은 기업에게 특히 치명적이다.

광고도 무조건 경쟁사들을 따라하거나 좀 더 투자하는 것보다 자신의 회사와 제품의 특성을 잘 살릴 수 있는 독특한 광고를 제작하는 것이 고객에게 주목을 받고 매출로 이어지게 된다. 때로는 해당 시장에서 사회적 이슈가 될 만한 것과 해결을 위한 캠페인을 집중적으로 홍보하여 브랜드를 알리고 긍정적 인식을 심어 주는 광고도 생각해 볼 일이다. 그러나 무조건 독특한 인상을 주려고 하면 전달하려는 내용을 제대로 심어 주지 못하게 되고, 고객의 주목은 받았지만 관심과 구매로 이어지지 않는 것을 경계해야 한다.

가격 차별화

가격 차별화란, 가격을 오히려 경쟁 제품보다 높게 정하여 프리미엄 이미지를 추구하든지 시장을 좀 더 세분화하여 각 시장별로 상이한 가격을 정하는 것이다.

프리미엄 가격은 브랜드 파워를 바탕으로 하는 경우가 많지만 해외 시장에 알려지지 않은 브랜드도 고가의 가격을 책정하여 고급품 이미지를 고객에게 전달하는 것은 작은 회사도 할 수 있는 것이다. 그러나 프리미엄 가격 전략에서 주의해야 할 점은 높은 가격에 합당한 제품 및 서비스 프리미엄 이미지를 가져가야 한다는 것이다. 단순히 가격만 올리는 것이 아니라 고급스럽고 독특한 제품 디자인과 포장 그리고 설득력이 있는 제품 스토리를 통해 고객이 수긍해야 한다. 고객에게 분명한 이점을 제공하고 프리미엄 이미지를 줄 수 있다면 작은 기업의 브랜드도 시장에서 단기간에 정착할 수 있다.

시장별로 상이한 가격을 정하는 것은 글로벌 기업들에게 일반화된 것으로 선진국 시장과 후진국 시장을 구분하여 차별적 가격을 책정하는 사례가 나타난다. 중소기업도 여러 해외 시장이 있는 경우에 각 국가 거주자의 소득과 라이프 스타일 및 성향을 분석하여 차별적 가격을 책정하는 것이 좋다.

또 하나의 국가도 시장을 세분화하여 고급품 및 중저가품 등으로 제품을 이원화하여 각 고객에게 적합한 제품과 가격을 소개한다. 이러한 경우에는 고객이 인정할 수 있도록 분명한 제품의 차별화가 이루어져야 하며 광고 메시지도 다르게 전달해야 한다.

집중화

집중화란, 단 하나의 것에 회사의 역량을 집중하는 것을 말하며, 특히 역량과 자원이 작은 기업에게 적합한 전략이다. 이와 같은 집중화에는 시장 집중화와 제품 집중화가 있다.

시장 집중화란, 많은 시장 중에서 하나의 시장에 회사의 모든 역량을 집중하는 것을 말한다. 해외 시장 중에서 선택한 하나의 국가에 당분간 집중하는 것이다. 해당 국가에서 어느 정도 시장 정착을 한 다음에는 인접한 국가나 유사한 시장을 가진 다른 국가로 범위를 확장하는 것이다. 고객의 입장에서는 인접한 국가에서 알려진 브랜드이므로 비교적 거부감이 적을 것이고, 회사는 기존 국가에서 쌓은 마케팅 등의 노하우를 살릴 수 있기 때문에 보다 쉽게 다른 시장에 진출할 수 있다.

그리고 하나의 국가에서도 더욱 시장을 세분화하여 세분된 여러 시장 중에서도 하나의 시장에만 집중할 수도 있다. 예를 들어 목표로 하는 국가에서 30~40대 고소득 직장인이 시장 세분화 전략에 따라 선택되었다면 해당 시장에 맞는 광고, 서비스, 나아가 제품 개선을 통해 오로지 그 시장에만 집중하는 것이다. 그리고 나서 그 시장에 어느 정도 인지도를 확보한 뒤에 10대나 시니어 시장과 같은 다른 시장에도 진출하는 것이다. 상이한 시장의 고객들은 하나의 시장에서 이미 알려진 회사와 브랜드를 대하는 데에 거부감이 덜할 것이다.

제품 집중화란, 제품의 여러 카테고리 중에서 하나의 카테고리에만 집중하는 것을 말한다. 예를 들어 비누 중에서도 세탁비누에 집중할 수 있고 더 나아가 천연 세탁비누 한 가지에만 집중하는 것이다. 천연 세탁비누에서 어느 정도 브랜드가 알려지면 카테고리를 확장하여 일반 세탁비누, 세안비누 등으로 확장하며 세제로도 진출하는 것이다. 카테고리를 확장할 때 주의할 점은 사례로 든 것과 같이 유사한 종류(비누)로 확장하는 것이다. 그래서 작은 회사이지만 전문 회사라는 인식을 소비자에게 주어야 한다.

집중화는 하나의 시장 또는 하나의 제품에만 집중하여 비용적인 이점을 얻는 장점이 있으며, 소비자에게 해당 제품의 전문 회사라는 이미지가 각인되어 소비자의 신뢰감을 높일 수 있다. 그리고 시장에 대한 정확한 분석으로 큰 기업이 간과하는 시장을 발견하고 그 시장을 지배할 수 있는지를 사전에 예측하는 것이 필요하다.

"전 세계에 농장을 짓고, 언제 어디서나 신선한 먹을거리를 공급한다. 그곳이 화성일지라도(We build farms to feed the world, even on Mars)."

이는 2014년에 설립되어 성공적으로 해외 진출을 한 스마트팜(Smart Farm) 스타트업 엔씽의 슬로건이다. 엔씽은 국내에서 '모듈형 수경재배 키트'와 '모듈형 컨테이너 수직농장'이 어느 정도 기술력이 입증되자 2020년에 곧바로 해외로 눈을 돌렸다. 시장조사를 통해 미국과 같은 큰 시장을 배제하고 작은 회사에 유리한 중동 지역을 선택했다. 중동은 농사짓기에는 척박한 환경 탓에 식량자급률이 약 10%로 식량 안보가 중요한 이슈인 곳이다. 그리고 해외 스마트팜 경쟁 기업과 같이 대규모 설비가 필요 없고 모듈형으로 용량을 쉽게 증가할 수 있어 해외 수출에 적합한 모듈형 컨테이너 수직농장의 가능성을 보았다.

엔씽의 컨테이너식 스마트 팜 출처_엔씽

엔씽은 사물 인터넷(IoT)과 소프트웨어 그리고 자체 플랫폼을 통해 직접 손을 대지 않고도 원격으로 제어하고 모니터링할 수 있도록 만들었고 이를 통해 일반 농지 대비 약 100배의 생산성을 보여주었다.

엔씽은 관심을 보이는 아랍에미레이트 바이어에게 신속하게 샘플을 보냈다. 그리고 샘플 테스트를 거치며 기술력과 적합성을 인정받아 큰 금액의 수출이 성사될 수 있었다. 이후 사우디아라비아 등 중동의 여러 회사에서 러브콜을 받고 있다. 엔씽은 중동에서만 1조 원의 매출을 올리는 목표를 세우고 하나의 시장에 집중하고 있다.

엔씽은 국내 시장에서 제품의 기술력은 입증되었지만 작은 시장의 한계에 부딪혀 있던 중에 해외 시장에서 타개책을 찾고 제품 차별화와 집중화를 통해 작은 기업도 짧은 기간에 큰 성공을 거둘 수 있음을 보여 준다.

이상으로 경쟁 우위에 대해 살펴보았으며, 중소기업이 새겨 야 할 말은 "전략은 선택한 한 가지 이외에는 모두 버리는 것이다."라는 것이다.

전략적으로 경영하라는 말을 많이 한다. 여기서 전략은 보태는 것이 아니라 반대로 빼는 것이다. 운영 자원이 많지 않은 중소기업이 낯선 해외 시장을 개척할 때, 특히 단 한 가지에 집중해야 하는 것이다. 여기서 비본질적인 것은 협력하고 장점에 특화하며 시장을 좁히고 여러 환경 요인 중에서 하나의 기회를 잡는 것이 작은 기업의 전략이다.

또 경쟁 우위의 원천인 핵심 역량(VRIN)을 기억하자. 이는 가치성(Valuable), 희소성(Rare), 비모방성(Imitable), 비대체성(Non-replaceable)이다. 사업은 가치를 기반으로 한다. 가치를 창출하지 못하면 사업으로서 존재 의미가 없다. 사업가로서의 자신은 지구상에 단 한 명이다. 자신의 회사도 지구에 단 하나뿐이다. 그러므로 자신의 장점이 버무려진 독특한 것은 유일하고 희소하여 쉽게 모방할 수 없으며 대체할 수 없다. 규모가 작을수록 규모의 경제보다 희소하고 비모방적이며 비대체적인 회사가 되어야 한다.

   VRIN 중에서 부족한 핵심 역량이 있다면 해외 진출 전에 다시 한 번 아이템과 사업 모델을 살펴보고 경쟁 우위를 갖춘 후에 진출하는 것이 좋다.

수출 경쟁 우위

가격 우위
제품 차별화
서비스 차별화
광고 차별화
가격 차별화
집중화
VRIN

해외 진출 분석과 전략 수립 요령

해외 진출을 위한 전략을 수립하기 위해서는 먼저 기업 내·외부 분석이 선행되어야 한다. 기업 내부 분석과 외부 환경 분석을 위해 가장 많이 사용되고 있는 유용한 분석은 SWOT 분석이다. SWOT 분석은 기업 내부의 강점(S: Strength) 및 약점(W: Weakness)과 외부 환경의 기회(O: Opportunity) 및 위협(T: Threat)을 분석하는 것이다. "적을 알고 나를 알면 백전백승이다."라는 『손자병법』의 핵심 이론과 같은 의미이다.

이는 경영 또는 경쟁 전략을 수립하기 전에 앞서 분석하는 도구이며, 여기서는 해외 진출 또는 해외 목표 시장에 진입하기 위한 전략을 수립하기 위해 SWOT 분석을 하는 것이므로 여기에 맞는 항목에 대해 분석한다.

내부 분석	장점(Strength)	단점(Weakness)
환경 분석	기회(Opportunity)	위협(Threat)

분석 방법과 활용은 다음과 같이 간단하다.

① 해외 목표 시장을 조사한다.
② A4 용지에 4개의 큰 칸을 만들고 위의 표와 같이 각각 S, W, O, T를 기입한다.
③ 목표 시장에서 자사의 장점과 단점을 각 칸에 적는다.
④ 목표 시장에서 환경의 기회와 위협을 각 칸에 적는다.
⑤ 장점과 기회를 인식하고 기회를 잡을 수 있는 장점 활용 방안을 논의한다.
⑥ 단점과 위협을 인식하고 회피 또는 보완할 수 있는 방안을 논의한다.
⑦ 핵심 성공 요소(CSF: Critical Success Factor)를 도출한다.
⑧ 목표 시장 진출을 위한 전략을 수립한다.

내부 분석은 자사의 현재 위치를 인식하는 데에 도움이 된다. 중소기업으로서 목표 시장에 진출하는 데에 부족한 부분과 강점으로 작용할 수 있는 것들을 가감 없이 적어 넣어 회사는 무엇을 더욱 살리고 무엇을 회피해야 하는지를 인식하게 된다. 또 잘 몰랐던 새로운 장단점이 도출되기도 한다.

회사는 스타트업이나 수출 초보 또는 내수 기업으로서 아직 글로벌 수출 기업으로서의 내부 역량이 부족하므로 이 작업을 통한 보완 작업이 필요하다. 글로벌 조직과 마인드로 개선하고 목표 시장에서 요구하는 어학, 문화 적응, 국가와 시장 이해 등에서 부족한 점을 개선하는 것이다.

그리고 목표 시장의 고객에 맞춘 제품 개발과 생산, 관리, 해외 인증, 해외 지식재산권, 그리고 국제적인 관리 시스템과 고객 모니터링 시스템 등에 대한 현황 분석과 개선점을 도출한다.

환경 분석에서는 목표 시장에 진출하는 기업을 둘러싼 환경은 거시 환경과 미시 환경으로 나눌 수 있다. 거시 환경은 정치 및 법률, 경제, 사회, 기술 등이 있고, 미시 환경은 경쟁 업체, 관련 업체, 해당 정부 기관 등이 있다.

거시 환경	정치, 법률	금융 정책, 입법 활동 등
	경제	경제 성장률, 개인의 가처분 소득, 소비동향 등
	사회	가치관, 종교, 여가 선호, 라이프 사이클 등
	기술	신기술, 신제품, 신공정, 신원료 등
미시 환경	경쟁 업체	목표 시장에서 경쟁하는 업체들
	관련 업체	부품이나 제품 공급업체, 물류, 도소매 업체
	정부 기관	목표 시장에서 동일 산업 정부 기관

위 표에 기술한 거시 환경과 미시 환경의 각 내용들은 하나도 간과해서는 안 되는 사항이다. 개도국의 급변하는 정치 상황에 대해 고려하지 않고 진출하다가 회사의 자산이 현지에 묶이거나 결제를

받지 못하는 경우가 발생할 수 있다. 또 자사의 기술을 상회하는 신기술에 대한 이해 없이 시장에 진출하다가는 시간과 비용만을 날릴 수 있다. 경쟁 업체에 대한 이해는 물론이고 시장의 공급망에 대한 분석이 없다면 좋은 제품을 가지고도 경쟁 업체나 협력 업체 때문에 곤란을 겪을 수 있다.

SWOT 네 가지에 대해 우선 가능한 한 많이 도출하는 것이 좋다. 최대한 회사의 글로벌화와 관련 있는 사항들을 끄집어내어 표에 입력한 뒤에 토론을 통해 지울 것은 지우는 것이 좋다. 이를 통해 누락을 방지하고 생각하지 못했던 새로운 사실을 알 수도 있기 때문이다. 특히, 환경 분석을 통해 새로운 틈새시장을 발견하거나 몰랐다면 나중에 큰 위험을 초래할 수 있던 것들을 알게 되는 경우가 많다.

다시 한 번 언급하면 이는 일반 경영 전략을 위한 것이 아니며 해외 진출을 위한 전략이다. 그래서 회사의 해외 진출과 관련 있는 항목만을 입력해야 한다. 회사의 전반적인 경영 전략을 위한 SWOT 분석이 필요하다면 별도의 SWOT 분석을 해야 한다.

본 분석을 통해 해외 진출에 대한 회사의 장점을 극대화하고 단점을 보완하며, 기회를 잡고 위험을 회피하게 된다. 그래서 이를 통해 목표 시장 진출의 시점이 바뀔 수도 있으며 미래 전략을 세우는 기초가 된다.

또 시간이 지남에 따라 회사의 상황과 환경이 변하기 때문에 일정 시간이 지나면 다시 한 번 재검토하는 시간을 가지고 업데이트해야만 한다.

그리고 SWOT 분석을 통해 **핵심 성공 요소**(CSF: Critical Success Factor)를 도출한다. 이미 SWOT 분석과 함께 자연적으로 회사를 객관적으로 알게 되고, 회사를 둘러싼 환경을 알게 된 사항을 토대로 회사가 나아가야 할 방향과 해야 할 사항에 대해 간단하고 일목요연하게 정리하는 것이다. 이 CSF가 회사의 나침반이 되어 정확한 곳으로 달리게 만든다. CSF의 사례는 다음과 같다.

- 기업 브랜드의 리포지셔닝(Repositioning, 재 자리 잡기)
- 경쟁력의 확보(원가 절감 및 공급망 관리)
- 사업 구조의 단순화
- 협업으로 인한 기술 고도화
- 내부 통제와 자원 관리의 디지털화
- 인적 자원의 글로벌화
- 해외 영업 에이전트(Agent)의 다변화

이러한 CSF가 바탕이 되어 전략을 수립하게 된다. 그리고 전략이 세워지면 각 전략의 우선순위를 정하고 각 전략의 추진 일정과 실행 계획을 세우면 되는 것이다.

예를 들어 기업 브랜드를 리포지셔닝(재 자리 잡기)하는 CSF를 도출했다면 이를 위한 전략으로 신규 브랜드의 제작이나 현재 브랜드를 시장에 재조정하는 두 가지 전략이 있을 수 있다. 신규 브랜드를 제작하는 전략을 선택한다면 제작 방법(사내 공모, 외부 전문가 섭외, 브랜드 회의 등), 슬로건 등의 부가 브랜드의 제작, 브랜드 개정에 따른 비용, 신규 브랜드의 적용 분야(홈페이지, 명함, 각종 자료 등), 홍보 방법 등에 대한 전략의 실행이 필요하다. 그리고 이러한 실행의 추진 일정과 계획을 세우고 수행에 옮기는 것이다.

추가적으로 이와 같이 전략을 수행했을 경우에 어떤 기대 효과가 있는지를 기입해 둔다. 그리고 실행을 통해 나온 실제 결과를 기대 효과와 비교하는 피드백을 하여 차기 전략의 수립에 사용한다.

이를 정리하면 다음과 같은 순서를 따른다.

SWOT 분석 ➡ CSF 도출 ➡ 해외 진출 전략의 수립(및 기대 효과) **➡ 해외 진출 전략의 우선순위 도출 ➡ 추진 일정의 수립 ➡ 세부적 실행 계획 ➡ 실행 ➡ 피드백**

글로벌 마케팅의 단계별 요령

글로벌 마케팅은 B2C 형태(대상이 최종 소비자)와 B2B 형태(대상이 기업)에 따라 다른 접근이 필요하다.

중소기업이 해외 바이어에게 제품을 수출하기만 하고 모든 업무가 종료되는 OEM이나 ODM과 같은 단순 B2B 수출의 경우에는 굳이 마케팅을 해당 시장에서 시행할 필요가 없다고 생각할 수 있다. 제품을 수입한 바이어가 그 역할을 알아서 수행하기 때문이다. 회사는 바이어가 요구하는 제품을 가장 저렴하게 생산하여 최상의 품질과 상태로 원하는 장소에 선적하면 된다.

그러나 B2B 형태의 수출은 그 전에 바이어를 찾아내는 작업이 필요하다. 이는 해외 바이어 개척을 말한다. 반면에 B2C 제품은 해외 시장의 일반 소비자가 대상이므로 국내에서의 소비자 마케팅 방법과 유사하다. 다만, 이질적인 소비자와 시장을 상대하기 때문에 그 시장에 맞는 맞춤형 마케팅을 시행해야 하는 것이다.

실질적으로 중소기업은 직접 소비자를 상대하는 B2C 형태의 수출보다 수입 업체를 상대하는 B2B 형태의 수출이 많다. B2C 형태의 수출을 위해서는 현지 마케팅을 시행해야 한다. 따라서 직접 영업사무소나 현지 법인을 설립해 회사 직원의 주관 하에 시행하는 경우가 많아 비용과 여건이 뒷받침되어야 한다. 그러나 근래에는 온라인 마케팅이 증가하여 공간적 제약을 극복할 수 있고, 온라인 수출(역직구 수출)이나 수출 대행업체를 통해 이를 극복할 수 있다.

하지만 소비자 및 시장 분석이 철저히 진행되지 않으면 마케팅을 시행한 뒤에 브랜드나 제품의 부정적 인식과 같은 역효과를 가져오게 되어 유망 시장을 잃어버릴 위험이 있다.

목표 시장에 직접 진출하지 않는 B2B 간접 수출도 목표 시장에 적합한 제품과 서비스를 구성하고 마케팅 전략을 수립한다면 어떤 바이어가 회사의 제품에 적합한지를 알 수 있고, 어디에 바이어가 있고 어떻게 접근해야 하는지를 더 쉽게 알 수 있다. 시장 분석을 하고 마케팅 전략이 있으므로 보다 자신 있게 바이어와 상담할 수 있게 된다. 그리고 적합한 바이어를 만나지 못하면 목표로 하는 시장에 직접 진출하는 대안도 예비해 둘 수 있다.

또 바이어를 개척한 다음에 바이어가 마케팅을 전담한다고 하더라도 목표 시장에서 회사 제품이 소비자에게 올바르게 전달되고 적정한 가격 및 브랜드 이미지 등의 관리를 위해서는 마케팅 전략을 바탕으로 수출계약서에 이러한 요구 사항을 기입하여 가이드라인을 주는 것이 좋다. 빅 바이어를 만나고 큰 계약을 완료했더라도 이를 소홀히 하면 추후에 장기적인 시장 공략에 문제가 발생되어 시장을 잃어버리는 경우도 있다.

그리고 제품 개발에서부터 이러한 목표 시장의 선정과 마케팅을 염두에 둔다면 추후에 시행착오를 거듭하지 않아도 되며 전사적인 일체감을 가지고 회사 경영에 탄력을 받을 수 있을 것이다.

해외 시장에서 직접 마케팅을 하는 것은 국내 시장에서의 방법과 유사하다. 다만, 물리적 거리와 사회 구조, 문화, 소득, 법률, 정치 및 경제 등의 차이를 감안한 마케팅이 이루어져야 하는 것은 당연하다.

다음과 같은 절차를 참고하여 해외 마케팅을 한다. 목표 시장(국가 또는 지역)을 선정한 다음에는 마케팅 목표를 정하는 것이다. 마케팅을 통해 해당 국가에서 어떤 결과를 원하는지를 분명하게 한다.

그리고 전 세계의 시장 세분화를 통해 목표 시장이 선정된 것처럼 이제 하나의 국가 또는 지역에서도 보다 구체적인 시장을 선정하기 위해 다시 시장 세분화를 한다. 그리고 세분된 여러 시장에서 하나의 구체적 목표 시장(Target Market)을 선정한다. 다음은 구체적 목표 시장에서 경쟁 제품과 비교하여 자사의 제품을 어떻게 위치(Positioning)하는지를 정한다. 이를

STP(Segmentation, Target Market, Positioning) 전략이라고 한다.

마지막으로 도출한 전략이 만족하는 구체적 마케팅을 실행

(Marketing Mix)한다.

마케팅 목표

목표에는 정성적 목표와 정량적 목표가 있다. 정성적 목표는 '시장에서 초기 브랜드가 정착하고 긍정적 이미지를 주어 도약의 발판을 만든다.'와 같이 일정한 형식이 없이 유연하게 호소하는 형태이다. 정량적 목표는 '3년 안에 목표 시장 점유율 5%와 고객 만족 평가 95% 이상 달성'과 같이 숫자로 나타내며 구체적이고 합리적이므로 결과를 평가하기가 쉽다.

중소기업의 목표는 정성적인 것을 배제하지는 않지만 정량적인 목표 위주로 이루어져야 한다. 정성적인 것도 철학적이고 애매한 것보다는 구체적인 문구가 좋다. 구체적인 정성적 목표와 숫자로 나타낸 정량적 목표가 구성원들의 의지를 한데 모으고 이를 향해 달려가게 만든다.

마케팅은 회사 전체의 목표와 전략의 한 부분이므로 마케팅 목표는 또한 전사적(全社的)인 목표와 일치를 이루어야 한다. 전체 회사의 목표와 전략을 정하고 목표 시장의 목표와 전략을 정하며, 그 다음에는 마케팅 전략을 정하는 것이 순서이다.

해당 시장에서 '3년 차에 매출 10억 원, 영업이익 1억 원을 달성하고 해당 시장에서 브랜드 순위 5위 진입'이라는 사업 목표를 정했다면, 마케팅 목표는 '1년 차에 시장에서 브랜드 10위 진입, 2년 차에 7위, 3년 차에 5위 달성'이라는 목표를 세울 수 있다. 그리고 브랜드에 대한 목표를 정했다면 평가를 어떻게 하는지도 표기해 두어야 한다. 이는 브랜드 평가 기관에 맡길 수 있으며, 기업이 자체적인 평가 항목을 정하여 평가할 수도 있다.

시장 세분화(Segmentation)

다음에는 해당 시장에서 시장을 세부적으로 구분한다. 어느 하나의 국가를 목표 시장으로 선정했다면 해당 국가의 모든 고객들이 선호하는 제품이면 좋겠지만 현실은 그렇지 않다.

시장 1위 브랜드라 하더라도 모든 사람이 그 브랜드를 좋아하고 제품을 구매하는 것은 아니다. 외국의 중소기업 제품을 소비자는 기억조차 못 할 가능성이 높다. 그래서 시장에서 소비자들을 비슷한 취향을 가진 집단으로 구분해 나눈 다음에 어떤 시장에 먼저 진입하는 것이 적합한지를 판단하는 것이다. 회사 제품의 브랜드가 덜 알려질수록 그리고 차별점이 덜 있을수록 좀 더 잘게 세분화하는 것이 좋다. 그리하여 최종 선정한 시장에서 선도 브랜드로 자리잡는 전략을 세우는 것이다. 그리고 나서 다른 시장으로 확장해 나간다. 이는 한정된 자원을 가지고 있는 작은 회사는 물론이고, 규모가 큰 회사라 하더라도 전략적 차원에서 초기 시장에 진입하는 시점에서 사용할 수 있다.

　시장 세분화의 방법은 다양하다. 나이, 소득 수준, 교육 수준 등의 인구통계학적 구분을 사용하기도 하고, 라이프 스타일, 성격 등의 심리적 특성으로 구분하기도 한다. 그 밖에도 소비 패턴, 주거 지역, 문화 등의 다양한 변수를 기준으로 분류할 수 있다.
　시장 세분화는 회사의 제품 특성에 따라 적절한 변수를 선택해야 한다. 예를 들어 식품류인 스낵에 대한 시장 세분화를 할 때 주거 지역으로 한다면 연관성이 많이 떨어져 올바른 분류라고 할 수 없을 것이다. 마찬가지로 의류의 시장 세분화는 교육 수준보다는 소득 수준, 라이프 스타일이 더 적절한 변수일 것이다.
　최근에는 빅데이터의 발달로 소비자의 구매 패턴이나 선호도, 행동 등 변수로 채택하기가 어려운 요소도 포함할 수 있게 되었다. 이러한 변수들은 전통적인 방식인 인구통계학적 변수보다 마케팅을 더욱 효과적으로 할 수 있기 때문에 좋은 시장 세분화 변수이다.
　정부의 수출 기관이나 구글과 같은 포털 사이트, 마케팅 사이트 및 마케팅 대행 회사에서는 이러한 빅데이터 툴(tool)이 있으므로 잘 활용할 필요가 있다(6장의 '수출 정보 활용 요령' 파트에서 Kotra 빅데이터인 트라이빅을 참조한다).

　그리고 시장 세분화를 하는데 알아두어야 할 유의 사항은 다음과 같다. **첫째, 측정할 수 있어야 한다.** 분류한 집단의 수나 구매력 등을 객관적으로 집계할 수 있어야 한다. 애매한 분류 기준은 측정 자체를 불가능하게 할 수 있다.

둘째, 접근할 수 있어야 한다. 자사가 분류한 소비자 집단에 접근할 수 있도록 특정한 거주 지역에 있거나 매체 등에 노출되어 있어야 한다. 인구통계학적 변수나 지리적 변수 등이 많이 사용되는 이유가 이러한 측정 및 접근 가능성과 관계가 있다. 특히, 물리적 거리가 있는 해외 시장에 비용을 고려한 변수를 선택해야 한다.

셋째, 일정 이상의 규모이어야 한다. 작은 기업이나 신규 진출한 기업인 경우 시장을 잘게 세분하는 것이 좋다. 하지만 지나치게 시장의 규모가 작으면 충분한 수익을 내기가 어려우며, 시장에서 회사의 경험을 축적하여 인접 시장으로 진출하는 데에 어려움이 있을 수 있다.

넷째, 차별화를 할 수 있어야 한다. 세분화한 집단 간에 분명히 구분이 되는 반응이 있어야 마케팅의 결과에서 효과를 얻을 수 있다. 나이를 변수로 했는데 10대부터 60대까지 구별된 행동이나 반응이 유사하다면 적절한 변수가 아닌 것이다.

목표 시장의 선정(Target Market)

시장을 세분했으면 그 세분 시장에서 가장 적합한 시장을 회사의 목표 시장으로 선정한다. 한 가지 변수만을 사용해 분류하는 경우도 있지만 여러 변수를 복수로 채택해 사용하는 경우도 있다. 예를 들어 '60대 이상의 10억 원 이상 순자산을 가진 수도권 거주 소비자' 또는 '패션에 민감하고 사교성이 좋은 대학원 이상의 학력을 가진 여성 소비자' 등과 같이 복수의 변수를 더 많이 사용한다.

큰 기업은 세분 시장 전체를 상대로 마케팅을 할 수 있다. 하지만 중소기업은 회사의 자원과 목표가 다르므로 세분된 해외 시장에서 몇 개의 시장 또는 하나의 시장을 선정하여 집중적으로 마케팅을 펼치는 것이 더 좋은 경우가 많다.

그러나 하나의 작은 시장을 선정하여 시장 지배력을 높이려는 전략은 리스크가 수반됨을 염두에 두어야 한다. 해외 목표 시장의 소비자들의 구매 행동이 변화하거나 보다 큰 경쟁자가 진입한다면 그동안 공들였던 해당 시장에서의 지배력에 문제가 발생할 수 있다. 그래서 그러한 리스크를 고려하여 적합한 목표 시장을 선정해야 하는 것이다. 그리고 리스크 회피가 불확실하다면 비용이 더 소요되는 것을 감수하고 소수의 복수 시장을 선정하여 리스크를 회피할 수밖에 없다.

특히, B2B 형태의 진출에는 마케팅 믹스(Mix)의 유통(Place)에서도 살펴보겠지만 어떤 형태의 바이어와 파트너 관계를 가질지를 결정한다.

만일 하나의 국가에서도 특정 지역의 고객이 최적의 목표 시장이라면 그 지역에서 활동하는 수입상을 접촉하면 보다 쉽게 바이어를 찾을 수 있고 공급 파트너로 승인을 받기도 쉬울 것이다. 만일 20~30대 젊은 소비자가 목표 시장이라면 온라인 유통을 전문으로 하는 바이어를 타깃으로 삼아 찾는 것이 좋을 것이다.

하나의 국가에 하나의 에이전트만을 두는 방법, 하나의 국가에서 지역별(상권별)로 딜러를 두는 방법, 그 국가의 대기업에게 맡겨 알아서 작업하도록 여지를 두는 방법, OEM이나 ODM으로 바이어 브랜드로 납품하는 방법 등 회사의 여건과 시장의 환경에 가장 적합한 형태의 바이어를 선택한다.

포지셔닝(Positioning, 자리 잡기)

포지셔닝이란, 우리말로 '자리 잡기'라고 할 수 있는데 목표 시장에서 마케팅 목표를 달성하기 위해 소비자에게 어떻게 인식되도록 해야 하는지를 말한다. 이는 소비자가 회사의 제품에 대해 어떻게 생각하도록 하는지에 대한 것이다. 여기에는 가격, 품질의 기본적인 요소를 포함하여 서비스, 회사 이미지 등 전체적으로 회사 제품이 경쟁 제품에 대해 또는 소비자의 기준에서 차별적으로 어떤 위치를 차지하도록 해야 되는지에 대한 전략이다.

다시 말해 포지셔닝은 시장 분석을 통해 소비자의 만족과 불만족을 알아내어 숨겨진 소비자 욕구를 간파하고 경쟁자 분석을 통해 경쟁자들과 차별적인 위치를 점하여 마케팅 목표를 달성하고자 하는 것이다.

회사가 처음 해외 목표 시장에 진출하는 입장이고, 마케팅 목표가 '1년 차에 시장에서 브랜드 10위 진입'이라면 처음 외국의 신규 브랜드를 접하는 소비자의 저항과 거부 및 의혹을 극복하고 브랜드가 10위로 진입하기 위해 경쟁 제품 대비 어떤 시장 위치를 점해야 하는지 전략을 세우는 것이다.

포지셔닝은 단순한 저가격으로 위치를 점할 수 있고 가성비를 내세울 수도 있으며, 제품의 특정한 차별적 기능으로 점할 수도 있고, 서비스를 차별화하여 원하는 위치를 확보하기도 한다.

우리나라의 압력밥솥 선두 기업인 쿠쿠가 베트남 시장에 진출할 당시에 저가의 중국 브랜드와 고가의 일본 브랜드들이 시장을 장악한 성숙 시장이었다. 여기서 쿠쿠는 가격이 가장 중요한 구매 요소이고 일본 브랜드를 선호하던 시장에서 초기에 선두 브랜드보다 낮은 가격으로 가성비 포지셔닝 전략을 선택하지 않고 우선 밥솥에 대한 소비자 인식의 전환을 가장 중요시했다.

유명 오프라인 유통 채널에 입점하고 시식 이벤트를 하는 등 대부분의 가정에서 사용하던 전통식 밥솥보다 전기밥솥의 장점을 홍

쿠쿠전자의 호치민 브랜드숍 출처_쿠쿠전자

보하는 데에 집중했다. 이와 같이 시장의 파이(시장 규모나 참여한 파트너들의 전체 이익)를 키우면서 자연스럽게 브랜드를 알린 것이다. 그리고 베트남 소비자의 인식 전환이 어느 정도 변화되는 시점에 내구성과 편이성을 중요시하는 베트남 소비자들의 성향에 맞춘 출시 제품의 특성을 강조하고 자체 브랜드숍을 개설하여 오히려 최고의 프리미엄 브랜드로 포지셔닝을 했다.

또 프리미엄 전략에 따른 고가격에 대한 소비자의 구매 장벽을 해결하고자 멤버십 프로그램을 도입하여 훨씬 저렴하게 구매할 수 있는 길도 열어 두었다. 이와 같이 시장 자체의 변화를 유도하면서 프리미엄 포지셔닝으로 베트남에서 기존의 일본 브랜드를 밀어내고 시장의 선두 브랜드가 되었다.

이후에 쿠쿠는 가전기기 전반을 아우르는 넘버원(No.1) 리딩 브랜드라는 새로운 포지셔닝으로 전기밥솥의 브랜드 이미지를 가지고 식기건조기, 정수기, 공기청정기를 아우르는 주방 및 가전 용품을 선보이며 지속적으로 성장을 이어 나가고 있다.

또 국내 시장에서는 치열한 경쟁으로 어려움이 있지만 베트남을 비롯한 중국, 미국 등의 해외 시장에서 시장별 차별적인 포지셔닝으로 브랜드 입지를 구축하면서 국내 리스크를 해소하고 있다. 이와 같이 해외의 목표 시장 소비자들에게 다가가는 접점인 적절한 포지셔닝은 매우 중요하며 성공을 좌우하는 요소가 된다.

포지셔닝을 위한 중소기업의 전략은 대기업과는 다르다. 해외 목표 시장의 소비자는 외국의 전혀 들어 보지 못하던 작은 기업의 브랜드에 대해 의구심을 가지게 된다. 그래서 분명한 차별성을 두어 자리가 잡히도록 하여 소비자의 뇌리에 각인하는 것이 중요하다. 그리고 여러 개의 브랜드가 있더라고 한두 개의 브랜드에 집중하고 일관성 있게 그 자리를 지키는 노력이 필요하다. 그리하여 소비자가 해당 회사나 제품을 연상하는 경우 분명한 메시지를 떠올리게 해야 한다.

마케팅 믹스

마케팅 믹스(Marketing Mix)란, 포지셔닝(Positioning, 자리 잡기)을 한 뒤

에 해당 포지셔닝이 제대로 구현되도록 마케팅 도구(방법)들을 조합하는 것을 말한다. 마케팅 도구에는 가격, 제품, 유통 및 촉진이 있다. 이 도구들을 적절히 조합하여 일관성 있고 차별적인 포지셔닝을 통해 마케팅 목표를 달성한다.

만일 저가격으로 포지셔닝을 하려면 생산은 노동력이 저렴한 국가에서 하고 최대한 비용을 절감하여 가격을 낮추어야 한다. 제품은 핵심 기능만을 제외한 나머지를 제거하고 고객 서비스를 유료로 제공한다. 그리고 SNS 등을 활용한 온라인 광고를 하여 구전 효과를 노리고, 인터넷 쇼핑몰이나 홈쇼핑을 사용하는 소비자를 대상으로 직판하며 각종 비용을 낮추는 마케팅 믹스를 해야 할 것이다. 저가격으로 시장에 성공적으로 정착한 다음에는 제품 확장을 하여 중가나 고가의 신규 브랜드를 차후에 출시하는 단계적 전략을 사용할 수도 있다. 이러한 경우 브랜드 간에 분명한 구분을 만들고 소비자에게 혼동을 주지 않아야 한다.

마케팅 믹스에 대해 좀 더 자세히 알아보자. **첫째, 가격**(Price)이**다.** 가격은 다른 마케팅 도구에 비해 간단하게 적용할 수 있고 즉각적으로 시장에 영향을 미친다. 해외 목표 시장에서 회사의 상황과 경쟁사 그리고 소비자의 수용 여부를 분석하여 가장 적합한 가격을 정해야 한다. 한 번 정한 가격은 소비자에게 인식되어 회사와 제품을 판단하는 중요한 지표가 되기 때문에 신중한 선택이 필요하다.

대기업도 마찬가지이지만, 특히 작은 기업은 전략적인 가격 정책을 취해야 한다. 단시간에 시장 지배력을 높이려는 것인지, 프리미엄 브랜드 인지도가 목표인지, 아니면 수익을 높이려는 것인지에 따라 가격은 달라진다. 때로는 유통 경로(도매상, 소매상 등 제품 공급망)에 따라 가격은 낮아지거나 높아지기도 한다. 또 해당 국가의 관세 정책이나 규제에 따라 달라지기도 한다.

경쟁자가 쉽게 모방하기 힘든 고기술 제품이나 신기술 제품 또는 고급 브랜드 인지도가 있는 제품은 초고가로 책정하여 프리미엄 전략을 펼치기도 한다. 혁신적인 성향이나 브랜드를 중시하는 소비자에게 어필하는 것이다.

해외 목표 시장에 처음 진출하는 중소기업은 경쟁 업체들보다 저가격으로 시장에서 인지도를 끌어 낼 수 있다. 이러한 경우 가격에 민감한 소비자가 많은 경우에 적용하면 좋다. 그리고 이러한 경우에는 시장의 성장률이 높아야 대량으로 판매하여 기본적인 수익이 보장될 수 있다. 또는 회사가 시장에 알려질 기간 동안 가격을 할인할 수도 있다.

그리고 옵션(액세서리 등의 부가 제품)이 있는 제품이라면 옵션에서 수익을 내고 주 제품은 저렴하게 책정하여 균형을 맞추는 방법도 생각해 볼 수 있다. 프린터 제조업체들이 프린터 본체보다 잉크 토너 등의 소모품에서 더욱 큰 수익을 내는 것과 같다.

또 가격을 책정할 때 비용 중심적인 가격(원재료, 가공비, 간접비 등을 계산하고 여기에 이윤을 붙임)이 아니라 가치 중심적인 가격(고객이 얼마에 구매할 것인지를 바탕으로 가격 책정함)을 정하는 것이 좋다. 비용 중심적인 가격은 기존의 시장 질서를 그대로 따르려는 마인드이므로 혁신(가치)이 들어설 자리를 잃어버릴 가능성이 높다.

그러나 가치 중심적인 가격은 경쟁사와 대결하는 것이 아니라 특정 소수의 고객들이 원하는 가격과 제품 및 서비스를 제공하는 것이다. 그래서 기존의 제품과 서비스에 목표로 하는 고객에게 혁신적인 가치를 더하여 해당 가치에 열광하는 고객들에게 고가에 제공하는 것이다. 그래서 소수이지만 충성 고객이 될 사람들에게 프리미엄 가격 전략을 사용하는 것이 규모가 작은 기업일수록 유리한 경우가 많다.

둘째, 제품(Product)**이다.** 중소기업 제품은, 특히 차별화가 필요하다. 해외 시장에는 수많은 기존 제품들이 포진해 있기 때문에 평범한 제품은 소비자의 주목을 끌지 못한다. 낮은 가격으로 시장에 정착하는 것은 한계가 있으며 지속적으로 저가격 전략으로만 경쟁하면 수익성이 악화되어 시장에서 철수해야만 할 수도 있다.

하지만 기술의 표준화와 모방 제품 출시의 신속성으로 인해 차별화된 제품을 출시하고 유지하기가 쉽지 않은 것이 현실이다.

그런데 차원을 넓혀 생각하면 전체 시장보다는 목표 시장의 고객들의 기대를 정확히 충족하는 제품을 최고의 제품이라고 정의할 수 있다. 결점이 없는 완벽한 제품이 더 우수하지만 너무 비싸 목표 시장의 고객이 접근할 수 없다면 의미가 없을 것이다. 그래서 시장 분석과 시장 세분화 그리고 세분된 시장에서 적합한 목표 시장의 선정이 중요한 것이다.

또 품질이 들쭉날쭉하지 않고 일관성이 있어야 한다. 아무리 목표 시장의 고객들이 좋아하더라도 제품의 품질에 일관성이 없다면 소비자는 선뜻 구매할 수 없을 것이다.

제품에는 제품의 특성이 있다. 목표 시장의 소비자에게 내세울 수 있는 특수한 기능, 디자인 등이 있다. 이는 경쟁 제품과 차별화하기 좋은 요소이다. 또 제품에는 브랜드명과 포장 등도 포함된다. 이를 통해 차별적이고 상징적인 의미를 부여한다. 제품의 범위를 더욱 확장해 살펴보면 A/S, 배달, 결제 방식, 품질보증 등도 넓게 보면 제품에 포함된다.

제품 전략은 이러한 확장적 요소를 포함한 전체 제품을 어떻게 만들고 구성하는지의 문제이다. 또 여러 제품이 있을 경우에는 해당 제품들을 어떻게 구성하는지의 문제이다. 많은 제품을 가지고 있는 큰 업체는 여러 제품 계열이 있고 같은 계열에서도 다양한 제품 구성이 있다. 하지만 중소기업은 단 하나 또는 소수의 제품으로 어떻게 적절한 개발과 구성으로 시장에서 차별적인 위치를 점하는지가 관건이다.

셋째, 유통(Place)이다. 유통 전략은 유통 경로에 관한 의사결정이다. 유통 경로란 제조업체, 공급업체, 유통업체, 최종 고객으로 구성되는 제품을 소비자에게 전달하기 위한 공급 체인을 말한다.

해외 목표 시장은 지리적 한계로 인해 접근이 국내 시장에 비해 어렵고 유통 구조도 다르다. 그래서 해당 시장의 유통 구조를 파악하고 제품을 어떻게 유통해야 비용을 줄이고 효과적으로 공급할 수 있는지를 고민해야 한다. 이를 '유통 경로의 설계'라고 한다.

중소기업은 자원의 한계로 인해 인원과 비용이 많이 소요되는 유통 경로를 설계할 수 없다. 여기서 처음부터 완벽한 유통 경로를 설계하는 것은 비효율적일 수 있다.

해외 목표 시장의 수입자에게 제품을 수출하고 원하는 장소에 선적하는 것으로 모든 업무가 종료되는 경우에는 유통 경로가 수입업체 한 곳으로 간단히 정리된다. 그러나 해당 시장의 누구를 수입업체로 선정하는가의 의사결정이 필요하다. 수입 업체는 도매상이나 소매상을 겸할 수도 있고, 전문 수입 업체가 수입한 뒤에 도매상이나 소매상에 제품을 공급할 수도 있다. 또는 도매상이나 소매상이 전문 수입 업체에 의뢰하여 수입할 수도 있다.

해외 바이어는 보통 자국 또는 인접 지역에서 독점 판매를 하려고 한다. 제품을 열심히 마케팅을 했는데 경쟁 업체가 무임승차하는 것을 방지하기 위한 것이다. 일반적으로 일정한 기간을 정하여 일정한 성과를 조건으로 독점 계약을 한다.

독점 계약은 수출자의 입장에서 장단점이 있다. 해당 분야의 전문성과 유통망 그리고 윤리적이고 열정이 있는 수입 업체를 선정했다면 절반은 성공한 것이다. 그러나 그렇지 못한 수입 업체는 좋은 제품이 시장에서 싹도 피워 보지 못하고 사라지게 만들 수 있다. 그래서 유통 파트너를 선정하는 것은 중요하다. 목표 시장의 유통에 대해 자세한 지식을 갖추는 것은 필수이다. 무조건 대형 유통업체가 좋은 것은 아니다. 작은 수입 업체라도 윤리적이고 열정이 있으면 장기간 동반해 성장할 수 있는 좋은 파트너가 될 수 있다.

보통 소비재의 유통 경로가 가장 긴 경우에는 수입 업체 → 도매상 → 중간 도매상 → 소매상 → 소비자의 순서로 이루어진다. 그리고 최종 고객이 기업인 산업재의 유통 경로가 가장 긴 경우에는 수입 업체 → 총판 → 산업재 유통상 → 산업재의 순서로 이루어진다.

이러한 관계에서 다양한 유통 경로가 구성된다. 최종 소비자에게 저렴한 제품을 공급하기 위해서는 유통 경로가 단순해야 한다. 수입 업체부터 소매상(산업재 유통상)까지 모두 회사의 수입 파트너가 될 수 있다. 소매상이라 하더라도 작은 상점에서부터 대형 할인매장, 백화점까지를 아우르게 되므로 수출 파트너를 어느 한 곳에 한정할 필요는 없다. 해당 국가나 지역의 온라인 플랫폼에 제품을 입점하여 소비자에게 직접 제품을 공급할 경우에도 유통 경로는 단순화된다.

또 때로는 2개 이상의 복수 유통 경로를 설계하기도 한다. 대형 할

인점에 제품을 납품하는 경로를 가지고 있으면서 동시에 영업 사원을 통해 학교, 관공서, 기업 등의 B2B 마켓을 직접 공략하기도 한다.

그리고 유럽연합(UN)과 같은 국제기구를 상대로 입찰의 수단으로 해당 지역에 진출하는 것도 고려할 수 있는 유통 경로이다. 아프리카나 동남아시아의 낙후된 지역은 공적 개발 원조(ODA: Official Development Association)를 통한 수출이 결제에 있어 안전하고 규모가 크다.

최근에는 온라인과 오프라인을 결합하여 오프라인 매장에서 제품을 고른 다음에 결제는 온라인에서 하는 일명 쇼루밍(Showrooming)을 하는 경우도 있다. 반대로 온라인에서 제품을 고른 다음에 결제는 가까운 오프라인 매장에서 하는 일명 역쇼루밍(Reverse-Showrooming)을 하는 경우도 있다.

해외 시장에서 오프라인 매장을 직접 오픈할 여력이 안 되면 매장을 보유한 유통업체와 협력을 하든지, 일일이 매장을 방문하여 협력 관계를 구축하는 방법을 사용해야 한다.

어떤 방법이 정답이라고 말할 수 없다. 회사의 여건과 목표 등에 따라 다르기 때문이다. 그러나 중소기업으로서는 될 수 있는 한 협력할 파트너가 있으면 협력을 통해 서로 윈윈(Win-Win)하면서 파이를 키우는 것이 좋다. 나의 수익을 일정 파트너와 공유하고 파트너의 역량을 활용해 시장을 키우고 선점하는 것이다.

넷째, 촉진(Promotion)**이다.** 촉진은 한마디로 고객과의 커뮤니케이션이다. 잘 만든 제품을 고객에게 어떻게 알리는가의 의사결정이다. 고객 커뮤니케이션을 위해서는 광고, 판촉, PR 및 인적 판매의 다양한 방법이 있다.

광고는 신문 광고와 같이 비인적 및 일방적 전달 방법이고, 판촉은 가격 할인 등 단기적 이미지 제고나 매출 증대를 위한 방법이다. 그리고 PR(Public Relation)은 언론과 같이 신뢰성이 상대적으로 높은 매체를 사용하여 알리는 것이고, 인적 판매는 판매원을 통한 직접적인 접촉으로 알리는 것을 말한다.

해외의 목표 시장에서 이와 같은 커뮤니케이션 방법들을 어떻게 하면 조화롭게 통합해 구성하여 제품과 회사에 대해 효과적이고 효율적으로 전달할 수 있는지를 고민해야 한다.

광고는 한 번에 많은 수의 고객들에게 전달이 가능하지만 비용이 많이 소요된다. 그리고 불특정 다수를 상대하기 때문에 목표 고객에게 얼마나 전달될지를 파악해야 하며, 일방적인 메시지 전달로서 설득력이 떨어질 수 있다.

판촉은 단기간에 제품을 시장에 알리는 이점이 있다. 하지만 수익성에 대한 검토가 필요하며, 잦은 판촉은 브랜드 이미지에 좋지 않은 영향을 미칠 수 있다.

PR은 자연스럽게 고객에게 정보를 전달하면서 회사나 제품을 홍보할 수 있다. 하지만 진실성이 없는 기사는 오히려 신뢰에 악영향을 미칠 수 있음을 인식해야 한다.

인적 판매는 효과적인 고객 설득 방법이다. 하지만 판매원 선정과 교육이 제대로 이루어져야 하며, 비용이 많이 발생된다는 단점이 있다.

중소기업은 예산의 한계로 인해 우선적으로 촉진에 집행할 수 있는 예산을 할당하는 것으로부터 계획을 세운다. 그 다음에는 목표 시장의 고객들의 분석을 통해 어떤 메시지를 전달해야 하는지를 정한다. 다음에는 광고, 판촉, PR 및 인적 판매의 커뮤니케이션 방법들을 선택하고 구성한다. 집행한 뒤에는 그 효과를 측정하여 다음 촉진 프로그램을 구성하는 데에 참고로 삼는다.

커뮤니케이션은 단방향의 일방적 메시지 전달이 아니라 고객의 피드백을 받고 반영하며, SNS로 실시간 대화를 하는 등의 쌍방향 커뮤니케이션이 필요하다. 또 자원이 많지 않은 중소기업은 인플루언서(의견 선도자)를 활용하든지, 블로그나 SNS를 활용하든지, 유튜브에 동영상을 올리는 방법을 사용해 구전 효과를 일으키는 방법이 효율적이다.

또 대부분의 해외 시장에서도 구매 후기가 고객의 구매에 큰 영향을 미치므로 구매 후기 관리를 잘해야 하며, 바람직한 구전과 구매 후기가 조성되도록 빠른 대응과 개선이 필요하다. 이러한 구전을 위한 소재에는 획기적 서비스, 이벤트, 지역 사회 활동, 판촉, 가시성 있고 재미있는 광고 등이 있다.

때로는 의도하지 않은 구전이 일어나 부정적 방향으로 나아가는 경우가 있는데 이러한 경우에는 재빨리 적극적인 의사소통과 진정성 있는 대응으로 고객의 신뢰를 얻어 긍정적 구전이 전개되도록 노력해야 한다.

또 회사가 바이어에게 수출을 하고 바이어가 목표 시장에서 촉진을 전담할 경우에도 브랜드 이미지와 장기적 영업을 위해 바이어가 지켜야 할 가이드라인을 제시하는 것이 좋다. 잘못된 촉진으로 인해 시장에서 브랜드 평판이 바람직하지 않은 방향으로 형성된다면 차후에 다른 바이어가 진행할 경우나 직접 촉진을 진행할 경우에 문제가 발생할 수 있다.

고객 커뮤니케이션(촉진)은 B2B 바이어를 찾는 데에도 적용된다. 회사와 제품을 적절히 알리면 바이어로부터 수입 제안이 올 가능성이 크다. 그리고 해외 전시회나 시장 개척단, 로드쇼(Roadshow), 전문지 광고 등을 하는 경우에도 중요한 자료가 된다.

글로벌 마케팅

1. 마케팅 목표
2. 시장 세분화
3. 포지셔닝(자리 잡기)
4. 마케팅 믹스
   가격
   제품
   유통
   촉진

작아도 큰 브랜드가 될 수 있다

중소기업이 해외 시장에 진출하면서 OEM(주문자 상표 부착 방식 제조)이나 ODM(제조자 개발 방식 제조) 방식에 의해 바이어의 브랜드를 부착하여 수출하는 경우는 브랜드와 관련된 의사결정은 필요해 보이지 않는다. 자체 브랜드가 없이 많은 국가에 수출하는 글로벌 기업도 많고, 그러한 전략도 상황에 따라 또는 회사의 철학에 따라 좋은 선택이다. 작은 회사가 초기 수출 단계에서 자체 브랜드를 홍보하고 시장에 정착하는 데에 많은 비용이 소요되고 바이어가 그들의 브랜드를 부착할 것을 요청하는 경우에는 어쩔 수 없이 바이어 브랜드로 납품할 수밖에 없다.

대만의 폭스콘(Foxcon)은 애플의 OEM 업체로서 세계 최고의 전자 제조 서비스(EMS: Electronics Manufacturing Service) 업체가 되었고, 그 전략을 계속 고수할 것이다. 한국 콜마는 화장품 ODM 업체로 자체 기술력으로 해외의 유명 주문 업체들에게 수출하며 국내 최고의 화장품 ODM 업체가 되었다.

그렇지만 자체 브랜드가 없는 회사는 바이어에게 종속되기가 쉽고 자체 마케팅력이 약하여 바이어의 주문이 끊어지면 이러한 위기를 돌파할 자생력이 떨어질 수밖에 없다. 또 그와 같은 경영 패턴이 지속되어 현실에 안주하게 되고 더 크게 발전할 수 없는 경우도 있다. 물론 위 두 업체의 경우는 예외 사례이다.

그래서 중소기업으로서 바이어 브랜드로 수출하고 있다고 하더라도 특수한 상황이 아닌 한 자체 브랜드로 수출하려는 노력을 계속해야 한다. 또 오로지 OEM/ODM 비즈니스를 한다고 하더라도 바이어를 계속 개척하려면 회사의 브랜드 관리는 반드시 필요하다. 여기서 자체 브랜드로 수출을 하거나 하지 않거나 브랜드 관리는 필수이다.

강력한 브랜드는 그 자체로 가치를 지니며 자산으로 인식되고 매년 브랜드 평가 기관에서 기업들의 브랜드 순위와 가치를 계산하여 공표한다. 브랜드는 해당 시장에서 소비자들의 선택 시 중요한 기준이 되며 시장 점유율과 이익을 결정한다.

브랜드는 자산이라는 생각을 가져야 한다. 그래서 브랜드를 알리는 비용은 자산을 키우기 위한 투자이다. 회사 자금에 대한 여러 투자 대상에서 무엇이 우선이고 중요한 항목인지를 잘 따져 보아야 하며, 브랜드는 그중의 한 항목이다.

많은 자금을 가지고 있지 않은 중소기업의 입장에서 어떻게 하면 브랜드를 효율적으로 알릴 수 있는지를 알아보자. **첫째, 작은 회사도 시장을 좁히면 답이 나온다.** 코카콜라(CocaCola)는 전 세계적인 브랜드이다. 그리고 전 세계를 상대하는 브랜드 전략을 세운다. 하나의 국가에서 브랜드에 오점이 생기면 전 세계에 영향을 미친다. 하지만 작은 회사는 하나의 지역, 국가 또는 하나의 국가의 특정 시장에서만 브랜드 관리를 수행하면 된다. 작은 회사일수록 그리고 처음 진출하는 회사일수록 시장을 좀 더 세분화하여 특정 시장에 진출하는 전략을 세우는 이유이다.

예를 들어 신발은 작은 회사에서부터 다국적 기업까지 경쟁의 범위가 넓다. 그러나 작은 업체로서 하나의 국가를 선정하고 그 국가에서 다이어트를 원하는 소비자들을 위한 신발을 만든다면 그 시장에서는 선두 브랜드로 올라설 가능성이 보다 높을 것이다. 그리고 좀 더 세분화하여 그 국가에서 다이어트를 원하는 여성 소비자로 한정한다면 그 가능성이 더욱 높을 것이다. 더 나아가 그 국가에서 다이어트를 원하는 20대 미혼 여성으로 범위를 좁힌다면 훨씬 선두 브랜드가 될 가능성이 높을 것이다. 이제 다이어트에 도움이 되는 차별적 기능을 추가하고 해당 국가의 미혼 젊은 여성이 선호하는 신발을 만들어 시장에 진출하면 된다.

이와 같이 시장을 먼저 분석하고 세분하여 선정한 시장에 맞는 제품을 개발하는 경우가 있고, 또한 이미 개발된 제품에 맞는 적절한 시장을 선정하는 경우도 있다. 어느 경우이든지 시장을 좁히는 노력을 하는 것이다.

선정된 시장은 좁기 때문에 대기업이 집중하지 않고 경쟁이 상대적으로 덜 치열하다. 그 시장에서 적절한 포지셔닝을 잡아 차별을 하고 가격, 유통, 제품 및 촉진을 조합하는 마케팅 믹스(Marketing Mix)를 통해 브랜드를 알린다.

둘째, 브랜드명이다. 브랜드명은 중요하지만 지나치게 고심할 필요는 없고 가이드라인을 지켜 만들면 된다. 짧은 글자, 어렵지 않은 발음, 목표 국가에 상표를 등록할 수 있는 브랜드, 목표 국가 문화에서 부정적인 뉘앙스가 없을 것, 그리고 목표 시장에 유사 브랜드가 없을 것 등이 가이드라인이다.

이 밖에 소비자에게 손쉽게 인식될 수 있는 브랜드가 좋은 것은 당연하다. 리듬감이 있는 단어, 제품을 연상할 수 있는 단어 등을 사용하여 반복해 듣더라도 쉽게 질리지 않고 오랫동안 기억에 남는 브랜드명이 좋을 것이다.

또 회사나 제품의 스토리나 철학이 들어가 있는 브랜드는 제품의 가치를 높여 주고 소비자의 공감과 선호도를 이끈다. 브랜딩을 CI(Corporate Identity)라고 하여 '회사 이미지'를 회사 내부와 외부에 공유하고 경영 방침, 윤리 등을 브랜드에 반영하는 경향을 잘 설명해 준다.

이 중에서 목표 국가에 상표를 등록할 수 있는 브랜드, 목표 국가

문화에서 부정적인 뉘앙스가 없어야 하는 것은 필수적 요소이다. 해당 시장에 진출하기 전에 브랜드 조사를 통해 동일한 브랜드가 있는지, 해당 국가에 등록되어 있는지를 확인해야 한다. 힘들게 키운 브랜드 가치가 갑자기 사라져 버리든지, 시장에 정착했음에도 상표권 분쟁으로 큰 손해를 입을 수 있다.

목표 시장의 경쟁사가 일부러 상표 침해를 한 업체에 대해 상당한 매출을 올린 이후에 소송을 하는 경우가 있다. 매출액 대비 손해 금액을 책정하기 때문이다. 그래서 진출한 국가에 상표권을 출원하여 보호를 받아야 한다.

또 국내에서는 아무런 문제가 없는 브랜드가 해당 국가에서는 문화적, 정치적으로 부정적인 인식을 주는 브랜드가 될 수 있기 때문에 사전에 검토해야 한다.

특히, 목표 시장의 전시회에 참가하기 전에 해당 국가에 브랜드를 출원하여 악의적 출원을 방지해야 한다. 그리고 해당 시장의 온라인몰이나 아마존, 쇼피 등의 온라인 글로벌 플랫폼에 입점할 때 누군가가 회사의 노출된 브랜드를 악의적으로 자국에 미리 출원할 수 있음도 염두에 두어야 한다.

셋째, 브랜드를 통합한다. 브랜드는 소비자에게 일관성이 있고 통일성이 있도록 보이는 것이 좋다. 브랜드명과 로고 및 슬로건이 각각 다른 방향을 지향하게 되어 소비자에게 혼란을 주어서는 안 된다.

제품의 포장과 웹사이트도 일관성이 있어 하나만을 보더라도 브랜드가 연상되는 것이 좋다. 색깔을 통일하는 것도 그 일환이다. 삼성(Samsung)이 줄기차게 파란색을 사용하여 소비자에게 이성적이고 신뢰감을 주는 브랜드를 구축하고 있는 것이 하나의 예이다.

넷째, 브랜드 관리이다. 브랜드는 구축하기가 힘들고 구축한 브랜드는 허물어지기가 쉽다. 대기업에게도 해당되는 말이지만 작은 회사에게는 더 크게 적용된다. 이제 막 해외 시장에 안착하여 소비자로부터 외국의 중소기업이지만 가성비가 있고 차별적인 제품이 긍정적인 반응을 얻어 판매가 상승하려는 시점에 갑자기 악재를 만나 하루아침에 '그러면 그렇지'라고 비양하는 소리가 들리기 시작하면 다시는 그 시장에 들어가기가 힘들 것이다.

품질 안정성에 문제가 있든지, A/S가 부실하여 불만이 증가하든지, 도덕적 해이가 언론을 통해 알려지는 등의 문제가 터지면 그동안 공들였던 브랜드 이미지가 한순간에 무너지며 처음의 상태로 되돌아간 것처럼 되어버리는 경우를 본다. 이후에 시장에서 해당 브랜드는 더 이상 재기할 수 없는 상태에 빠지기도 한다. 자원이 부족한 작은 기업은 벌어진 위기를 극복할 수 있는 여력이 부족하다. 그래서 항상 소비자의 불만과 동향을 모니터링하고 해당 국가의 언론에 부정적 뉴스가 나오지 않도록 관리해야 한다. 이러한 관리에 자신이 없다면 전략적으로 우선은 OEM이나 ODM을 통해 글로벌 브랜드를 제품에 붙여 수출하는 전략을 선택할 수밖에 없다.

다섯째, 작은 차별화를 통한 큰 브랜드 전략이다. 첫 번째에 언급한 시장을 좁혀 브랜드를 알리는 전략은 집중화를 통한 브랜드 전략이다. 중소기업으로서 또 다른 브랜드 전략은 차별화를 통한 것이다. 제품, 서비스 등 시장에서 기존의 업체들과 다른 차별을 통해 작은 브랜드를 크게 만든다.

미국 실리콘밸리에서 2015년에 창업한 올버즈(Allbirds)는 신발 산업에 문외한인 창업자가 '양털 신발' 아이디어 하나로 기술 파트너를 만나 제품 개발을 완성했다. 올버즈는 양털 신발이 기존의 신발과 달리 지구 환경 위기에 도움을 준다는 것에 착안하여 친환경 신발로 콘셉트를 정하고 착용감이 좋으면서 지구 환경을 보호하는 소재를 사용하는 신발을 홍보하여 주목을 받았다.

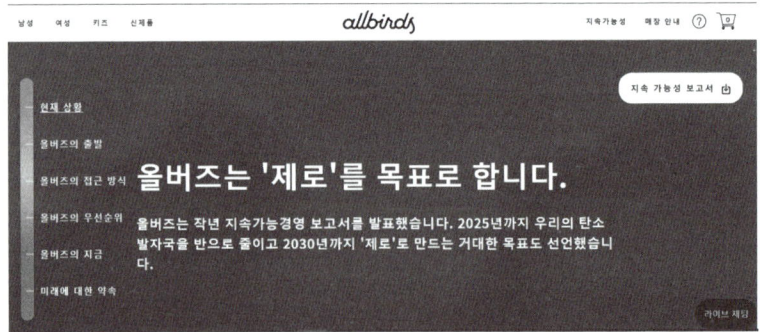

올버즈의 회사 홈페이지는 기업 운영 목표의 최우선 순위가 탄소 제로를 만드는 것이라는 것을 보여 준다.

회사는 더욱 나아가 '지속 가능성'이라는 명제를 내세우고 탄소 발자국을 줄이는 것을 최우선 사명으로 삼고 지속적으로 탄소 배출 감소의 여정을 공개하여 연간 21억 톤의 탄소를 배출하는 패션 산업에 영향을 미치고 있다.

회사의 진정성 있는 시장 접근은 자연 환경 보호에 관심 있는 미국 할리우드 스타들의 자연스러운 홍보 등으로 시장의 주목을 받으면서 큰 브랜드로 성장하고 있다. 회사는 할인 판매를 거부하고 수익을 제조업체와 나누며 상생의 모범을 보이기도 했다.

참고로 올버즈의 제품은 국내 한 작은 중소기업이 기술력으로 해외 경쟁 업체를 배제하고 독점 OEM 방식으로 생산하며 성장의 길을 달리고 있다.

여섯째, 정부의 브랜드 지원을 활용한다. 중소기업벤처부에서는 '브랜드 K'를 만들어 중소기업들이 브랜드 때문에 해외 시장에서 애로 사항을 겪는 것을 해결하고 있다. 브랜드 K는 혁신성과 시장 잠재력을 가진 중소기업의 국산 제품에 대해 기술과 품질을 보증해 주는 공동 브랜드로 2022년에 300개 업체가 선정되었다.

여기에 선정되기 위해서는 꼼꼼한 검사를 통과해야 되지만 브랜드 K 로고를 제품에 사용할 수 있으며, 국내 판매 지원과 더불어 해외 플래그쉽 스토어를 통한 홍보와 각종 홍보 매체들

을 통한 홍보, 그리고 수출 지원 사업에 가산점을 준다.

    이는 무엇보다 해외 바이어들에게 국가 기관에서 인증한 제품이라는 것을 알리는 효과가 가장 클 것이다. 실제로 선정된 기업들의 매출이 1년 이내에 약 30~50%가 높아지는 효과를 나타내고 있다.

    또 서울시에 사업자가 있는 중소기업을 대상으로 하는 'Hi Seoul' 브랜드 지원 사업을 통한 해외 진출 지원 사업도 있다. 그리고 브랜드를 직접적으로 지원하는 사업이 아니어도 신기술 인증(NET)이나 기술 혁신형 중소기업(Inno-biz) 인증 등 정부에서 인정하는 인증을 취득하는 경우에는 해외 바이어에게 어필하여 회사와 제품의 브랜드를 높일 수 있을 것이다.

    브랜드의 가치는 고객으로부터 나온다. 고객의 회사나 제품에 대한 생각이 곧 브랜드이다. 그러므로 회사의 조직은 고객 중심이 되어야 하며 전 부서가 고객을 향해 있어야 한다. 많은 기업들은 고객 중심 경영을 최우선으로 하는 경향을 오래전부터 지속해 왔고 '고객 집착' 수준까지 이르렀으며 작은 기업일수록 더욱 고객과 밀착하고 항상 상호 교류를 이어 나가야 한다.

고객이 원하는 제품을 개발하라

해외 시장에 진출하는 중소기업의 신제품 개발에 대해 알아보자. 중소기업은 신기술을 적용한 기존에 없던 혁신적인 제품을 개발하기 위해 노력해야 한다. 그것이 작은 기업으로서 해외 시장에 안착하기에 가장 좋은 방법이기 때문이다.

하지만 해외 시장에서 기존 경쟁 제품들에 비해 약간의 개선된 제품을 출시하는 것도 신제품 개발이다. 소비자 욕구를 약간 더 충족하는 제품을 출시하면 그 개선을 선호하는 소비자의 주목을 받을 수 있을 것이다.

또 해외 목표 시장에 이미 제품을 판매하고 있다면 제품의 종류를 확장하여 신제품을 개발할 수도 있고 기존 제품을 새롭게 정의하여 새로운 시장에 소개하는 사례도 있다. 잘 알려진 드링크 음료인 '박카스'는 예전에는 건강식품이었지만 드링크 음료로 재정의하고 새로운 소비자에게 소개하여 큰 성공을 거두었다. 이것을 제품의 '리포지셔닝(Repositioning)'이라고 한다.

중소기업의 신제품 개발은 신중하게 진행되어야 한다. 자칫 큰 자금을 투자한 신제품이 실패하면 회사의 존망을 위협할 수 있다. 신제품이 실패하는 원인은 여러 가지가 있지만 주로 소비자 욕구 파악의 실패가 많은 비중을 차지한다. 표면적으로 들어난 해외 목표 시장 소비자의 선호도가 알고 보니 다른 곳에 있든지, 시장을 과대하게 예상했든지, 경쟁 제품과의 차별성을 제공하지 못해 소비자의 선택을 받지 못하는 것이다. 그리고 현지의 문화, 습관 및 구매 행동에 대한 정확한 데이터에 따라 맞춤형 제품을 만들지 못하는 잘못을 하는 경우도 많다.

또 마케팅 전략에서 오류가 발생하여 실패하는 경우도 있다. 제품은 잘 만들었지만 그에 적합한 포지셔닝(Positioning)을 잘못 정하여 마케팅을 하는 바람에 실패한다. 위에서 언급한 적절한 포지셔닝과 마케팅 믹스의 오류로 인해 해외 목표 시장의 소비자에게 의도하지 않은 이미지를 전달하고 제품의 강점을 제대로 전달하지 못하는 것이다. 이 밖에도 시기의 부적절, 예상하지 못한 경쟁 제품의 출현 등도 실패의 원인이므로 충분히 고려할 필요가 있다.

이러한 신제품의 실패율은 상당히 높다. 하버드 비즈니스 스쿨의 발표에 따르면 약 80%의 신제품이 1년 안에 실패한다고 한다. 의약, 바이오 제품은 이보다 훨씬 높으며 소비재 제품은 70~90%가 1년 안에 시장에서 철수한다.

그러므로 중소기업이 신제품을 개발할 때 자신의 회사는 이러한 통계에서 제외된다는 생각을 하지 말고 적절한 안전망을 갖추어야 한다. 특히, 해외 시장에 대해 정보가 많지 않은 상황에서 회사는 지나치게 긍정적인 결과에 확신에 가까운 예상을 할 수 있다.

이를 보완하기 위해 시제품을 저렴하게 만들어 시장에서 테스트하는 방법이 효과적이다. 최근에는 3D 프린터로 단시간에 저렴한 시제품을 만들 수 있어 중소기업은 여러 차례 시장에서 테스트해 볼 수 있다. 또 개방형 혁신(Open Innovation)으로 사내 개발을 넘어 소비자 또는 전문인 집단과 협업을 통해 제품을 개발하여 좀 더 제품의 성공률을 높이는 방법을 사용할 필요가 있다.

그리고 신제품이 해외 목표 시장에서 판매되기 시작하면서 여러 과정을 거친다는 것을 인식해야 한다. 신제품이 시장에 소개되면서 도입기, 성장기, 성숙기, 쇠퇴기의 4단계를 거친다. 이것을 '제품 수명 주기'라고 한다. 그래서 각 단계별로 다른 제품 전략이 필요하다.

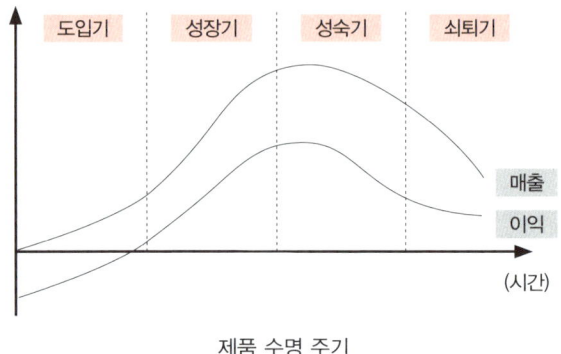

제품 수명 주기

　도입기에는 제품을 알리고 홍보하는 비중이 크며, 성장기에는 높은 이익의 실현과 더불어 공격적인 광고와 경쟁 제품의 출현을 염두에 둔 제품의 차별화가 필요하다. 성숙기에는 매출액이 감소하는 단계이므로 새로운 시장을 개척하든지 제품의 개선을 통해 기존 소비자가 더 많이 사용하게 하는 전략을 편다. 쇠퇴기에는 제품을 철수하든지 최소의 비용으로 시장에서 유지하는 전략이 있을 수 있다.

　신제품 개발은 기존 제품이 시장에서 성숙기를 지날 때에 하면 이미 늦어지게 된다. 제품의 성장 속도가 빨라지고 높은 이익을 거두는 성장기에 재투자를 통해 신제품 개발을 해야 한다. 언젠가 기존 제품은 쇠퇴기를 맞이하게 되어 시장에서 철수한다는 생각을 가지고 항상 대체 제품을 염두에 두어야 한다.

　또 위에서도 언급한 바와 같이 처음부터 세계 시장 또는 특정한 지역을 염두에 두고 시장조사를 바탕으로 신제품을 개발하여 시행착오를 줄이는 것이 필요하다.

보통 선진국 시장에서 매트리스(침대)는 대표적인 유명 브랜드 위주의 시장이고 일반적으로 소비자가 직영 매장이나 백화점과 같은 대형 매장에 직접 방문해 보고 결정한다. 그래서 브랜드가 미약한 중소기업은 매장에 입점하기도 어렵다.

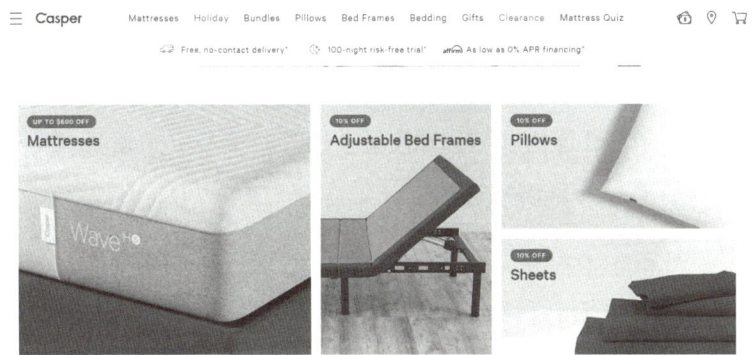

배송 편이, 100일 사용 체험, 월 결제를 내세운 캐스퍼 홈페이지 겸 쇼핑몰

그러나 2014년에 설립된 매트리스 제조 스타트업인 캐스퍼(Casper)의 성공 스토리는 고객이 원하는 제품 개발은 큰 기술적 혁신이 없어도 가능하고 고객을 위한 서비스는 오히려 작은 기업이 강하다는 것을 보여 준다.

캐스퍼는 미국의 기존 매트리스 업계가 일부 대기업들이 점유하고 있고 배송과 매장에서의 경험 때문에 온라인에서 판매가 잘되지 않고 오프라인에서만 판매되고 있으며, 고마진에 비해 낮은 고객 서비스에 주목했다. 고객들은 시장 상황에 불만이 있었지만 고가의 매트리스를 구매하려면 브랜드와 불편한 매장 경험을 감수할 수밖에 없었다.

캐스퍼는 매트리스를 압축이 가능하도록 라텍스와 메모리폼이 혼합되어 있는 소재로 만들고 돌돌 말아 절반으로 접어 압축한 뒤에 비교적 작은 박스에 넣어 배송할 수 있게 만들었다.

오직 온라인 판매만을 고집해 유통 마진을 줄이고 고마진을 포기하여 가격을 기존 유명 브랜드 대비 1/3 수준으로 판매했다. 그리고 매장 경험에 대한 대비책으로 100일 동안 사용한 뒤에 마음에 들지 않는 경우에는 환불할 수 있게 했다.

또 사용자 경험과 홍보를 위해 트럭을 개조한 뒤에 4층 침대를 만들어 미국 전역을 돌면서 고객이 체험할 수 있도록 배려했다. 이와 같이 소비자가 불만을 가지고 있는 사항을 해결하고 바라던 것을 제공하자 소비자는 곧바로 반응할 수밖에 없었다.

회사는 어느 정도 인지도를 높인 뒤에 수면 회사(Sleep Company)라는 콘셉트로 베개를 비롯한 침구류 제품을 연이어 출시하면서 아메리칸 에어라인(American Airline)에도 제품을 납품하고 있다. 현재는 캐스퍼를 따라 온라인에 진출한 대기업들을 물리치고 여전히 자체 온라인 스토어와 아마존 등의 온라인 플랫폼을 통해 미국 매트리스 온라인 판매 1위이고 기업 가치 10조 원 이상으로 미국 증시에도 상장했다. 이는 단지 5년 만에 이루어낸 성과이다.

　캐스퍼의 사례는 제품 개발은 비즈니스 모델과 연관 지어 진행되어야 한다는 것을 보여 준다. 캐스퍼의 제품 혁신은 배송 편의를 위해 압축할 수 있도록 만든 것이 전부이다. 온라인 유통을 위해 기존에 많이 사용되는 소재를 이용해 만든 것이다.

　하지만 작은 혁신 위에 참신하지만 어렵지 않은 여러 고객이 원하는 기능을 부가했다. 고객 관계를 장기적 측면에서 보고 단기적인 손해를 감수하면서 고객을 배려했다. 이와 같이 해외 시장에서 반짝이는 작은 아이디어와 그것을 운영하는 시스템이 결합되어 고객이 원하는 것을 제공하는 경우 성공은 가까이 다가온다.

　참고로 신제품 아이디어를 도출하는 데에 유용한 방식 중의 하나인 스캠퍼(Scamper) 기법을 소개한다. 이는 다음과 같은 질문을 통해 해법을 찾아가는 방식이다.

① 대체하기(Substitute): A 대신 B를 적용해 보아도 되지 않을까? A의 성분을 B가 아닌 C를 넣어 보아도 되지 않을까?
② 결합하기(Combine): A와 B를 합하면 더 나은 결과가 나오지 않을까?
③ 수정, 확대, 축소하기(Modify, Magnify, Minify): A의 특성을 변형해도 되지 않을까? A를 확대하면 되지 않을까, 아니면 축소하면

되지 않을까?

④ 응용하기(Adapt): A를 B 외에 C에도 사용해 보면 되지 않을까?

⑤ 다른 용도로 사용하기(Put to Other Uses): A를 B 용도 외에 C 용도로 사용하면 되지 않을까?

⑥ 제거하기(Eliminate): A의 일부를 제거하면 되지 않을까?

⑦ 거꾸로 하기(Reverse), 재정렬하기(Rearrange): AB를 BA로 바꾸어 보면 되지 않을까? A의 역할을 바꾸면 되지 않을까?

/ CHAPTER /

4

쉽게 배우고 가는 수출 실무

수출에 관한 실무는 인터넷 포털 사이트에서 검색해 보면 찾을 수 있고 관련 교재도 많으므로 굳이 많은 지면을 할애하지 않고 글로벌 수출 기업으로서 기본적으로 알아야 될 필수 사항을 적었다. 편의상 선박 운송 위주로 설명했지만 특별한 언급이 없으면 항공 운송도 동일하게 적용된다. 그래서 '선박, 항구'를 '항공기, 항공'으로 바꾸어 적용해도 무방하다.

CHAPTER

4

쉽게 배우고 가는 수출 실무

인코텀즈(Incoterms)

인코텀즈(Incoterms)란, 국가 간의 무역 활동 시에 통용되는 국제 규칙을 말한다. 이는 판매자로부터 구매자까지, 상품이 거래되는 과정에서 발생할 수 있는 위험과 책임에 대한 내용을 담고 있다. 인코텀즈는 1936년에 만들어진 뒤로 10년 단위로 개정되고 있으며, 최신 개정판인 『인코텀즈 2020』은 2020년 1월 1일에 발효되어 시행되어 오고 있다.

모든 국가 및 기업은 이 규정에 의거하여 수출 및 수입 시에 동일한 조건과 규칙에 따라 불편함을 없애고 통일된 업무를 수행할 수 있다. 인코텀즈에서 규정한 무역 조건에 의거하여 수출자와 수입자의 위험과 책임의 부담을 구분하고 한계점을 명확히 할 수 있다. 다음은 그 조건들을 간단히 설명한 것이다.

표기는 FOB Hong Kong과 같이 인코텀즈 약어(FOB) 뒤에 수출화물 인도 장소를 표시한다.

다음과 같이 간단히 표시한 표를 참조해 설명을 살펴보면 이해하기가 쉽다. 이 표는 위험 부담의 장소를 기준으로 작성되었다. 그래서 비용 부담과는 차이가 있는 조건들이 있다.

위험 부담 기준 인코텀스

조건	수출공장	운송인	선측	수출항구	선박/항공	수입항구	운송인	세관	수입자
EXW									
FCA	■								
FAS	■	■							
FOB	■	■	■						
CFR	■	■	■	■					
CIF	■	■	■	■					
CPT	■	■	■	■	■				
CIP	■	■	■	■	■				
DAP	■	■	■	■	■	■			
DPU	■	■	■	■	■	■	■		
DDP	■	■	■	■	■	■	■	■	

공장 인도(EXW: Ex Works) 조건

수출자가 생산을 마치고 화물(Cargo)이 트럭에 실려 수출자의 공장을 떠나면(Ex Works) 그 다음부터는 화물에 대한 위험과 책임은 수입자(매수인)에게 있다.

수입자가 수출자의 공장에서부터 화물을 해당 목적지까지 운송하는 데에 발생하는 모든 비용 및 위험을 부담한다. 이 조건은 수입자에게 가장 불리한 조건이고 수출자에게는 가장 유리한 조건이다. 그래서 가격 협상을 할 때 수입자는 물류비용을 최대치로 하여 반영한다.

운송인 인도(FCA: Free Carrier) 조건

수출자는 트럭을 통해 수출지 항구(또는 공항) 및 수입자가 원하는 장소에 화물을 운반해 놓고 선박 운송인에게 인도(Free Carrier)를 통해 모든 위험과 책임에서 자유롭게 된다. 이때 화물을 양하(Unload)하는 책임은 인도 장소가 수입자의 창고인 경우 수출자가 양하의 책임을 가지고, 인도 장소가 임의의 장소인 경우 수출자는 양하의 책임이 없다. 일반적으로 수입자가 선정한 운송인(Carrier 또는 Forwarder) 창고에서 화물을 인도(FCA Forwarder's Warehouse)한다. 그래서 수출자는 양하의 책임을 진다.

선측 인도(FAS: Free Alongside Ship) 조건

수출자는 운송인이 화물을 실을 수 있도록 수출지의 선박 옆에 물품을 내려놓음으로 인해 모든 위험과 책임에서 자유롭게 된다. 보통 선박 운송의 경우에는 양하지가 터미널 컨테이너 야드(Terminal Container Yard)에 해당된다. 이 조건은 사실 많이 사용하지 않고 '선측'이라는 장소도 가변적이므로 수입자가 이 조건을 고집한다면 정확히 항구의 어느 곳을 말하는지를 미리 확인하는 것이 좋다. 큰 차이는 아니지만 항구 환경에 따라 약간의 비용 차이가 발생할 수 있기 때문이다. 이는 항공 운송에서는 사용하지 않는다.

본선 인도(FOB: Free On Board) 조건

수출자가 화물을 수출지의 선박 본선에 실은(On Board) 이후에는 수입자가 모든 비용 및 위험을 부담한다. 수출자는 선박에 화물을 적재함으로 인해 위험과 책임에서 자유롭게 된다. 이 조건은 가장 많이 사용된다.

운임 포함 인도 조건(CFR: Cost And Freight)

수출자가 화물을 수출지의 선박 본선에 실은 이후 수입자가 모든 위험을 부담한다는 FOB 조건과 위험 부담은 동일하다. 그러나 수출자가 지정된 수입자 항구까지의 운임을 부담한다는 것이 다르다. 위험과 비용 부담의 주체가 이와 같이 분리되어 있는 조건이다.

운임, 보험료 포함 인도 조건(CIF: Cost, Insurance And Freight)

CFR 조건에서 보험(Insurance)이 추가된 조건이다. 그러므로 FOB 조건과 비교하면 위험 부담은 동일하지만 수출자가 운임과 보험료를 부담하는 것만이 다르다. 이 조건도 FOB 조건과 함께 많이 사용된다.

운송비 지급 인도 조건(CPT: Carriage Paid To)

이 조건은 수출자가 목적지까지 운송할 운송인에게 인도하여(수출지, 수입지를 막론하고 – 표에서는 수입지로 표시함) 위험 부담에서 자유롭게 되지만 지정된 목적지까지 운송비는 수출자가 부담한다. 이 조건은 항공 운송에서는 잘 사용되지 않는다.

운송비, 보험료 포함 인도 조건(CIP: Carriage And Insurance Paid To)

이 조건은 CPT 조건과 위험 부담은 동일하고 비용만 보험료가 추가되었다. 이 조건도 항공 운송에서는 잘 사용되지 않는다.

도착 장소 인도 조건(DAP: Delivered At Place)

수출자가 화물을 국경을 넘어 수입자의 해당 목적지까지 운송하는 데에 발생하는 모든 위험 및 비용을 부담하지만 수입 통관 의무는 없다.

도착 장소 양하 조건(DPU: Delivered at Place Unloaded)

수출자가 물품을 국경을 넘어 수입자의 해당 목적지까지 운송하는 데에 발생하는 모든 위험 및 비용을 부담하고 양하 의무까지 있지만 수입 통관 의무는 없다.

관세 지급 인도 조건(DDP: Delivered Duty Paid)

수출자가 물품을 국경을 넘어 수입자의 해당 목적지까지 운송하는 데에 발생하는 모든 위험 및 비용을 부담하고 수입 통관, 관세 의무까지 진다.

수출자의 위험과 비용 부담이 가장 큰 조건이고 수출자는 수입 절차 및 수입자가 물품을 인수하는 데에 필요한 모든 업무를 한다. 그래서 수출자 입장에서는 모든 비용을 반영하여 가격 협상을 한다. 이 조건에서 유일하게 빠지는 것은 수출자의 양하 의무이다.

결제 조건

결제 조건은 무역 실무에서 가장 중요한 것이므로 잘 숙지하여 바이어와 협상할 때 바이어의 요구에 적절히 대응하고 협상을 주도할 필요가 있다. 여기에는 송금, 신용장(L/C), 추심 방식이 있다.

1. 송금 방식

송금(Remittance) 방식은 돈을 은행을 통해 직접 보내는 결제 방식이다. 송금 방식은 은행이 화폐의 전달 경로 역할을 하지만 중간에서 송금, 청구 등의 위험에 대해 일체 관여하지 않는다. 송금 방식에는 전신환 송금(T/T: Telegraphic Transfer), 우편(M/T: Mail Transfer), 송금수표(D/D: Demand Draft)가 있다. 근래에는 빠르고 안전한 이유로 대부분 T/T 방식을 사용한다.

T/T 방식은 은행을 통해 전신(텔렉스)을 하는 송금 방식이다. 수입자의 통장에서 곧바로 은행을 통해 결제하기 때문에 가장 빠른 방법으로 수출 거래를 할 때 가장 많이 사용된다.

송금 방식은 중간에서 은행이나 제3자가 지급 보증을 하는 것이 아니므로 수입자와 맺은 조건에 따라 위험도가 달라진다. 그 위험도는 결제 시기에 따라 구분되며, 다음과 같이 T/T 방식의 예를 들었다.

① **T/T in advance:** 물품을 선적하기 전에 100% 선지급 방식이다. 수출 화물을 선적하기 전에 전액 결제를 하는 조건으로 수출자 입장에서는 안전한 방법이다. 선지급도 시기에 따라 다르다. 계약할 때 지급하는 방식, 제품 생산량에 따라 나누어 지급하는 방식, 특정 기간을 정하는 방식이 있으며, 구체적으로 명기하는 것이 바람직하다.

비록 선적하기 전이라 하더라도 생산을 완료한 뒤에 수입자가 지급을 거절하면, OEM**(주문자 상표 부착)** 방식 물품의 경우에는 바이어의 상표가 표기되어 있으면 처리할 방법이 없는 경우가 발생하기 때문이다.

② **T/T 50% with contract, 50% before shipment:** 수입자가 물품의 제조가 완료된 다음에 수입을 거절할 수도 있기 때문에 수출 계약 시에 선금을 받는 조건으로 진행할 수 있다. 계약 시 선금은 보통 30~50%로 하며, 만일 계약할 때 수출 이익을 제외한 전 금액을 받을 수 있다면 생산이 완료된 뒤에 미지급 사태가 발생하더라도 생산원가는 손해가 발생하지 않을 것이다.

❸ **T/T 30 days after B/L date:** 화물을 선적하면 포워더(Forwarder, 복합 운송업자)로부터 받는 B/L(Bill of Lading, 화물 운송장, 항공 운송은 Airway Bill)의 일자를 기준으로 30일 후에 T/T로 송금을 받는 조건이다. 보통 해상 운송으로도 30일이면 수입자가 물품을 통관해 확인할 수 있기 때문에 수입자의 입장에서는 안전한 결제 조건이다. 만일 60일 이상으로 하여 물품이 수입자의 고객에게 인도되어 사용상 하자가 없는 것까지 확인할 수 있다면 수입자의 위험은 거의 사라지지만 수출자의 미지급 위험은 그만큼 높아진다.

한편, 이러한 송금 방식 결제 조건은 수출자의 위험이 많고 수입자도 선지급을 하면 물품을 받지 못할 위험이 있을 수밖에 없다. 그래서 서로의 위험 회피를 위해 선적 서류나 화물을 교환 조건으로 결제를 받는 방식으로 CAD, COD가 있다. 주로 신용장 방식의 결제를 꺼리는 일부 개도국이나 유럽의 일부 국가의 경우에 사용한다. 또 수출자가 선적한 다음에 결제를 받는 계약을 하는 경우 위험 회피를 위해 이 방식을 제안할 수도 있다.

① **서류 인도 결제**(CAD: Cash Against Document) **방식**
화물을 선적한 다음에 화물 운송장(B/L 또는 Airway Bill)을 비롯한 선적 서류를 수출지에 있는 수입자의 대리인(지사, 포워더 등)에게 제시하고 결제하면 서류를 인도하는 방식이다. 유럽 국가에서는 대리인

으로 은행을 이용하기도 한다.

　이 방식은 송금 방식의 위험을 해소하기 위해 적절한 방법이므로 추천한다. 수입자도 결제하기 전에 대리인을 통해 또는 직접 방문하여 화물을 점검하고 이상이 없는 경우에 결제하기 때문에 위험이 해소된다.

② 화물 인도 결제(COD: Cash On Delivery) 방식

　물품을 선적한 다음에 화물 운송장을 비롯한 선적 서류를 수입지에 있는 수출자의 대리인(지사, 포워더 등)에게 송부하고 물품이 수입자의 항구에 도착하면 수입자와 수출자의 대리인이 함께 화물을 확인하고 이상이 없는 경우 결제를 받고 선적 서류를 인도하는 방식이다.

　수출자의 입장에서 CAD와 마찬가지로 화물을 인도하기 전에 결제를 받으므로 위험이 해소되지만 수입자가 결제를 거절하는 경우에는 화물을 다시 수출자 항구로 돌려보내는(Ship Back) 등의 비용이 소요될 위험이 존재한다.

2. 신용장(L/C: Letter of Credit) 방식

　송금 방식의 결제는 제3자의 보장이 없기 때문에 수출자나 수입자의 위험 해소가 동시에 만족될 수 없고, 서로의 신뢰를 기반으로 하기 때문에 신뢰의 정도에 따라 항상 서로 유리한 조건을 차지하려는 치열한 논의가 따라올 수밖에 없다. 이러한 문제를 해결하기 위해 등장한 것이 신용장 방식이다.

신용장 방식은 은행이 결제 중개를 하고 지급 확약까지도 하기 때문에 송금 방식에 따르는 위험성이 해소된다. 다음과 같은 절차를 살펴보자.

신용장 거래 절차

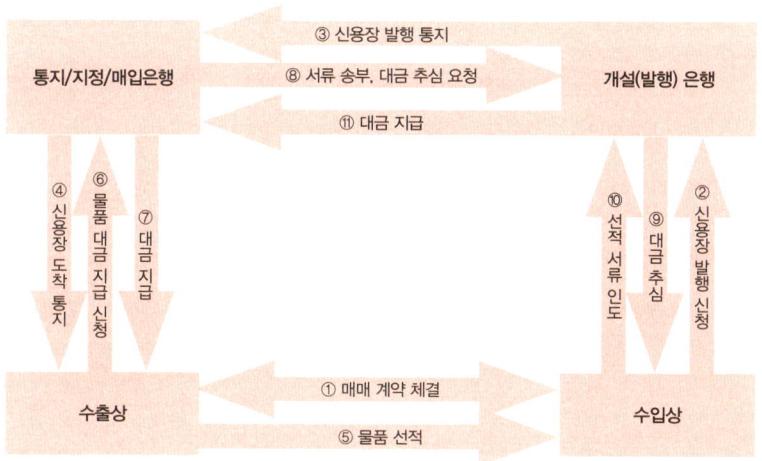

① 수출자와 수입자가 매매 계약을 체결한다.

② 수입자(Applicant, 신청인)가 자신의 거래 은행(Issuing Bank, 발행 은행 또는 개설 은행)에 신용장 발행을 신청하고 수출자와 협약한 대로 신용장에 필수 서류를 명기한다.

③~④ 발행 은행은 수출자가 거래하는 통지 은행(Notice Bank, 보통

매입 은행을 겸함)으로 신용장의 발행을 통지하고 수출자(Beneficiary, 수익자)는 통지 은행으로부터 신용장이 도착했다는 통지를 받고 물품을 제조한다.

⑤~⑥ 물품 제조가 완료되면 수출 화물을 선적한 뒤에 신용장상에 명기된 대로 선적 서류-Commercial Invoice(상업 송장), Packing List(화물 명세서), B/L(또는 Airway Bill), 원산지 증명서(필요시), 화물 검사 증명서(필요시)-를 매입 은행(Negotiation Bank, 보통 통지 은행이 겸함)에 제출하고 수입자를 지급인으로 하는 화환어음(Documentary Bill of Exchange)과 함께 첨부하여 물품 대금 지급 신청(Negotiation)을 한다.

여기서 화환어음이란, 환어음과 유사한 기능을 하는 것으로 수출자가 발행인으로, 수입자가 지급인으로, 은행이 수취인으로 되어 있는 증권을 말한다. 수입자가 이 어음의 지불(인수)을 하지 않으면 선적 서류를 교부받을 수 없으므로 화물을 인도받을 수 없다.

⑦ 매입 은행(통지 은행)은 신용장에서 명기한 서류가 미비점이 없이 완전히 충족되면 무조건 신용장에서 정한 대금을 수출자에게 지급(매입)한다. 이를 '클린 네고(Clean Negotiation)'라고 한다.

⑧ 수출자에게 대금을 지급한 매입 은행은 다시 발행 은행에 서류를 보내고 매입 통지를 하여 대금 추심(Collection)을 요청한다.

⑨~⑩ 발행 은행은 다시 수입자에게 선적 서류의 도착을 통지하고 대금을 추심한 다음에 선적 서류를 인도한다.
⑪ 발행 은행은 매입 은행에 물품 대금을 지급한다.

수출자의 입장에서는 수출을 완료하고 신용장상에 명시된 서류만 은행에 제출하면 결제를 받기 때문에 안심할 수 있다. 수입자도 물품이 확실하게 선적된 것을 은행을 통해 서류로 확인되었으므로 안심하고 결제할 수 있다.

신용장은 신용장상에 표기되는 문구에 따라 다양하게 수출자, 수입자, 은행의 권리와 의무가 달라지기 때문에 바이어와 협상할 때 확인할 필요가 있다. 그리고 신용장을 받으면 문구 하나하나를 꼼꼼히 점검하여 합의하지 않거나 자사에 불리한 조항이 있는지를 확인해야 한다. 해당 내용을 일일이 모두 설명하기에는 많은 지면이 할애되므로 일반적으로 사용되는 기본적인 네 가지만을 알아두면 된다. 그 밖의 종류는 특수한 경우에 사용되는 사항이지만 따로 학습하여 최소한 어떤 사항이 있는지를 확인하기 바란다.(양도 가능 신용장, 회전 신용장, 전대 신용장 등의 특수 신용장이 있다.)

1. 취소 가능 여부(Irrevocable L/C와 Revocable L/C)

신용장에 'Revocable'이라는 문구가 있으면 취소 가능 신용장이 되나 아무 표시가 없거나 'Irrevocable'이라는 문구가 적혀 있으면 취소 불능 신용장으로 취급한다. 취소 불능 신용장인 경우에는 기본 관계 당사자 전원의 서면 합의가 없으면 조건 변경 및 취소할 수 없다. 취소 가능 신용장은 일방의 행사로 취소가 가능하며, 취소권 행사는 매입 은행(통지 은행)의 매입 통지가 발행 은행에 도착할 때까지만 가능하다.

일반적으로 Revocabel L/C는 잘 사용하지 않지만 수출자는 합의하지 않은 Revocable L/C를 받으면 정정해 줄 것을 요청해야 한다.

2. 확인 여부(Confirmed L/C와 Unconfirmed L/C)

수출자(수익자)가 발행 은행의 대외 신용을 의심하거나 수입자 소재국의 정치 및 경제 상태가 불안정한 경우 등의 상황에서는 제3의 은행에 신용장의 확인(Confirmed)을 요구할 수 있다. 보통 통지 은행(매입 은행)이 확인 은행을 겸하는 경우가 보통이다. 통상 Confirmed L/C를 발행한 발행 은행의 요청에 따라 확인 은행(통지 은행)이 통지와 함께 서류를 확인도 겸하는 의무를 진다.

이러한 경우 확인 은행은 발행 은행과 동일한 지급 의무를 지게 되고 수출자로서는 이중의 안전장치를 마련하게 되는 것이다.

3. 상환 청구 가능 여부(With Recourse L/C와 Without Recourse L/C)

신용장상에 'Without Recourse(상환 불능)'라는 문구가 표기되어 있으면 수출자(수익자)에게 대금 지급을 한 매입 은행(통지 은행)은 나중에 환어음이 부도(Unpaid, 발행 은행이 지급 거절)가 되었더라도 수익자(수출자)에게 지급한 대금에 대해 상환 청구를 할 수 없다.

이는 신용장의 본질적 기능에 비추어 당연히 Without Recourse L/C를 받아야 된다고 생각되지만 안타깝게도 우리나라는 이 신용장을 인정하지 않는다. 그래서 발행 은행에서 지급을 거절할 경우에는 우리나라의 매입 은행(통지 은행)은 수출자에게 대금 상환을 청구할 수 있다.

이는 신용장의 원래 취지와 어긋나는 것이지만 우리나라의 「어음법」, 「수표법」은 이를 인정하지 않기 때문에 국내법 우선으로 적용을 받는 것이다. 이는 매입 은행은 서류만을 보고 대금 지급을 하는 것이며, 수입자 측이 서류에 하자가 없음에도 불구하고 대금 지급을 거절하는 상황에 대해서까지 책임을 묻기가 어렵다는 논리가 포함되어 있는 것이다. 그러므로 수출 대금을 받았다 하더라도 완전히 안심할 수 없는 한계가 존재할 수밖에 없다. 영미법을 적용하는 서구의 국가에서는 Without Recourse L/C를 인정한다.

하지만 매입 은행이 확인 은행(Confirmed L/C를 통해)을 겸할 경우에는 상황이 달라진다. 대금 상환을 주장하지 못하는 것이다. 그 이유는 확인 은행의 행위가 최종적인 것이므로 매입 은행이 발행 은행의 지급 거절을 이유로 상환 청구를 하지 못하는 것이다.

그러므로 우리나라의 수출자는 신뢰도에 문제가 있는 국가나 발행 은행이 발행하는 L/C의 경우 수입자에게 국내법의 한계를 설명하고 Confirmed L/C로 발행해 줄 것을 요청해야 한다. 이러한 경우 발행 은행의 신용도를 검토하여 확인 은행(통지 은행)은 이를 수락할지를 판단할 것이다.

만일 이러한 요청을 특별한 이유 없이 수입자가 거절한다면 대금 지급에 문제가 발생할 소지가 다분하기 때문에 다른 결제 조건을 요청하든지, 아니면 수출 보험을 이용해야 한다.

4. 대금 지급 시기(Sight L/C와 Usance L/C)

결제 대금을 지급받는 시기에 따라 일람불 신용장(Sight L/C)과 기한부 신용장(Usance L/C)으로 나눈다. 일람불 신용장은 지금까지 위에서 설명한 신용장으로서 매입 은행(통지 은행)에 선적 서류를 제시하고 하자가 없으면 즉시(At Sight로 표기) 대금 지급을 받는다. 하지만 기한부 신용장은 'Usance 30days'와 같이 표기가 되어 표기된 기일이 지나야 대금 지급을 받는 신용장이다.

그렇다면 이제 모든 문제가 해결된 것일까? 그렇지는 않다.

매입 은행(통지 은행)에서 수출자의 서류를 검토하다가 하자(Descrepancy, 물품 명세, 금액 등의 불일치)를 발견하면 지급을 거절할 수 있다. 이러한 경우 수출자는 신속히 서류를 보완하여 신용장 유효 기간 내에 다시 제출해야 한다. 선적 서류에서 발견된 중요하지 않은 글자 하나의 오타를 문제 삼아 거절할 수 있다.

만일 신용장을 보완할 수 있는 신용장 유효 기간이 만료된 경우에는 어떻게 해야 하는지 알아보자. 우선, 통지 은행은 신용장 발행 은행에 하자 내용을 통보한 다음에 전신으로 조회한 뒤에 발행 은행의 지급 확약이 있을 때에만 매입(결제)을 한다.

또 다른 방법은 추심에 관한 통일규칙(URC)에 따라 수출자(수익자, 매입의뢰인)의 서류를 즉시 매입하지 않고 추심 수수료만을 받아 서류를 개설 은행에 발송한 뒤에 추심이 되어 대금이 입금되면 그때 매입하는 방법이 있다.

마지막 방법으로는 매입 은행(통지 은행)이 발행 은행의 지급 거절에 대비해서 수출자로부터 상환확인서나 각서를 받은 뒤에 매입하는 것이다. 이를 '(지급)보증서(L/I: Letter of Indemnity) 네고'라고 한다.

또 가끔 수입자 측의 지명도가 떨어지는 발행 은행이 악의적으로 트집을 잡아 결제를 거부하는 경우도 있다. 은행 자체의 문제(외화의 부족 등)도 있고 드물지만 수입자와 결탁하는 경우까지도 있다. 그리고 수입자가 악의적으로 결제를 거부하는 경우도 있다. 또 앞에서도 언급했지만 우리나라는 상환 불능(Without Recourse L/C)을 인정하지 않기 때문에 신용장이더라도 지급 거절에 대비한 대책을 세워야 한다.

    종합하면 신용장 방식은 안전하기는 하지만 한계점도 알아두어야 한다. 만일 발행 은행의 신뢰도가 의심되는 경우에는 취소 불능(Irrevocable), 확인(Confirmed), 일람불(Sight) L/C를 받는다면 안전할 것이다.

    그러나 우리나라의 은행처럼 국제적으로 인정받는 안전한 은행에서 발행되었다면 Irrevocable L/C인지만을 확인하면 안전하다고 볼 수 있다. 왜냐하면 발행 은행은 위험에 대비해 수입자에게 충분한 담보를 잡아놓고 있으며 은행과 수입자가 결탁하여 악의적인 행동을 할 확률이 희박하기 때문이다. 그리고 다시 한 번 강조하지만 신용장 문구를 꼼꼼히 살펴보아 위에 언급한 불리한 내용이 있는지를 확인해야 한다.

3. 추심 결제 방식

    추심 결제 방식(D/A, D/P)은 신용장 거래는 아니지만 은행이 거래의 중재 역할을 한다. 그래서 신용장과 마찬가지로 수출자가 화환어음(Documentary Bill of Exchange)을 발행한다.

    신용장과의 차이점을 알아보면 신용장은 수입자 측의 신용장 발행 은행이 지급 확약을 하고 결제에 대한 법적 책임을 진다. 하지만 추심 결제 방식은 수입자만이 결제 책임을 지고 은행은 지급 확약이 없으며 결제 책임이 없다. 은행은 중간에서 중재 역할만 하는 것이다.

만일 수입자가 결제(화환어음 인수)를 거절한다면 수출자는 수출 대금을 받지 못한다. 이러한 경우 추심 은행은 수출자에게 그 사실만을 통보하면 된다. 따라서 은행에서는 추심의뢰서에 기재된 서류의 목록만을 확인하고 내용은 확인할 의무가 없다. 여기서 은행은 단순히 심부름 역할만을 하는 것이다. 이러한 절차는 다음과 같다.

① 수출자가 수입자에게 물품을 선적한 다음에 수입자가 요구하는 선적 서류를 수출자의 은행, 즉 추심 의뢰 은행(Remitting Bank)에 제출한다.
② 수출자의 은행은 수입자가 지정하는 은행, 즉 추심 은행(Collecting Bank)으로 서류를 송부하고, 추심 은행이 수입자로부터 대금을 회수하여 수출자 은행으로 보내 준다.
③ 수출자 은행은 수출자에게 대금을 지급한다.

추심 결제 방식에는 대금 지급 시기에 따라 인수 인도(D/A)와 결제 인도(D/P)가 있다.

① 인수 인도(D/A: Document against Acceptance) 조건

수입자가 추심 은행으로부터 선적 서류를 제시받았을 때 단지 인수 수락(Acccept)과 서명만으로 선적 서류를 받고 화물을 찾을 수 있다.

여기서 발행하는 화환어음은 기한부 어음(Usance Bill of Exchange)으로 만기일이 기재되어 있다. 어음을 살펴보면 DA 다음에는 기한이 표기되어 있으며, 'DA 60 days from B/L Date'(B/L 발행 일자로부터 60일 이내 결제)와 같이 표기한다.

수입자는 화환어음의 만기일이 되어야 결제하므로 수출자 입장에서는 위험이 큰 방식이다. 드물지만 신용장과 마찬가지로 은행과 결탁하여 악의적으로 화물을 받고 결제하지 않는 사례도 있다.

② 결제 인도(D/P: Document against Payment) 조건

수입자가 은행으로부터 선적 서류를 제시받고 결제해야 은행이 선적 서류를 수입자에게 교부하는 방식이다. 수입자 은행(추심 은행)은 수출자의 은행(추심 의뢰 은행)에 결제하고 다시 수출자 은행이 수출자에게 대금을 지불한다. 여기서 발행하는 화환어음은 일람부 어음(At sight Bill of Exchange)으로 기한은 기재되어 있지 않다.

이 방식은 D/A 방식에 비해 결제가 이루어진 다음에 선적 서류를 주기 때문에 보다 안전하다. 그러나 D/A 방식과 마찬가지로 신용도가 떨어지는 은행과 수입자가 결탁하여 미지급 상태에서 선적

서류를 주는 경우도 전혀 없다고 할 수 없다. 물론 이러한 경우에 은행이 지급 보증을 하지 않기 때문에 수출자는 대금 지급을 받지 못한다.

결국 안전한 은행에서 발행한 신용장을 제외한 선적한 뒤의 결제 방식은 위험성이 내포되어 있기 때문에 신뢰 관계가 없다면 수입자의 신용조사가 필수이고 지급 보증에 대한 확신이 없다면 수출보험 등을 통해 위험을 회피해야 한다.

참고로 현재 우리나라 무역에서 가장 많이 사용되는 방식은 송금 결제 방식으로 약 65%를 차지하고, 다음에는 신용장 방식으로 진행하고 있으며, 추심 결제 방식은 적게 사용되고 있다. 신용장 방식은 과거에는 가장 많이 사용되었지만 송금 방식의 국제 거래 사고율이 감소하면서 간단하고 비용이 적게 드는 송금 방식이 주류로 자리 잡고 있다.

결제 조건에 대해 정리하면 수출자의 입장에서 가장 안전한 방식은 계약할 때 대금 전액을 받는 것이고, 가장 위험한 방식은 은행에서 책임을 지는 형태가 아니면서 화물을 선적한 뒤에 가장 늦게 대금을 받는 것이다.

처음 거래하는 업체와는 물품을 선적하기 전에 송금을 받을 수 있도록 협상하고, 그렇지 않으면 신용장 방식을 제안하는 것이 좋다. 또 추심 결제 방식(DA, DP)보다는 서류 인도 결제 방식(CAD)이나 화물 인도 결제 방식(COD)이 더 안전하다.

안전한 결제 방식 순으로 나열하면 다음과 같다.

계약 시 전액 송금 ➡ **선적 전 전액 송금** ➡ **신용장** ➡ **CAD** ➡ **COD** ➡ **DP** ➡ **DA** ➡ **선적 후 전액 송금**(중개 기관이 없이)

그러므로 바이어와 협상할 때 이러한 결제 위험도를 잘 숙지해 자사의 베스트와 마지노선을 정하여 임해야 하고, 수출 보험 등 위험을 회피할 수 있는 방안도 숙지할 필요가 있다. 그래서 결제 위험을 최대한 줄이되 어쩔 수 없는 경우에는 수출 보험으로 대체하여 유망한 거래를 놓치지 않아야 할 것이다.

결제 조건

송금	T/T, COD, CAD
신용장	Revocable / Irrevocable
	Confirmed / Unconfirmed
	With Recourse / Without Recourse
	Sight / Usance
추심	D/A, D/P

수출 절차

　수출자의 입장에서 수출 절차를 설명한다. 과거에는 수출자가 수출 승인(Export License) 등의 수출 업무를 직접 수행했지만 현재는 복합운송업자(Forwarder, 포워드)가 대부분의 업무를 수출자를 위해 담당하고 있기 때문에 업무가 간단해졌다.

① **선박 스케줄 문의**(Cargo Order): 바이어와 계약한 물품이 준비되면 계약한 선적 조건(Incoterms)에 따라 선박/항공 스케줄(Vessel/Flight Schedule)과 비용을 복합운송업자에게 문의한다. 포워드마다 비용이 차이가 있으므로 복수의 포워드를 거래하여 비용을 항상 비교하는 것이 비용 절감을 위해 필요하다.

② **선복 예약**(Booking): 수출자(Shipper)는 대리인(보통 포워드)에게 선복 예약을 요청한다. 수출자는 송장(Invoice), 포장 명세서(Packing List), 신용장 사본(L/C 거래 시)을 포워더의 요청에 따라 포워드에게 발송한다.

③ **화물 적재**(Loading): 컨테이너(FCL 화물, 컨테이너를 채울 면적이 되는 경

우)나 트럭(LCL 화물, 컨테이너에 적재할 만큼의 면적이 안 되는 경우)에 화물을 적재한다.

④ **수출 신고 및 수출 통관**(Export License & Custom Clearance): 포워더가 수출자를 대신하여 업무를 수행한다.

⑤ **화물 운송장 수취**(B/L Receipt): 포워더는 화물이 선박이나 항공기에 선적을 확인(Loading List 입수 후)하고 수출자에게 화물 운송장(B/L 또는 Airway Bill)을 교부한다.

⑥ **운송**(Shipping): 수입자와 맺은 인코텀즈(Incoterms) 조건에 따라 지정된 장소까지 포워더가 대리하여 화물을 운송하고, 수출자는 비용과 위험 부담의 책임을 진다.

⑦ **관세 환급**(Custom Tax Refund): 수출을 마친 다음에 수출 물품 안에 해외에서 수입하고 관세를 납부한 원자재(수출용 원자재)가 포함되어 있으면 수출 신고를 한 후 2년 이내에 납부한 관세에 대해 환급 신청을 한다.

⑧ **서류 보관**(Documents Storage): 모든 수출 관련 서류는 5년 동안 보관할 의무가 있다.

이와 같은 수출 절차를 종합하면 다음과 같다.

Cargo Order ➡ Booking ➡ Loading ➡ Export & Custom Clearance ➡ B/L(AWB) Receipt ➡ Shipping ➡ Custom Tex Refund ➡ Documents Storage

쉬운 무역 영어

국제 무역의 공용 언어는 영어이다. 모든 무역 용어도 영어로 표기되어 있다. 필자가 무역을 시작하던 시기에는 영어 능력이 큰 경쟁력이었다. 영어가 모국어인 사람(Native Speaker)이 막힘없이 대화하는 사람들은 회사에서 손에 꼽힐 정도였다. 하지만 근래에는 일반인들도 외국에 빈번하게 여행을 하고 기본 영어 수준 정도는 누구나 갖추고 있는 시대가 되었다. 통역 애플리케이션을 사용해 웬만한 국가의 언어는 번역과 문장 해석 그리고 말도 해 준다. 구글(Google)을 통해 웬만한 언어의 텍스트 문장은 인터넷에서 번역이 된다. 외국에서 장문의 이메일이 도착해도 번역기에 돌려 해석할 수 있다.

하지만 그렇더라도 비즈니스는 사람과 사람 사이의 관계에서 태동하며 서로 대면 방식으로 대화하면서 가까워지는 것은 변함이 없다. 또 모든 일을 통역기에 의존하게 되면 업무를 신속하게 처리할 수 없으며, 인터넷 번역기를 거치게 되면 완벽한 번역이 안 되고 오류도 발견된다.

그래서 글로벌 기업의 담당자는 해외의 누구를 만나더라도 원만한 관계를 형성하기 위한 기본 영어 실력을 갖추고 있어야 한다. 원어민이 아닌 한 항상 영어 실력에 부족함을 느낄 수밖에 없고 끊임없이 영어 능력을 향상하기 위해 노력해야 한다.

여기에서는 필자가 영어를 쉽고 효과적으로 사용하는 노하우를 이메일, 전화, 화상 통화 및 SNS로 구분하여 설명하고자 한다.

 이메일

이메일은 가장 보편적으로 사용하는 커뮤니케이션 도구이다. 팩스나 서신처럼 비용이 발생되지 않고 누구나 네이버, 구글 등에서 이메일 계정을 만들어 사용할 수 있다. 또 송신과 수신이 거의 실시간으로 이루어지기 때문에 업무 처리를 신속히 할 수 있고, 저장 용량(네이버 5GB, 구글 15GB)이 적지 않아 사진 등 용량이 큰 메일이 많지 않으면 오래된 메일도 계속 저장할 수 있다. 그리고 기본 저장 용량 이상의 저장 공간이 필요하면 비즈니스용 메일로 사용하면 약간의 금액을 내고 더 큰 용량을 사용할 수 있다. 또 회사 도메인을 통해 웹 호스팅을 받으면 홈페이지 주소와 동일한 전용 도메인을 사용하면서 큰 용량을 제공받는다. 보통 100GB 또는 무제한 용량의 상품도 있다.

이메일은 전자 우편(Electronic Mail)이다. 그래서 기본적인 서신의 형식이 있다. 친한 사람과 이메일을 주고받는 것과 비즈니스 차원에서 주고받는 형식에는 차이가 있다. 일반적으로 다음 형식을 사용한다.

> Dear Sir, / Madam 수신자
> 내용
> Yours Sincerely / B. Rgds,
> 발신자

여기에서 'Dear Sir'는 이메일을 불특정한 사람에게 보낼 때 사용한다. 보통 신규 바이어에게 회사의 소개 메일을 보내며 담당자를 모르는 경우에 사용한다. Dear는 '~에게' 또는 '경애하는'이라는 뜻이다. Sir는 남성을 높여 부르는 말이며, 여성의 존칭은 Madam이다. 보통 여성이 분명한 경우가 아니면 그냥 Sir를 사용해 보낸다. 그러나 만일 이메일을 받은 사람이 여성이라면 'Dear Sir or Madam'이라고 적힌 이메일을 더욱 좋아할 것이다.

그리고 좀 더 친근한 표현은 남자에게는 Mr.라 하고, 기혼 여자에게는 Mrs.라고 하며, 미혼 여자에게는 Miss를 사용한다. 또 'Dear Purchase Manager(구매 관리자)'와 같이 좀 더 수신자를 특정해서 보내기도 한다.

만일 수신자를 안다면 'Dear Steve'와 같이 이름을 적어 주고 몇 번 이메일을 주고받은 사이인 경우에는 좀 더 친근하게 'Hi Steve'라고 적는다. 무역은 영어를 사용하기 때문에 보통 영어권의 문화가 그대로 사용된다. 그래서 최초의 이메일을 제외하고 다음부터는 'Hi Steve'처럼 친근하게 사용하는 경우가 많다.

서신 내용을 마칠 때 어구는 'Your Sincerly(진심어린 당신의)'는 보다 높임말이기 때문에 첫 메일에서만 사용하고, 그 다음부터는 'Best Regards(안부를 전하며 이만)'를 주로 쓴다. 이것을 줄여 'B. Rgds'라고 적는 경우도 있다. 처음으로 바이어에게 보내는 이메일의 예를 살펴보자.

Dear Sir or Madam,

I'm pleased to send this mail by introducing from
KOTRA(Korea Trade-Investment Promotion Agency).
I'm a sales manager in Seoul International, manufacturer of home electronics appliances, in South Korea.

It's honorable to know your company as promising and leading company in field of home electronics appliances in U.S.A.
If I can get your favor, I appreciate you to give me opportunity to introduce products of my company.
They are all made in Korea and have special functions protecting by patent.
Attached please see our brochure explaining in detail.

I assure our products have been developpd with government R&D institute for long time will provide your company more prosperous in your market. My company is not big, but technology focused and open minded, so any inquiry and prososal from you will be welcomed.

I hope I have feedback from you and talk more.

Thanks.

Yours Sincerely,

Steve Kim
Address -
Tel.
M.
Web.

친애하는 각하 또는 부인,

KOTRA(무역투자진흥공사)의 소개로 이 이메일을 보내게 되어 기쁘게 생각합니다. 저는 한국의 가전제품 제조사인 서울 인터내셔널의 영업 담당자입니다.

미국 가전제품 분야의 유망하고 선도적인 귀사를 알게 되어 영광입니다. 귀하의 호의를 받을 수 있다면 저희 회사의 제품을 소개할 기회를 주시면 감사하겠습니다. 모두 한국산이며 특허로 보호되는 특별한 기능을 가지고 있습니다. 첨부 파일에 자세히 설명되어 있는 브로셔를 참조하시기 바랍니다. 저는 오랫동안 정부 R&D 기관과 함께 개발되어 온 이 제품들을 통해 귀사가

> 귀사의 시장에서 더욱 번영할 것이라고 확신합니다. 저희 회사는 규모가 크지는 않지만 기술 중심적이고 열린 마음을 가지고 있으므로 귀하의 모든 문의와 제안을 환영합니다. 귀하의 피드백을 받고 더 많은 이야기를 나누기를 바랍니다.
>
> 감사합니다.
>
> 진심어린 당신의,
> 스티브 김

여기에서 살펴본 바와 같이 어떤 경로로 회사를 알게 되었고 이 메일을 보내는지를 우선 알려 주어 상대방의 거부감을 경감하는 것이 중요하다.

바이어는 많은 홍보성 글이나 스팸 메일을 수신하므로 잘못하면 읽기도 전에 휴지통으로 들어갈 수 있다. 또 간략하게 회사와 제품의 핵심적인 특징(예를 든 이메일에서는 한국산과 특허)을 알려 주어 호기심을 가지고 계속 메일을 읽도록 한다. 회사 제품으로 상대방이 어떤 혜택이 있을 것인지도 알려 주는 것이 좋다.

마지막에는 회사의 적극성을 나타내어 좋은 파트너가 될 것이라는 말과 함께 끝맺음을 한다. 제품소개서(Brochure) 파일을 첨부하지 않고 본문에 붙여넣기를 할 수도 있으며, 핵심적인 내용만을 짧게 나타내고 본문을 너무 길게 쓰지 않는 것이 좋다.

발신자 밑에는 연락처, 웹사이트를 표기하여 언제든지 연락을 기다린다는 뉘앙스를 주고 바이어가 이메일의 출처를 확인하게끔 배려한다.

어느 정도 바이어와 이메일이 오고 간 이후의 다음과 같은 예를 살펴보자.

> Hi Tom,
> Thanks for the questions.
> Please see the answers below to your questions.
>
> 1. Certification
> Currently, only the certification that can be sold in Korea has been obtained, and the certification has not been obtained in the United States. According to our research, we know that only FCC certification is required in your market, but it takes about 3 months to get certification in our name.
> Of course, we will bear all the costs.
> Please let me know if you need more certifications.
>
> 2. Patent
> For the OOO model you are interested in, a Korean patent has been registered and an international patent(PCT, Patent Cooperation Treaty) has been applied.
> It was filed on May 7, 2022 and will receive international protection for the next 30 months from the date. If we enter into a business relationship with your company, we will soon file a patent application in the US.

3. Exclusive

Since the US is a large market, it is burdensome to give
the whole exclusivity to one company. However, if you tell us about your
sales plan and expected sales volume, we will review it.
For the above, we plan to insert them into the contract to
be prepared in the future and confirm it.
Thank you for your continued interest in our products.

B. Rgds,
Steve

톰에게
질문에 감사한다.
귀하의 질문에 대한 아래의 대답을 보기 바란다.

1. 인증
인증은 현재 한국에서 판매할 수 있는 인증만 받은 상태이고 미국 인증은 받지 못했다. 당사의 조사로는 FCC 인증만 받으면 되는 것으로 알고 있는데 당사의 이름으로 인증을 받으려면 3개월 정도 시간이 소요된다. 비용은 물론 당사에서 모두 부담할 것이다. 혹시 더 필요한 인증이 있으면 알려 주기 바란다.

2. 특허
귀하가 관심이 있는 ○○○ 모델에 대해 한국 특허는 등록되었고 국제 특허(PCT: Patent Coperation Treaty)가 출원되어 있다. 2022년 5월 7일에 출원했고 이후에 30개월 동안 국제적 보호를 받을 것이다. 만일 귀사와 거래 관계를

> 맺는다면 곧이어 미국에 특허 출원을 할 예정이다.
> 3. 독점
> 미국은 큰 시장이기 때문에 어느 한 업체에 전체 독점을 주는 것은 부담스럽다. 하지만 귀사의 판매 계획과 예상 판매량 등에 대해 알려 주면 당사가 검토할 것이다.
> 위 사항에 대해서는 앞으로 작성할 계약서에 기입하여 확인하도록 할 예정이다.
> 아무쪼록 귀사의 제품에 지속적인 관심을 가질 수 있게 되어 감사하게 생각한다.
> 안부를 전하며 이만 줄인다.
>
> 스티브

이와 같이 새로운 바이어와 몇 차례에 걸쳐 이메일이 오고 간 뒤에 질문이 들어왔을 때 알아보기 쉽도록 질문들에 번호를 부여하여 답변을 한다. 답변은 간단하고 핵심적인 내용이 들어가도록 하고 적극적이며 진정성이 담긴 단어를 사용하여 성실하고 신뢰감 있는 파트너로 인식되도록 한다.

인증은 바이어가 받게 할 수도 있지만 처음 거래하는 입장에서 최대한 바이어를 배려하여 이쪽에서 받겠다고 하면 바이어가 결정할 것이다. 자국에서 본인의 회사 이름으로 인증을 취득하고 싶은 바이어도 있기 때문이다.

특허는 우선 PCT 출원을 하여 30개월 동안 보호를 받고 그 안에 각 나라에 개별 출원을 하면 된다. 만일 목표 시장이 정해졌다면 먼저 해당 국가에 특허 출원을 하도록 한다.

독점에 대해서는 작은 시장이든지 큰 시장이든지 바이어의 역량과 계획을 검토하여 판단해야 하며, 큰 시장은 시장을 지리와 인구통계학 등을 기준으로 세분하여 복수의 독점 바이어를 둘 수도 있다.

처음 거래하는 바이어나 기존 바이어로부터 가격 인하에 대한 요청을 종종 받는다. 다음 예를 통해 어떻게 대응하는지를 살펴보자.

Hi Tom,

Regarding your request of price cut in the mail of April 5th, I'd like to know how much you're asking for a cut.

As you know well about the increase in raw material prices,
my company inside in the current situation has been even talking about raising the existing price in the aftermath.
And the current price I gave you is relatively cheap compared to competitors considering the quality and design. This is because our policy is to supply cost-effective products.

However, since we are trying to do the best we can for your first time trading, please let us know what price cut you are asking for.
We will make a decision based on your opinion as much as possible.
We would like to thank you for your deep interest and kindness in our products.

B. Rgds
Steve

> 톰에게
>
> 4월 5일 메일에서 가격을 인하해 달라는 요청에 대해 얼마나 인하해 달라는 것인지를 알았으면 한다.
>
> 잘 알다시피 현재 원자재값 인상의 여파로 인해 기존 가격을 오히려 인상하는 방안에 대해 당사 내부에서 이야기하고 있는 상황이다. 그리고 현재 가격은 품질과 디자인을 감안하면 경쟁 업체들에 비해 저렴한 편이다. 당사의 정책상 가성비 있는 제품을 공급하려고 하기 때문이다.
>
> 그러나 처음 거래하려는 귀사에게 최대한 호의를 표현하고자 귀사가 요청하는 인하 가격은 얼마인가를 알려 주기 바란다. 최대한 귀사의 의견을 반영해 결정할 것이다.
>
> 아무쪼록 당사의 제품에 깊은 관심을 가져준 점과 호의에 감사를 드린다.
>
> 안부를 전하며 이만 줄인다.
>
> 스티브

내용은 간단하면서도 전달하고자 하는 것들이 다 들어가 있어야 한다. 간혹 이메일을 보내고 나서 빠뜨린 부분이 있어 추가 메일을 보내는 경우가 있는데 이러한 일이 자주 발생한다면 상대방이 신중하지 못하다고 판단할 것이다.

또 너무 장황하여 한눈에 알아볼 수 없도록 쓰면 읽기에 어려움이 있고 잘못 해석될 수 있다. 국제 무역에서는 이메일 내용을 오해하여 손해가 크게 발생하는 경우가 가끔 발생한다.

내용을 살펴보면 'Regarding~(~에 대해)'이라는 표현은 잘 알아두면 요긴하게 사용할 수 있다. 이메일의 주제를 먼저 밝혀 분명히 언급해 두는 것이다. 이메일 내용이 무엇인지가 명확해지기 때문에 좋은 표현이다.

가격 인하 요청에 대해 현재의 환경과 회사의 입장을 전달하여 이해를 구한 다음에 바이어를 위해 해 줄 수 있는 최대한의 성의에 대해 언급한다. 만일 가격을 인하할 수 있는 여지가 있더라도 기존 가격의 합리성에 대한 언급 없이 즉시 수용한다면 상대방은 자사를 신뢰하지 않고 좀 더 가격을 인하하려고 노력할 가능성이 많다.

단락은 적절히 띄어쓰기를 하여 각 내용이 구분되도록 하며 바이어가 알아보기 쉽도록 배려한다.

많은 이메일이 오가고 직접 미팅하여 주문을 받았으면 드디어 거래처가 하나 생긴 것이다. 이제 성심성의껏 대응하여 주문량을 늘리고 회사의 중요 바이어로 만들어 나갈 차례이다.

이후에 바이어와의 관계가 돈독해지고 격의가 없는 사이가 되었으면 이메일도 격식은 없고 직접적인 표현이 많아진다. 다음의 예를 살펴보자.

> Hi Tom,
>
> Please check the attached PI and process it.
>
> B. Rgds,
> Steve
>
> 톰에게
>
> 첨부한 PI를 확인하고 처리해 주기를 바란다.
> 안부를 전하며 이만.
>
> 스티브

    이와 같이 필요한 말만을 간단히 쓰고 끝을 맺었다. 더 이상의 군더더기가 필요 없는 사이가 된 것이다. PI(Proforma Invoice)는 바이어가 결제를 위해 필요한 서류로 제품 명세와 결제 은행, 결제 금액 등이 표기되어 있다.

    그러나 아무리 격의가 없는 사이가 되었더라도 바이어는 바이어이다. 상대방에 대해 잘 파악했겠지만 기본적인 메일의 격식은 지켜야 한다. 인사말과 맺음말을 생략하고 그냥 'Check the attached PI and process it'과 같이 내용만을 쓰는 경우가 있는데 이는 성의가 없다고 생각하기가 쉽다. 때로는 존칭과 예의 바른 어구를 선호하는 바이어도 있으므로 모든 바이어를 서구식으로 대해서는 안 된다. 말하자면 기본 격식을 지키면서 간단하고 핵심적인 내용만을 표현하는 수출자를 전문성이 있는 전문가(professional)로 여긴다.

거래를 진행해 보면 제품의 결함이나 납기 등에 대해 클레임(Claim)을 받는 경우가 있다. 손해 배상을 요구하는 큰 클레임에서 작은 결함을 시정하라는 클레임까지 다양하다.

다음의 예에서 클레임을 처리하는 것을 살펴보자.

Hi Tom,

Regarding your claim against Order No. 000000, which departed Korea on 12 July, first of all, I would like to express my apologies with all my heart.

As mentioned in the attached correction report, the one-week delay in delivery was due to the unavoidable delay in shipment as the machine was stopped by a sudden power outage at a Chinese outsourced manufacturing factory, and the work was done manually.

The cause of the blackout is the heavy load on energy use in winter, which is why the Chinese government suspends electricity use for the entire factories for a week without notice in areas where production factory are located.

Even if manual work is done instead of machine, there is no problem in product quality because it has passed the quality inspection in the factory without any problem, and also our staff has thoroughly inspected the final inspection, so there is no need to worry.

For protection from happening this situation again in the future, we will look for a second production factory in another area. So, if there is a possibility that a problem may occur in one factory, the problem will be blocked in advance by producing it in another factory.

If there is any damage due to delay in delivery, please do not hesitate to let us know. We will reimburse you immediately.

In any case, I am so sorry that I have no words to say about the delay in delivery, and I will do my best to prevent this from happening again.

B. Rgds,
Steve

톰에게

7월 12일에 한국을 출항한 주문서 번호 ○○○○○○에 대한 귀하의 클레임에 대해 우선 마음을 다하여 사과의 말을 전한다.

첨부한 개선 보고서에서 언급한 것과 같이 납기가 일주일 지체된 것은 중국 외주 생산 공장에서 갑작스러운 정전 사태로 말미암아 기계 가동이 멈추어 수작업으로 마무리 작업을 한 결과 불가피하게 선적이 늦어진 것이다.

> 이와 같은 정전 사태의 원인은 겨울철 에너지 사용의 부하가 심하여 중국 정부에서 생산 공장이 있는 지역에 대해 예고 없이 일주일 동안 전체 공장의 전기 사용을 중지한 조치로 인한 것이다.
> 기계 대신에 수작업을 했더라도 제품의 품질에는 이상이 없으며 공장에서 품질 검사를 이상 없이 통과했고, 또한 당사의 직원이 철저하게 최종 검수를 했으므로 걱정하지 않아도 된다.
>
> 이러한 상황이 차후에 다시 생길 수 있으므로 당사에서는 제2의 생산 공장을 다른 지역에서 물색할 것이다. 그래서 한 공장에 문제가 발생할 소지가 있으면 다른 공장에서 생산하여 문제를 사전에 차단할 것이다.
>
> 만일 납기 지연으로 어떤 손해가 발생했다면 지체하지 말고 알려 주기 바란다. 당사가 즉시 배상할 것이다.
>
> 아무쪼록 납기 지연에 대해 무엇이라고 할 말이 없을 만큼 미안하게 생각하고 이러한 일이 다시 발생되지 않도록 최선의 노력을 다하겠다.
>
> 안부를 전하며 이만 줄인다.
>
> 스티브

비록 어느 정도 바이어와 가까워진 후부터 이메일이 간단하고 핵심적인 내용만을 쓰는 것이 좋지만 클레임과 같은 특수한 경우에는 자초지종과 재발생 방지에 대한 대안까지 충분히 설명하여 바이어가 안심하도록 해야 한다. 그리고 정중하게 사과의 말을 보내어 달래 주어야 한다.

개선 보고서(Correction Report)는 이러한 클레임이 발생했을 때 원인과 대책을 표기하는 문서로서 보통 회사 품질 담당자와 부서장 그리고 기타 관련자의 서명이 포함된다. 사안이 중대한 경우에는 대표이사도 서명하여 확인한다. 보고서에 모두 기재되어 있기는 하지만 동일한 내용이라도 이메일 본문에 다시 언급하는 것이 예의이고 잘못을 한 수출자의 태도이다. 이러한 클레임에 가볍게 대응한다면 그동안 쌓아놓은 신뢰에 손상이 가고 신중하지 못하다는 인상을 줄 수 있다.

바이어가 물어보지는 않았지만 수작업 생산으로 인한 품질 문제에 대한 걱정을 예상하여 그에 대해 언급하며 우려를 불식하는 조치를 시행한 것을 볼 수 있다. 그리고 문제의 원인과 함께 반드시 재발 방지 대책을 세워 알려 주어야 한다. 그러한 대책은 당연히 신속히 시행하여 결과를 알려 주어야 한다. 본문에서는 제2공장을 섭외한다고 했으므로 신속히 물색하여 선정된 제2공장에 대해 알려준다면 바이어의 신뢰를 얻을 수 있을 것이다.

처음부터 클레임이 발생하지 않도록 노력해야 하지만 반드시 라고 표현할 만큼 피할 수 있는 회사는 거의 없을 것이다. 중요한 것은 클레임에 잘 대응하면 오히려 점수를 더욱 얻어 믿을 수 있는 공급선으로 자리매김하는 기회를 잡는다는 것이다.

위와 같이 여러 이메일의 예를 살펴보았는데 영어를 잘하면 더 좋은 표현과 더 정확한 어휘와 문법의 구사가 가능하지만 비즈니스 영어는 영어를 잘하는 것보다 오해가 생기지 않도록 정확하게 표현하는 것이 더 중요하다.

그래서 영어를 잘한다고 하더라도 수사적인 표현을 자제하고 애매한 문장을 사용해서는 안 된다. 특히, 영작 시험을 보는 것이 아니므로 문법이 완벽하지 않아도 되지만 시제에 대해 주의하여 과거, 현재, 미래를 정확히 구분해 주고 때로는 과거분사(과거로부터 과거의 특정 시점), 현재분사(과거로부터 현재까지)를 사용하여 표현을 더 자세히 해 주는 것에는 관심을 두어야 할 것이다.

또 하나 주의할 것은 이메일은 한 번 보내면 되돌릴 수 없기 때문에 보내기 전에 내용을 검토하는 습관을 들여야 한다. 잘못된 내용이 바이어에게 혼란을 야기하고 때로는 노출해서는 안 되는 정보가 그대로 전달되는 경우가 있기 때문에 아무리 짧은 이메일 내용이더라도 다시 한 번 살펴보고 첨부 파일은 올바른 문서가 첨부되었는지를 확인해야 한다.

이메일은 얼굴을 안 보고 대화하는 도구이므로 신중하고 정중하며 정확하게 대화해야 한다. 나아가 자신의 느낌과 감정을 표현하여 지금 기뻐하고 있는지, 아니면 화가 나 있는지를 어감으로 잘 전달하여 커뮤니케이션하는 테크닉을 구사한다면 더욱 좋을 것이다. 그래서 바이어에 끌려가는 것이 아니라 바이어를 이끌면서 이메일 대화를 하는 것이 좋다.

모든 영어 번역은 번역기(예: Google Translation)를 사용하면 가능하므로 주로 이메일로 비즈니스를 하는 현재 환경에서 영어를 못한다고 수출에 큰 지장을 초래하지는 않는다. 다만, 주의할 점은 번역기만을 믿고 내용 검수를 하지 않으면 잘못된 번역이 그대로 전달될 수 있기 때문에 반드시 번역 내용이 제대로 되었는지를 확인해야 한다. 경험상 현재 애플리케이션 번역기의 약 20%는 원래 내용과 차이가 있다.

지금은 열정과 의지만 있으면 디지털 도구를 활용하여 얼마든지 바이어 대응을 할 수 있다. 바이어는 영어가 서툴다고 무시하거나 불만을 제기하지 않는다. 다만, 열정과 신뢰가 떨어질 때 바이어는 떠난다.

 전화

전화는 비대면 커뮤니케이션 중에서 가장 친밀하고 즉각적인 반응을 알 수 있는 도구이다. 얼굴은 보이지 않지만 목소리의 톤과 크기 등을 통해 상대의 감정을 어느 정도 알아챌 수 있다. 하지만 가장 실수하기 쉽고 오해하기 쉬운 수단이기도 하다. 간혹 상대방의 말을 잘못 이해하여 나중에 업무에 혼란을 야기하기도 하고, 때로는 큰 손해를 입기도 한다. 또 활자화되어 있지 않기 때문에 분쟁 시에 증거로 삼을 수도 없다. (물론, 스마트폰의 녹음 기능을 사용할 수 있고 녹

음 기능이 있는 전화도 있다) 그래서 바이어가 하는 말이 정확히 이해가 안 되면 다시 한 번 말해 달라고 요청해야 한다.

"I'm sorry. Can you repeat it?", "Would you please tell me again?", "I beg your pardon?" 등과 같이 정중한 표현이 있고 "Sorry?", "Again, please.", "Tell me again." 등과 같은 표현도 몇 번 접촉한 사이에서는 무난하다.

또 다시 들었는데도 무슨 말인지 이해되지 않는다면 재차 말해 달라고 요청하는 것보다는 그냥 이메일로 보내달라고 요청하는 것이 좋다.

"Sorry, I can't fully understand your talking. Can you send your message through an email? (Could you please email me what you're trying to say?)"

본인이 하는 영어 발음이 유창할 필요는 없지만 정확하게 전달하는 것이 중요하다. 비즈니스 영어는 간단하게 핵심적인 내용을 정확하게 전달하는 것임을 명심해야 한다.

근래에는 SNS의 사용으로 국제 전화 통화는 급한 용무가 있거나 특별한 상황일 경우에만 사용하여 한결 영어 실력이 부족한 사람들에게 좋은 무역 환경이다. 굳이 전화가 아니고도 다른 수단으로 급한 업무를 처리할 수 있기 때문에 자신이 영어에 서툴다는 것을 아는 바이어는 전화를 가능한 한 피할 것이다. 바이어는 본인의 영어 실력 때문에 거래하는 것이 아니라 자신의 신뢰성과 제품 때문에 거래하는 것이다.

또 수출자가 먼저 바이어에 양해를 구하여 전화보다는 이메일과 SNS를 사용하도록 요청할 수도 있다. 하지만 그렇더라도 영어 능력은 중요한 자산이므로 실력을 향상하는 노력을 꾸준히 해야 한다.

 화상 통화

화상 통화는 국제 무역에서 코로나19 팬데믹의 영향으로 급속히 사용 빈도가 많아졌다. 특히, 신규 바이어 개척을 위해 직접 미팅을 해야 하는 기업에게는 좋은 대체 수단이 된다. 정부나 지방자치단체에서도 화상 상담회를 통해 중소기업이 해외 시장을 개척하도록 지원하고 있으므로 무역협회(KITA), 지방자치단체 등의 기관 일정을 참고하도록 한다.

화상 통화는 비디오 기능이 있기 때문에 직접 만나 대화하는 것과 같은 효과가 있고 제품을 보여 주고 시험할 수도 있기 때문에 유용하다. 그러나 처음 만나는 바이어 앞에서 번역기를 매번 돌리는 것을 보여 줄 수는 없기 때문에 영어 실력이 부족하다면 통역을 대동하는 것이 좋다.

또 오프라인 미팅과 마찬가지로 바이어의 시간을 절약해 주기 위해 미리 미팅 시간의 길이를 정하고 핵심적인 내용을 간단하게 말하고 짧게 끝내는 것이 좋다. 시간이 좀 더 필요하면 바이어에게 양해를 구하여 시간을 연장하든지, 차후에 다시 화상 미팅을 할 것인지를 물어보아야 한다. 사람과의 관계에서도 마찬가지이지만 한 번을 오랫동안 만나는 것보다 여러 번 만나는 것이 관계를 더욱 돈독하게 한다.

화상 통화에서도 마찬가지로 내용을 정확히 짚고 넘어가며 애매한 대화로 오해를 일으켜서는 안 된다. 그리고 너무 경직되어 말하기보다는 화기애애한 분위기에서 대화가 진행되도록 표정 관리에 신경을 쓰고, 사전에 충분한 연습을 통해 물 흐르듯이 진행해야 한다.

SNS(Social Network Service)

국제 무역에서 이메일이 첫 번째 커뮤니케이션 혁명이라면 SNS는 두 번째 혁명이다. 왓츠앱(Whatsapp)이나 스카이프(Skype), 위챗(Wechat) 등의 SNS는 실시간 커뮤니케이션을 가능하게 하면서 전화의 기능을 대신하게 되었다. 일대일(1:1) 대화창과 더불어 다수의 관계자가 회의하듯이 동시에 대화도 가능한 기능이 있다. 하나의 SNS 계정에 수십 명의 바이어와 대화창을 개설할 수 있으며 게다가 무료이다.

이제는 영어 실력이 높지 않아도 바이어와 커뮤니케이션 문제 때문에 애로 사항을 토로할 수 없는 환경이 되었다. 핵심적인 단어만을 간단히 적어 서로 소통하는 것이 SNS의 특징이기 때문이다.

하지만 SNS는 실시간 소통 도구이고 활자화되어 있기 때문에 돌이킬 수 없는 실수를 범할 가능성이 있다. 절대 공개되지 말아야 하는 정보를 보내는 실수가 일어날 수 있다. 공급업체의 가격을 노출하든지, 핵심 기술 자료를 보내는 경우 등 이메일에서와 같은 실수가 일어날 가능성이 더 높다.

SNS는 내용을 가장 간단하게 보내는 도구이다. 그래서 국내에서 카톡을 사용하듯이 바이어와 대화하면 된다. 하지만 기본적인 사항은 지키는 것이 좋다. "Hi, Tom."과 같이 처음에는 항상 인사말을 하는 것이 좋다. 그리고 몇 차례의 대화가 오간 다음 마지막에는 "Have a good day."와 같은 마침 인사말을 하면 바이어가 좋아할 것이다. 너무 긴 문장이 필요하면 "Can I send it through email?"과 같이 양해를 구하고 이메일로 보내는 것이 좋다. SNS는 가급적 긴급한 경우에 사용하고 장시간 이메일에 답이 없는 경우에 보내든지, 또한 여러 사람들이 한꺼번에 실시간으로 문자 대화가 필요할 때에 사용하는 것이 좋다.

SNS에서는 오래 전에 대화했던 정보를 검색하여 찾아가기가 어렵고 빠르게 대화하다가 실수를 범할 가능성이 많기 때문이다.

FTA를 활용해 수익률을 높이자

　자유무역협정(FTA)은 협정을 체결한 국가 간에 상품 및 서비스 교역에 대한 관세 및 무역 장벽을 철폐하여 배타적인 무역 특혜를 국가 간에 서로 부여하는 협정이다. FTA는 회원국 간의 무역 자유화를 위해 관세를 포함하여 각종 무역 제한 조치를 철폐하는 것을 목표로 한다.

　FTA를 활용한 수출은 이러한 FTA 협정을 맺은 국가에 수출할 경우 관련 정보를 이용하여 수입 관세 절감의 혜택을 통해 가격 인하의 효과로 가격 경쟁력을 갖추는 것이다. 예를 들어 관세 절감 혜택을 10% 본다면 제품의 수익률이 10% 더 늘어나는 것이므로 결코 무시할 수 없다.

　현재 우리나라와 FTA를 체결한 국가는 59개국이다(2022년 12월 기준). 여기에는 유럽 4개국(EU 미가입국), 아세안 10개국, EU 27개국, 중앙아메리카 5개국, 역내포괄적경제동반자협정(RCEP) 12개국(2개국 중복), 마지막으로 2022년에 체결한 이스라엘이 있다.

FTA를 체결한 국가에서 관세 혜택을 보기 위해서는 우리나라에서 물품이 제조되었음을 증명해야 하는데, 이를 원산지 증명서(Certificate of Origin)라고 한다. 이는 수출 물품이 우리나라에서 재배, 사육, 제조 및 가공된 것임을 증명하는 문서이다. 각국과 맺은 협정별 원산지 결정 기준을 충족하고 협정에서 정한 원산지 증명서를 구비해야 상대국에서 FTA 세율을 적용할 수 있다.

다음과 같은 절차에 따라 FTA를 활용한다.

1. FTA 협정 발효국 여부를 확인한다.

수출하려는 국가가 59개국 안에 포함되어 있는지를 확인한다.

2. 품목번호(HS Code)를 확인한다.

품목번호에 따라 관세율과 원산지 결정 기준이 달라지므로 정확한 번호가 필요하다. 수입국의 품목번호가 우리나라와 다른 경우도 있으므로 바이어에게 묻거나 수입국 관세청 홈페이지에 접속하여 확인한다.

3. FTA 관세 혜택을 확인한다.

몇 %인지 확인하여 실질적인 수익 여부를 확인한다. 만일 수출품이 고수익 제품이고 관세 혜택이 작음(예를 들어 5% 미만)에도 불구하고 업무 처리가 복잡하고 전담 인력이 없다면 비용을 고려하여 관세 혜택을 위한 업무를 해야 할지 의사결정이 필요할 것이다. 이는 경우에 따라 관세 혜택을 포기할 수도 있다는 말이다.

4. 원산지 결정 기준을 확인한다.

FTA 협정을 맺을 당시에 각 국가별로 원산지로 인정할 수 있는 기준을 확정한다. 이를 원산지 결정 기준이라고 한다. 관세 혜택을 받기 위해서는 수입국과 FTA 협정 시에 규정한 원산지 결정 기준이 충족되는지를 확인한다. 이를 위해서는 다음 절차를 따른다.

① 물품의 구성표(BOM: Bill of Material)와 부품 목록(Part List)을 확인한다.
② 해당 재료와 부품의 구입 경로를 확인한다(국내인지 해외인지, 수출자인지 납품처인지).
③ 원산지 결정 기준의 충족 여부를 확인한다.

5. 원산지 증명서를 발급한다.

원산지 결정 기준에 충족되면 수입국과의 협정에서 정한 지침에 따라 관련 증빙 서류를 가지고 원산지 증명서를 발급하여 선적 서류에 포함한다.

원산지 증명서는 FTA 협정에 따라 수출자 자율 발급과 기관 발급으로 나누어진다. 수출자 자율 발급은 수출자가 지정된 양식을 사용하고 날인하여 스스로 발급하는 것이고, 기관 발급은 상공회의 소나 관세청에 발급 신청을 하는 것이다. 수입국과의 FTA에서 어떤 발급 방식으로 했는지를 확인한다.

여기서 수출자 자율 발급인 경우에 규정을 어기고 발급했을 때 상대국 세관에 적발되면 특혜 관세를 추징당하므로 주의해야 한다. 가끔 실수로 장기간 부정 발급을 시행하다가 거액의 배상금을 물게 되어 생존의 위기에 빠진 중소기업의 사례를 찾아볼 수 있다. 또 상대국과 맺은 협정에 따라 인증을 받을 수 있는 유효 기간이 있는 경우(EU는 5년)에 유효 기간이 만료되기 전에 다시 인증을 취득하여 인증 만료인 줄도 모르고 계속 수출을 시행하다가 나중에 거액의 추징금을 물게 되지 않도록 주의해야 한다.

6. 관련 서류를 보관한다.

원산지 증빙 서류는 5년 동안 보관할 의무가 있다(중국 수출 건은 3년). 관세청 홈페이지를 방문하면 절차별로 자세한 내용을 알 수 있다.

하지만 원산지 분류 기준(세번 변경 기준, 가공 공정 기준, 부가가치 기준이 있음), FTA 협정별 상이한 기준, 또는 제품에 따라 원산지 추적이 까다로울 수 있기 때문에 수출 초기 기업 등 해당 업무에 익숙하지 않은 기업은 한국무역협회(KITA), 관세청 등 정부 수출 유관기관 컨설팅 또는 대행업체 등을 활용하여 정확한 산출로 혜택의 누락을 막을 것을 추천한다. 이를 통해 거두어들이는 혜택은 곧바로 수출 수익이 되기 때문이다.

CHAPTER 5

해외 고객 잡기

CHAPTER

5

해외 고객 잡기

사기꾼 분별이 먼저

해외에 홍보한 뒤에 회사의 연락처가 해외에 노출되면 사기꾼들이 가끔 이메일을 보내온다. 그들은 큰 수익을 얻을 수 있는 제안을 하며 걸려들기를 바란다. 수천만 달러를 인출하기 위한 수수료를 부담하면 일부 금액을 주겠다고 하든지, 금괴를 인도하기 위한 운송료를 보내 주면 금괴의 일부를 주겠다고 하는 제안도 있다. 대규모 정부 프로젝트를 수주했다며 입찰 비용 등 여러 종류의 비용을 부담하면 거래하겠다고 한다. 이러한 종류의 이메일이나 우편은 전통적인 사기 수법이다.

그러나 국제 사기도 점점 지능화하고 있다. 거래 업체와 정상적인 이메일을 주고받는 것을 해킹하여 지켜보고 있다가 결제 시점에 개입하여 은행 정보가 갑자기 변경되었다고 그쪽으로 송금하라고 하는 사이버 범죄가 최근에 많이 발생하고 있다.

이러한 경우 은행 정보의 변경은 중요한 사안이므로 다시 한 번 거래 업체에게 확인하는 것이 필요하다. 또 변경된 은행이 거래 업체의 국가와 다른 경우에도 의심해 보아야 한다.

서류를 위조하는 사기도 종종 있으므로 선적 서류 등의 기업 정보를 철저히 확인해야 한다. 기업명, 전화번호, 은행의 소재지 등을 확인하고 글꼴의 차이, 정부 로고 등 문서가 위조된 흔적의 유무를 확인해야 한다.

거래를 몇 차례 하면서 신임을 얻은 다음에 큰 금액의 사기를 도모하는 경우가 있다. 처음에는 선불을 통해 몇 차례 제품을 수입하다가 큰 금액의 제품을 주문한 뒤에 은행에서 돈이 나오는 데 시간이 며칠 소요된다면서 이번에는 후불을 제안한다. 해외 바이어 경험이 많지 않은 회사는 그동안 충분히 신뢰성을 검증했다고 여기고 어렵게 잡은 바이어를 놓치지 않기 위해 덜컥 동의한다. 그리고 회사는 큰 결제 금액을 떼이고 상처를 입어 해외 진출을 포기한다.

여기서 무역 실무를 잘 알고 있는 회사였으면 다음과 같이 대응했을 것이다. **첫째, L/C**(신용장) **방식으로 결제를 하라고 요청하는 것이다.** 신용장을 현재 자금이 없다는 상대 회사가 발행(Open)할 수 있다면 거래 은행에 신용이 있다는 것이며 전문 사기꾼이 아닌 것이다. 또 취소 불능 신용장(Irrevocable L/C)을 통해 안전하게 결제를 받을 수 있을 것이다.

그러나 신용장을 개설한 은행이 어떤 은행인지를 확인해야 한다. 다국적 은행이나 그 나라에서 잘 알려진 은행이 아니라면 은행과 바이어가 결탁하여 하자(Discrepancy)를 이유로 들어 결제를 거부하는 경우도 예상해야 한다. 중동이나 개도국에서 이러한 은행들이 아직도 있다.

둘째, 선적한 다음에 선적 서류 중에 포워더가 발행하는 B/L(선하증권, 항공 운송은 AWB)**을 가지고 있다가 바이어가 결제를 하면 보내는 것이다.**

페덱스(Fedex)와 같은 국제 특송으로 보내면 B/L 서류는 웬만한 지역은 3일 정도 걸려 도착할 것이다. 수출품이 상대국에 도착하더라도 상대 회사는 original B/L이 없으면 통관을 못하는 것을 활용하는 것이다.

만일 바이어가 결제를 늦게 하여 B/L이 아직 상대국에 도착하지 않고 화물이 이미 도착했다면 수출품이 상대국 보세창고에 오래 머물며 보관료가 발생하기 때문에 포워더에 요청해 서랜더(Surrender) B/L을 팩스나 이메일로 바이어에 보내면 된다(서랜더 B/L에는 'Surrender' 또는 'Surrendered'라는 표시가 Original B/L에 인쇄되어 있어 원본이 아닌 사본도 통관 서류로 인정을 받는다).

이는 4장 '결제 조건'에서 설명한 서류 인도 결제(CAD: Cash Against Document) 방식과 유사한 것이다. 그리고 이와 유사한 화물 인도 결제(COD: Cash On Delivery) 방식도 또 다른 대안이 된다.

이러한 조치에 추가해 50% 이상 선불하도록 요청하는 것이 좋다. 그렇지 않으면 결제를 거부할 때 화물을 돌려받더라도 이미 생산된 제품을 구입해 줄 바이어가 없으면(OEM/ODM 같은 주문자 상표가 부착된 제품임) 손해를 감수해야 한다. 그리고 상대국에 화물이 이미 도착했다면 화물을 돌려받더라도 되돌아오는(Ship back) 선적 비용도 부담해야 한다.

셋째, 상대 회사의 신용 조회를 의뢰하는 것이다. 한국무역보험공사 홈페이지에 들어가면 온라인으로 10만 원 이내에서 해외 업체의 신용평가 보고서를 받아볼 수 있는 서비스가 있다.

한국무역보험공사에서 상대 회사의 신용평가 자료를 얻으려면 상대 회사가 동의해야 한다. 그래서 사전에 상대 회사에게 양해를 구해야 한다. 코트라(KOTRA)에도 신용조사 서비스가 있어 연락처를 알려 주면 코트라 직원이 연락하여 상대 회사에 대해 신용조사를 해 준다. 만일 특별한 이유 없이 신용조사에 동의하지 않는다면 거래를 진행하면 안 되는 상대이다. 분명히 어떤 문제가 있는 것이다.

넷째, 한국무역보험공사에서 수출 보험을 가입하는 것이다. 수출 보험을 가입하면 결제를 받지 못한 금액을 보상받을 수 있다(7장의 '무역 보험과 친해지자' 파트를 참조한다).

수입자뿐만 아니라 자사에 수출용 물품을 공급하는 해외 공급업체 중에서도 사기꾼이 있다. 이는 중계 무역 또는 중개 무역에서 잘 일어난다.

　A 국가에 있는 바이어한테 공급할 물품을 B 국가의 제조업체에 맡기고 선불을 했는데, A 국가의 바이어로부터 품질 불량 또는 수량 부족을 이유로 클레임을 받는 사례이다. 회사는 해외 외주 생산 공장을 제대로 검증하지 못했고 생산을 완료했을 때 현지에 가서 검수하지 못했는데 문제가 터진 것이다. B 국가 제조업체는 당연히 보상해 주든지, 재선적의 조치를 해야 하지만 차일피일 미루든지, 선적할 때는 문제가 없었다고 항변을 한다. 해결하기가 어려우면 국제 상사중재(ICCA)에 의해 소송해야 하지만 비용과 시간이 소요되고 제조업체가 처음부터 사기의 의도가 있었으면 이미 연락을 끊고 사라졌을 수도 있다.

　그래서 해외의 공급업체에 대해서도 신용조사가 필요하다. 제조업체이면 공장에 방문하여 실제 그 회사가 맞는지, 생산품은 제대로 생산하고 있는지를 확인하는 것은 필수이다. 그리고 생산이 완료되면 공장에 방문하여 검수(Inspection)해야 하는데 품질과 수량을 확인하고 선적을 제대로 하는지까지 확인해야 한다. 특히, 처음 거래하는 공급업체는 당분간 이러한 작업을 해야 한다. 여기서 직접 검수하기가 어렵다면 검수 대행업체를 이용할 수 있으며, 신뢰할 수 있는 무역 대행업체나 전문 검수업체를 이용한다.

참고로 알리바바(Alibaba)에서는 회원 업체에 한해 수수료를 받고 검수 대행을 맡아 주고 있으므로 중국에서 제조한다면 홈페이지에 방문하여 내용을 살펴보기를 바란다.

그리고 신용조사 등의 확인을 통해 검증하지 않았더라도 상대 업체가 하는 행동을 살펴보면 사기를 의심할 수 있다. 다음과 같은 사항에 유의해야 한다. **첫째, 초기에 대량 주문을 하는 등 상식적이지 않은 파격적인 제안을 한다.** 진성 바이어는 일반적으로 샘플, 소량 주문, 대량 주문의 단계를 거친다. 특별한 이유 없이 이러한 단계를 건너뛰면 의심해야 한다.

둘째, 큰 수익을 주는 거래를 제안한다. 바이어라면 수익 극대화를 위해 가격 협상을 하고 최대한 수익을 내기 위해 노력한다. 그러나 회사에서 준 최초의 높은 가격에 대해 전혀 협상하지 않고 그대로 수용하든지, 기대하지 않은 이익을 추가로 주는 경우에도 의심해야 한다.

셋째, 공신력 있는 기관과의 관계를 들먹이거나 자신의 권력과 부를 필요 이상 내세운다. 이러한 경우에도 당연히 의심해야 한다.

**넷째, 홈페이지가 엉성하거나 주소를 추적할 수 없도록 'Box

No.' 등으로 되어 있는 경우나 일반 전화번호는 없고 휴대폰 번호만 있다.** 일반 전화가 있는 경우에는 전화 통화를 시도하여 반드시 확인하도록 한다.

　일상생활이나 일반적인 상거래에서도 마찬가지로 무역 거래에서도 상식적이지 않은 제안은 그 실체를 파악할 필요가 있다. 근시안적인 마음과 욕심이 눈을 가려 객관적으로 볼 수 없게 되어서는 안 된다.

　보통 동남아시아, 중동, 아프리카 등 개도국으로부터 이러한 사기 사례가 많이 발생하지만 유럽과 같은 선진국에서도 적지 않게 발생하기 때문에 선진국이라 하더라도 너무 믿어서는 안 된다. 선진국에서 사업을 하는 개도국 출신들도 있고, 드물지만 선진국 출신이라도 상황에 따라 비도덕적 행동을 할 가능성을 배제할 수 없는 것이다.

　해외 거래는 상대방이 잠적하면 찾기가 어렵고 국제 소송이 일어나면 작은 회사는 많은 시간을 해당 사항에 집중하기가 어렵다. 우리나라의 무역보험공사 같은 국가 기관도 사고 발생 시에 해외의 업체를 상대로 추심을 받고 사건의 해결이 완료되는 경우는 40% 정도 밖에 안 된다. 그러므로 사건이 발생한 뒤에 해결하려는 생각은 버리고 문제가 발생되지 않도록 대비를 철저히 하는 것이 무엇보다 중요하다.

해외 영업의 기본은 동일하다

　해외 영업도 국내 영업과 기본은 동일하다. 단지 시장과 소비자 등의 특성이 다르다는 차이가 있다. 그래서 국내 영업을 잘하고 그 특성을 정확히 이해한다면 당연히 해외 영업도 잘할 수밖에 없다.

　영업은 고객을 확보하고 관리하는 것이다. 해외 목표 시장의 바이어를 접촉하고 제품을 소개하여 주문을 받은 다음에 지속적인 관리로 매출을 늘리는 것이다.

해외 영업 기능

　해외 영업의 기능은 크게 해외 영업 기획과 고객 커뮤니케이션의 두 가지로 나누어 볼 수 있다. 해외 영업 기획은 다음과 같이 6하 원칙에 따라 세우는 것이 효과적이다. 간단해 보이지만 이를 통해 해외 영업 업무에 있어 특정 과정의 누락을 방지하고 간단하며 명확하게 업무를 정의할 수 있다.

　B2C 형태의 비즈니스의 예를 들면 다음과 같다. 해외영업부가 (누

가) 금년 6월 한 달 동안에 걸쳐(언제) 목표 시장인 베트남 20~30대 직장인을 대상으로(어디서) 당사 베트남 홈페이지에 방문하여 회원 가입을 하도록 하고(무엇을), 목표 고객들이 많이 보는 SNS에 이벤트를 홍보하며(어떻게), 가입 회원을 상대로 각종 마케팅을 전개한다(왜).

B2B 형태의 비즈니스의 예를 들면 다음과 같다. 수출부 유럽팀이(누가), 올해 9월 초에(언제), 목표 시장인 폴란드의 자동차 부품 수입업체를 대상으로(어디서), DM 발송을 하고(무엇을), KOTRA 폴란드 지사와 관련 협회를 통해 입수한 바이어 목록을 대상으로 카달로그를 발송하며(어떻게), 내년 러시아에서 열릴 전시회에 참가하기 전에 바이어의 반응을 알아보고 초대할 바이어를 섭외하기 위한 것이다(왜).

고객 커뮤니케이션은 해외 영업 기획을 효율적으로 집행하고 고객과 접촉하는 것이다. 해외 목표 시장과 소비자, 바이어의 문화, 관습, 정치, 상거래 특성 등을 잘 파악하여 적절한 커뮤니케이션을 해야 하며, 불쾌감이나 오해의 소지가 없도록 단어의 선택이나 행동을 사전에 교육해야 한다.

전통적인 해외 영업은 고객 목록을 확보하여 DM이나 전화로 접촉해 미팅을 잡은 다음에 방문하여 프리젠테이션을 통해 제품을 소개하는 등의 판매 활동을 한다. 이러한 방법은 아직까지 유효하다. 개도국 등 해외 시장의 특성에 따라 이러한 방법이 가장 좋은 곳도 있다.

하지만 디지털 기술이 발달함에 따라 인터넷 검색을 통해 바이어 목록을 입수하고 홈페이지를 통해 홍보하며 SNS, 유튜브 등을 활용한 커뮤니케이션을 하는 위주로 그 방식이 변화하고 있다.

해외 영업 조직

규모가 작은 회사를 제외하고 일반적으로 수출 부서는 수출 관리와 수출 영업 부문으로 나누어진다. 여기서 수출 관리는 무역에 관한 업무를, 수출 영업은 해외 영업 업무를 담당한다. 규모가 좀 더 큰 회사는 해외 영업 파트를 지역별 또는 제품별로 구분하여 직원을 배치한다.

대기업 직원은 하나의 지역, 하나의 제품에 특화되어 오랫동안 해당 분야의 전문가로 성장한다. 하지만 중소기업에서는 수출에 관한 모든 업무를 한 사람이 담당할 수도 있으며 다양한 분야를 담당해야 한다. 그래서 멀티플레이어(multiplayer)가 되어야 한다. 대기업 직원과 단순하게 비교할 수는 없지만 중소기업에서 해당 업무를 담당하는 직원은 수출 전반을 경험해 볼 수 있는 장점이 있다.

글로벌 수출 기업을 목표로 하는 중소기업은 수출이 회사의 가장 큰 업무이다. 그래서 모든 조직이 수출을 지원하는 체계로 구성되어 있어야 한다. 해외 거래선이 회사의 생명줄이기 때문에 해외 고객에게 만족과 감동을 주기 위해 전 직원이 집중해야 한다.

하지만 내부 조직에서부터 불협화음이 발생하는 회사가 있다. 해외 거래처를 상대하는 전방에 있는 수출부를 지원하는 개발부, 구매부, 경영지원부 등이 제대로 협조해 주지 않고 오히려 제동을 거는 경우가 종종 있다. 예를 들어 약속한 샘플 개발 납기를 지키지 못하는 개발부, 원가 절감으로 수출 원가의 절감 노력을 하지 않는 구매부, 은행 신용관리를 부실하게 하여 제때 수출용 원자재를 위한 L/C(신용장)를 열지 못하게 하는 경영지원부 등이다.

이와 같은 문제는 해외 고객을 발굴해야 한다는 공동의 목표가 분명하게 설정되어 있지 않아 발생하는 것이다. 해외 고객은 수출 부서의 소관만이 아니라 회사의 핵심 자산이자 미래라는 인식을 가지고 적극적으로 수출 부서를 지원하도록 조직을 쇄신하고 교육해야 한다. 그리고 수출 부서도 외부에만 고객이 있는 것이 아니라 회사 내부의 다른 직원과 다른 부서가 내부 거래처라고 인식하는 마인드를 가지고 협력을 이끌어 내는 능력을 신장해야 한다.

기술 영업

국내 영업도 그렇지만 해외 영업 담당자는 제품에 대해 전문가 수준의 해박한 지식을 보유해야 한다. 중소기업은, 특히 기술에 기초한 아이템 사업을 하는 경우가 많아 '기술 영업'을 해야 한다. 그래서 해외 영업 담당자들 중에는 기술 계통의 전공을 한 사람들이 종종 있다. 언어와 문화가 다른 먼 곳의 바이어는 전문가 수준의 지식을 갖춘 담당자에게 우선적으로 신뢰감을 가지게 될 것이다.

그리고 무조건 회사의 제품을 구매하라는 일방적 영업보다는 해박한 지식을 바탕으로 바이어의 문제를 해결해 주면서 자연스럽게 제품을 연결하는 '솔루션 영업(Solution Sales)'이 환영을 받는다.

마케팅 연관

근래에는 마케팅이라는 개념이 대두되어 영업과의 구분에 대해 의문을 제기하는 경우도 있지만 마케팅을 넓게 보면 영업이 마케팅 안에 포함된다. 근래에는 치열한 경쟁 환경에서 전사적인 홍보, 영업, 영업 관리, A/S와 더불어 각 부서가 고객이라는 목표를 위해 모든 업무가 통합되어 나가는 개념인 통합 마케팅 커뮤니케이션(IMC: Integrated Marketing Communication)이 마케팅의 큰 줄기를 이루고 있다.

그러므로 해외 영업도 그 안에서 통일성이 있게 전개되어야 한다. 그래서 해외 영업 계획(기획)은 해외 마케팅 계획이 먼저 수립된 다음에 그 안에서 일관성 있게 수립하는 것이 좋다.

바이어 개척의 두 가지 줄기

회사의 제품을 바이어가 구매하도록 하는 것은 쉽고도 어려운 일이다. 여기서 쉽다는 것은 수많은 해외 바이어가 좋은 제품을 찾아내려 노력하고 있으며 근래 디지털 기술의 발달로 바이어를 발견하고 접촉하기가 쉬워졌다는 것이다. 반면에 어렵다는 것은 제품기술의 평준화로 회사가 독점적 기술을 보유하기가 어려워지고 디지털 기술의 발달로 정보의 독점이 어려워져 경쟁이 더욱 치열해졌다는 것이다.

이러한 환경에서 바이어 개척은 어떻게 해야 하는지를 알아보자. 바이어 개척에는 푸시(Push) 방식과 풀(Pull) 방식이 있다.

푸시 방식

푸시(Push) 방식이란, 전통적인 방식으로 고객에게 먼저 접근하는 바이어 개척 방식을 말한다. DM, 이메일, 전화 및 방문이 여기에 속한다.

DM(Direct Mail)은 카달로그와 회사 소개서, 가격표 등을 우편으로 잠재 고객에게 보내는 것이다. 이메일은 우편 대신에 전자메일로 보내는 것으로 기술의 발전에 힘입었다. 또 전화는 텔레마케팅(Telemarketing)과 같이 고객에게 전화를 하여 제품과 회사를 소개한다. 일반적으로 해외 고객에게는 처음부터 전화를 걸지 않고 메일을 보낸 뒤에 수신 여부를 확인하면서 자연스럽게 상담을 진행한다.

그리고 방문은 직접 찾아가 대면 방식으로 바이어 개척을 한다. 제품과 시장에 따라 도·소매상들을 일일이 방문하여 시장 개척을 하는 것이 효과적인 경우도 있다. 개도국처럼 상점이나 도매상을 직접 방문하는 경우에는 상대의 대응이 어느 정도 있고 오히려 환영하는 지역에서 사용할 수 있으므로 지역을 잘 살펴보아 시행 여부를 결정한다.

또 사전에 전화 통화를 하여 방문 약속을 잡고 가는 것이 효율적이기는 하지만 도·소매상들은 전화 통화가 어렵고 거절당하기가 쉬우므로 특정 지역을 선정하여 사전 약속 없이 방문하는 것이 더 효율적인 경우도 있다.

하지만 당연히 대형 유통업체는 사전에 연락한 뒤에 약속을 잡고 방문해야 한다. 홈페이지에서 확인하거나 다른 직원에게 물어보아 구매 담당자를 찾아 연락을 한다. 구매 담당자한테는 우선 자신과 회사를 소개하는 이메일을 사전에 보낸 뒤에 답장이 없는 경우에는 전화로 연락해 보는 것이 좋은 이미지를 준다. 그 유통업체 담당자를 만나기 위해 해외 출장을 가는 경우 사전에 충분히 교감과 구체적인 거래에 관한 이야기가 오간 뒤에 구매 가능성이 있을 때에 방문해야 시간과 노력을 헛되이 낭비하지 않는다.

때로는 제품의 시장 반응을 살펴보기 위해 일시적으로 도·소매상을 방문하는 경우도 있다. 이러한 경우에는 판매자가 아니라 구매자로 가장한 뒤에 방문해 정보를 입수하는 것이다.

해외 시장의 방문 영업은 초기에 직접 현지에 찾아가 부딪히며 시행할 수도 있지만 차후에 현지 인력을 잘 교육한 다음에 조직적으로 시행하는 방법으로 업그레이드해야 한다.

풀 방식

풀(Pull) 방식이란, 고객에게 먼저 접근하지 않고 고객이 먼저 접근하도록 기다리는 것을 말한다. 디지털 기술의 발달로 해외 영업도 고도화되어 전통적인 방식에 비해 훨씬 비용이 적게 들고 편리한 방식을 사용할 수 있게 되었다. 홈페이지, SNS, 전시회, 온라인 플랫폼(B2B, B2C) 등이 여기서 속한다.

홈페이지를 이용하는 방식은 홈페이지를 구축하고 홍보를 통해 고객들이 홈페이지에 방문하여 문의하도록 유도하는 방식이다.

SNS(Social Network Service)는 페이스북(Facebook), 인스타그램(Instagram)과 같은 다국적 SNS나 목표 시장에서 사용하는 로컬 SNS를 활용하여 고객을 끌어들이고 문의로 연결하는 방식이다. 또 구글 블로그(Google Blog) 등을 활용하여 회사 블로그를 개설하여 정보 등을 제공하면서 자연스럽게 바이어의 문의를 이끌어낸다. SNS는 구전 효과(virality)를 일으키며 폭발적으로 목표 시장에서 인지도를 높이는 효과를 보이기도 하며 푸시 방식과 풀 방식의 양쪽 측면을 함께 이용하면 그 효과를 더욱 높일 수 있다.

고객들은 사실 외국의 중소기업에게 큰 관심을 가지기가 어려우므로 목표 시장에서 이슈가 될 만한 소재를 선택하여 주목도를 높여야 한다. 해당 이슈를 부각하여 지역 언론에 소개된다면 그 효과가 더욱 커질 것이다. 때로는 언론사에 기사를 제공하는 서비스를 하는 대행사를 통해 의도적으로 언론 기획을 하는 경우도 있다. 이러한 경우에는 가식적이지 않고 진정성이 묻어나는 스토리를 구성해야 고객의 마음을 움직일 수 있다.

페이스북이나 유튜브에 목표 국가의 많은 구독자를 보유하고 있는 인플루언서(influencer)와 협업하여 제품을 홍보하면 짧은 시간에 해당 시장에서 인지도를 올릴 수도 있다. 중소기업도 중소형 인플루언서와 협업한다면 좀 더 저렴한 비용으로 목표 고객들에게 제품을 소개할 수 있을 것이다. 이를 통해 소비자는 물론이고 B2B 고객에게도 제안을 받을 수 있다.

하지만 3장의 '글로벌 마케팅의 단계별 요령'에서 살펴본 바와 같이 철저한 시장조사와 목표 고객을 명확히 하고 포지셔닝(Positioning)을 한 뒤에 마케팅 믹스에서 촉진(Promotion)의 일환으로 하는 것이다. 그러한 절차를 무시하게 되면 자사 제품과 관계없는 고객에게 소개되고 영상도 고객을 끌어들이지 못하는 내용으로 소개되어 적지 않은 수고와 비용을 낭비하게 되고 미미한 효과만을 얻게 될 수도 있다.

참고로 링크드인(Linkedin)은 200개국의 2억 명에 가까운 가입자가 있는 비즈니스 네트워크로서 바이어 개척 방법으로 유용하다. 개인 간의 친분이나 사적 정보 교류에 치우친 페이스북에 비해 처음부터 비즈니스 교류를 목적으로 탄생했기 때문이다.

자신의 개인 프로필에 관심 있는 산업과 회사 및 제품을 소개하여 해외의 개인으로부터 B2B 거래 제안을 받기도 한다. 또 해외 전시회 등의 행사에 참가하기 전에 사전 마케팅의 일환으로 사이트를 홍보하기에도 좋다.

링크드인에 구축한 유사 비즈니스 관심군의 탄탄한 네트워크는 자신의 제품을 다른 사람들에게 소개해 주기도 하며, 자국의 시장에 대해 유용한 정보를 제공해 주므로 해외 네트워크가 약한 중소기업에는 큰 장점이 된다.

전시회는 대표적인 풀 방식이다. 전시회 부스를 잘 꾸며 놓고 바이어가 찾아와 문의하도록 한다(전시회에 대해서는 2장을 참조한다).

온라인 플랫폼은 온라인 마켓플레이스(marketplace)라고도 하며 EC21, 알리바바(Alibaba) 등의 B2B 플랫폼과 아마존(Amazon) 등의 B2C 플랫폼에 입점하는 방식이다. 바이어는 해당 플랫폼에 방문하여 검색을 통해 회사의 제품을 발견하고 문의(B2B 형태)를 하든지 즉시 구매(B2C 형태)를 한다.

　B2B 온라인 플랫폼 안에는 수많은 회사가 있으므로 유료 홍보를 통해 고객에게 더욱 검색이 잘 되도록 하는 방법도 고려할 수 있다. 해외 진출 초기에는 인지도가 없으므로 부담되지 않는 한도 내에서 예산을 잘 편성하여 유료 광고를 하는 것이 좋다.

　정부에서 운영하는 B2B 온라인 플랫폼은 고비즈(Gobiz, 중소벤처기업공단 주관), 케이몰(Kmall, 무역협회 주관), 트레이드코리아(Tradekorea, KOTRA 주관) 등이 있다. 또 국내 기업이 운영하는 B2B 온라인 플랫폼은 EC21, ECPlaza 등이 있다. 이와 같이 대표적인 B2B 온라인 플랫폼을 소개했지만 목표 시장에는 지역에 특화된 로컬 플랫폼이 있는 경우도 있다.

　B2B 온라인 플랫폼은 유용하고 가성비가 있는 바이어 개척 방법으로 필자도 이러한 방법을 통해 여러 바이어를 개척한 바가 있으며 그중에 대형 바이어로 발전한 케이스도 여럿 있다.

　B2B 온라인 플랫폼을 활용한 바이어 개척의 노하우는 다음과 같다. **첫째, 최대한 온라인 상점을 잘 꾸며야 한다.** 잘 꾸미라는 것은 화려한 모양새를 의미하는 것이 아니라 회사와 제품에 대해 핵심적인 내용이 빠지지 않도록 플랫폼 안에 일목요연하게 정리해 놓으라는 것이다. 그리고 간결하며 이미지가 적절히 배치되어 쉽게 이해

할 수 있도록 꾸민다. 또 기계류와 같은 복잡한 제품은 동영상을 제작하여 동작하는 것을 보여 주는 것이 더 좋다. 해당 제품에 대한 이해가 있어야 바이어의 구매 욕구를 이끌어 낸다.

둘째, 유료 회원 가입이 큰 비용이 소요되지 않는다면 유료 회원으로 가입하는 것이 좋다. 유료 회원에게는 바이어에게 노출, 홍보, 플랫폼에서의 특수 기능 등의 혜택이 주어지므로 무조건 비용을 줄이려고만 하지 말고 처음부터 플랫폼을 제대로 사용하는 것이 유리하다.

예를 들어 세계 최대 온라인 B2B 플랫폼인 알리바바는 예전에는 무료 회원도 제품 포스팅(Posting, 제품을 플랫폼에 업로드)을 하여 바이어의 문의에 대응할 수 있었지만 현재 무료 회원은 바이어 역할만을 할 수 있다. 바이어로서 오직 플랫폼 안의 셀러들과 연락할 수 있을 뿐이다.

유료 회원(GGS 멤버십, 연 U$3,499)은 알리바바의 인증 절차가 포함되어 바이어의 신뢰를 받고, 또한 미니 사이트(플랫폼 안에 자사의 홈페이지)를 개설하고 각종 이벤트에 참여하여 홍보하는 등의 혜택이 주어지므로 유료 회원 가입을 해야 셀러로서 제대로 바이어를 개척할 수 있다. 플랫폼에서 유료 회원 제도가 있는 것은 그만한 가치 이상의 혜택이 있고 그 비용은 대부분 오프라인에서 바이어 개척(전시회 한 번에 기본 1부스 총 비용이 최소 약 1만 달러 등)을 하는 것과 비교하면 매우

적게 소요된다.

또 B2B 온라인 플랫폼은 B2C와 다르게 판매 수수료가 없다. 실시간으로 판매되지 않고 이후에는 개별적인 접촉에 따라 수출이 진행되므로 현실적으로 판매 수수료를 부과할 수 없기 때문이다.

셋째, 플랫폼에서 구성해 놓은 다양한 홍보, 기능 등을 잘 숙지해야 한다. 예를 들어 알리바바에 있는 키워드 홍보(50달러 추가 부과)를 통해 플랫폼의 상위에 노출될 수 있다.

또 RFQ(Request For Question, 질문 요청) 마켓은 바이어가 자신이 원하는 제품이 무엇인지를 알리는 마켓이다. 다시 말해 구매 공고이다. 여기서 견적 수와 기간을 표시하여 셀러가 자신의 제품과 유사한 제품의 공고가 뜨게 되면 바이어에게 견적을 보내는 것이다.

넷째, 매일 해당 플랫폼에 방문하여 해외 바이어로부터 문의가 있는지를 확인한다. 보통은 플랫폼에 연결된 자사의 이메일로 바이어 문의, 이벤트 등의 정보가 수신되므로 이메일을 확인해도 된다.

이는 바이어의 문의에 빠른 시일 내에 답장을 보내기 위한 것이다. 바이어가 셀러를 찾을 때는 본인의 회사에만 문의하는 것이 아니며 보통 여러 회사에 같은 내용의 문의를 하는 경우가 많으므로 한시라도 빨리 보내는 것이 바이어에게 신뢰를 얻는 것이며 선택을 받기가 쉽다.

근래에는 제품과 가격이 많이 평준화되어 있으므로 자신에게 대응을 잘하는 셀러를 선호하고 약간 불리한 조건이라도 적극 응답하는 셀러와 거래하고 싶은 것은 누구나 가지는 보통의 심정일 것이다. 아무리 좋은 조건의 제품이 있더라도 이미 구매 결정을 한 뒤에 뒷북을 칠 수 있으며, 응답이 느린 경우에는 바이어 업무 처리에 지장을 초래하므로 선택을 받지 못할 수 있다.

다섯째, 끈기가 있어야 한다. 2장의 '끈기가 생명이다' 파트에서도 설명했지만 B2B 형태의 비즈니스는 끈기가 가장 중요하다.

플랫폼을 통한 바이어 문의가 있고 서로 조건이 맞으면 바이어는 보통 샘플을 보내달라고 한다. 샘플이 마음에 들면 다행이지만 기능이나 재질 기타의 수정 사항이 있는 경우가 더 많다. 그러한 경우 즉시 제품을 개선한 뒤에 다시 샘플을 보내야 한다. 샘플비는 유상으로 하는 것이 좋다. 제품에 진심으로 관심이 있는 바이어는 반드시 샘플 비용을 부담할 것이다.

샘플이 바이어가 원하는 제품인 경우 다음 단계는 무역 조건, 가격 등의 협상을 한 뒤에 계약서를 작성하고 주문을 받는 절차가 진행된다. 이러한 절차가 한 번에 끝나지 않고 여러 번 반복된 뒤에 종료되는 경우가 많다.

또 큰 거래인 경우에는 바이어가 공장을 방문하여 확인하는 절차도 빼놓을 수 없다. 이러한 과정에서 바이어가 무리한 요청을 하는 경우도 있으며 황당한 요구도 만나게 된다. 이때 무례한 태도가 아니라면 황당하고 무리한 요청도 잘 받아 성실하게 대응하는 것이 프로페셔널 수출자이고 바이어를 자신의 사람으로 만드는 길이다. 첫 응대 이후 깊은 관계가 맺어질 때까지 바이어는 항상 셀러를 평가하고 다른 셀러와 비교하고 있음을 명심해야 한다. 이러한 과정을 모두 거친 뒤에 첫 주문을 받는 것이다.

해외 B2C 플랫폼은 동남아시아 시장의 소피(Shopee), 라자다(Lazada)가 있고 국가별로는 일본의 라쿠텐(Rakuten), 중국의 티몰(Tmall), 타오바오(Taobao) 등 각국에는 토종 플랫폼이 있다. B2C 플랫폼은 해당 국가별로 세금 등 전자상거래 법령이 다르므로 진출하기 전에 잘 숙지해야 한다(B2C 형태의 수출을 '역직구 수출'이라고도 하며, 6장의 '해외 역직구 시장을 노려라' 파트를 참조한다).

이와 같이 살펴본 바이어 개척과 관리 요령을 잘 숙지하여 제대로 적용한다면 글로벌 수출 기업으로 나아가는 길은 단축될 수 있을 것이다. 무엇보다 수출로 먹고사는 국가 경제에 이바지한다는 생각을 가지고 즐기면서 진행할 수 있다면 좀 더 수월하게 할 수 있고 결과도 더욱 좋을 것이다. 수많은 업무가 있지만 수출 업무는 가장 보람을 느낄 수 있는 일이다.

바이어 개척

푸시(Push) 방식
DM, 이메일, 전화, 방문

풀(Full) 방식
홈페이지
SNS(페이스북, 인스타그램, 구글 블로그 등)
인플루언서(페이스북, 유튜브 등)
링크드인
전시회
B2B 온라인 플랫폼
(Alibaba, Compass, Gobiz, Kmall, Tradekorea, EC21, Ecplaza 등)
B2C 온라인 플랫폼
(Amazon, eBay, Shopee, Lazada, Rakuten, Tmall, Taobao 등)

바이어 관리와 자동 수익 시스템

필자는 자주 "바이어 개척은 노력과 운에 달려 있고 바이어 관리는 기술이다."라고 말한다. 필자의 이 말은 바이어 개척은 기술보다는 노력과 운이, 바이어 관리는 기술이 더욱 필요하다는 것을 나타낸다.

잘 알다시피 기존 고객을 잘 관리하는 것이 신규 고객을 개척하는 것보다 비용이 훨씬 적게 소요된다. 마케팅 이론에서는 보통 5배 이상의 비용 절감 효과를 가져온다고 한다. 그리고 기존 고객의 매출을 늘려 안정적으로 성장할 수 있다.

바이어를 관리하는 요령 및 유의 사항은 다음과 같다. **첫째, 누가 큰 바이어가 될지를 모른다.** 중소기업으로서 가장 좋은 바이어는 함께 성장할 수 있는 관계이다. 규모가 작은 바이어는 초기 관계를 맺는 데에 큰 어려움이 없고 성장 가능성이 많으면 점점 수출액이 증가하고 관계가 더욱 돈독해질 것이다.

하지만 문제는 성장 가능성이 있는 바이어가 누구인지를 알 수 없다는 것이다. 그 회사를 자주 방문하여 알 수도 있지만 주문을 받기 위해 바이어 회사를 여러 번 방문하는 것은 아니기 때문이다. 이러한 상황에서 모든 바이어가 중요하다는 생각으로 모든 해외 문의에 성실하게 답변하고 최선을 다해야 한다.

필자는 회사도 설립하지 않은 채 제품 문의를 했던 개도국의 개인이 회사의 중추 바이어로 성장해 온 것을 보았고 작은 회사나 창업 회사가 성장하여 큰 기업이 되는 것을 경험했기 때문에 어떠한 해외 문의에도 주관적 선입관 없이 대응한다.

물론 제품 경쟁력이 높은 경우에 해외 큰 회사의 러브콜을 받기도 하고 좋은 관계를 유지하는 경우를 배제하는 것이 아니다. 작은 회사를 존중하고 상생(相生)하려고 하는 큰 회사가 파트너가 되고 유리한 조건으로 수출한다면 금상첨화일 것이다. 하지만 그렇지 않은 경우가 많다. 그리고 큰 기업은 보통 오랫동안 협상을 한다. 작은 회사로서 큰 회사에 장시간을 들여 매달리다가 계약이 체결되지 않으면 그동안의 기회비용은 크다.

둘째, 열 바이어가 부럽지 않은 한 바이어를 발굴한다. 해외 바이어는 많을수록 좋을 것이다. 어느 한 바이어가 주문을 급격히 줄이거나 도산하면 다른 바이어가 그 공백을 메울 수 있기 때문이다. 하지만 무조건 바이어가 많다고 좋은 것은 아니다. 적은 금액만을 주기적으로 주문하는 많은 바이어가 있는 경우 바이어 관리에 많은 시간이 소요된다.

　수출은 계약 금액이 적더라도 수출 업무가 적어지는 것이 아니다. 10만 달러이든지 1,000달러이든지 수출 업무는 비슷한 시간과 노력이 소요된다. 그러나 적은 금액을 주문하는 바이어를 소홀히 할 수도 없다. 이들이 언젠가 큰 바이어로 성장할 가능성을 배제할 수 없기 때문이다.

　그래서 거래를 어느 정도 한 다음에 바이어의 성장 가능성에 대해 예측해 보아야 한다. 모든 바이어에 최선을 다한다는 원칙은 수출 초기이거나 바이어가 많지 않을 때에 적용된다. 계속해서 적은 금액만을 주문하고 결제 방식도 불리한 바이어인 경우 별도로 관리하는 것이 좋다.

　바이어가 어느 정도 모아지면 바이어를 주문 금액, 주문 형태(주기적, 비주기적), 결제 조건, 성장성, 요구 사항 등을 고려하여 A, B, C, D 그룹으로 나눈다. 여기서 각 회사의 상황이나 바이어와의 관계 등을 고려해야 한다. 예를 들면 다음과 같다.

- A 그룹: 큰 금액을 주기적으로 주문하거나 주문 금액이 계속 늘어나고 성장 추세에 있으며 결제 조건이 불리하지 않은(T/T 선금이나 신용장 방식 등) 바이어
- B 그룹: 적당한 금액의 주문을 주기적으로 하거나 큰 금액의 주문을 가끔 하는 바이어

- C 그룹: 작은 금액의 주문을 주기적 또는 비주기적으로 하는 바이어
- D 그룹: 작은 금액의 주문을 비주기적으로 하거나 요구 사항이 많고 결제를 가끔 연체하는 바이어

수출 업무는 모든 주문에 소홀히 할 수는 없지만 응답 속도나 방문, 전화 등으로 고객 만족에 차별을 둘 수는 있다. 여기서 A, B 그룹의 바이어만 있다면 업무는 훨씬 편해지면서 매출은 안정적으로 커질 것이다.

바이어가 어느 한 지역에 치우치지 않고 리스크 관리를 잘할 수 있을 정도로 고르게 분포되어 있는 것이 글로벌 수출 기업의 목표이다. 하지만 오랫동안 수출해 온 중소기업 중에서도 이 목표를 달성한 곳은 많지 않다. 사실 소수의 바이어에게 전적으로 의지하는 기업들이 더 많다.

하지만 C, D 그룹의 바이어는 떨어져 나가고 A, B 그룹의 바이어가 소수만 남은 기업은 그 소수의 바이어가 열 바이어 역할을 하고 있다. 오랜 관계로부터 업무는 매뉴얼화되어 있고 결제 등에 따르는 위험이 적다. 선불을 주고받으면서도 떼일 염려를 안 하는 사이가 된다. 코로나19 팬데믹과 같은 천재지변이 발생하더라도 서로 간의 신뢰에 변동이 없다.

셋째, 불만 접수는 기회이다. 앞에서도 언급했지만 수출에서 클레임(Claim, 고객 불만)은 필수적으로 거치는 과정이라고 할 정도로 반드시 발생된다는 가정 하에 진행하는 것이 좋다. 클레임을 피하려고 노력해야 하지만 어쩔 수 없는 경우가 생긴다. 클레임에는 제품 품질, 수량, 제품 상이, 선적, 납기 등이 있다.

이러한 고객 불만의 처리 수준에 따라 오히려 독보다 기회를 얻기도 한다. 불만 접수가 있을 경우 신속히 해결하면 바이어의 신뢰를 더욱 쌓는 기회가 되는 것이다.

예를 들어 삼성전자가 휴대폰을 개발하기 시작한 초기에 납품한 휴대폰의 10% 이상에서 불량이 발견되자 납품한 전량인 15만 대의 휴대폰을 수거해 모두 폐기하는 결단을 내렸다. 그 결과 대내적 측면에서는 품질에 대해 각성하게 되었고, 대외적 측면에서는 오히려 소비자의 신뢰를 얻어 그 이후 휴대폰 사업이 급성장하는 단초가 되었다.

필자도 유망한 바이어와 거래하던 초기에 중국 외주 생산 공장에서 불량이 발생되어 거래가 끊길 위험이 있었지만 바이어에게 신속하게 원인과 대책에 대한 보고서를 송부하고, 이와 함께 공장에 즉시 방문해 대책 회의를 하고 후속 조치를 상세하게 바이어에게 알려 주면서 오히려 바이어에게 더 큰 신임을 얻을 수 있었다.

또 생산 공장의 업그레이드가 필요함을 깨닫고 근로자에게 경각심을 심어 주고 주요 담당자들을 일일이 면담하면서 개선점을 찾아내어 정리정돈과 생산 라인 관리의 개선 등 전체 시스템에 이르기까지 한층 향상되었다. 그 외주 공장은 업그레이드된 시스템으로 전화위복이 되어 다른 고객들에게도 좋은 평가를 받아 매출 향상의 혜택을 보게 되었다.

특히, 제품 품질 클레임은 생산 기술의 발달로 많이 줄었기 때문에 신뢰성 문제로 귀결되어 바이어를 잃는 위험이 있어 각별히 신경을 기울여야 한다. 그러나 일단 문제가 발생하면 바이어에게 조금이라도 피해를 주지 않는 결단이 필요하다. 사과와 함께 서면으로 불량 발생의 원인과 대책을 발송하고 자진하여 모든 손해를 배상해야 한다. 그렇지 않으면 신뢰를 회복하지 못할 것이다.

하지만 이를 잘 처리한다면 바이어는 미래에 발생될 수 있는 또 다른 문제에 대해 안심하게 되고 더욱 신뢰하게 된다. 물론 정말 약속한 것처럼 재발되지 않도록 최선을 다해야 할 것이다. 클레임을 아무리 잘 처리하더라도 계속 같은 문제가 발생한다면 바이어는 떠난다.

제품 품질 이외에 다른 클레임은 주의력이 부족해 발생한다. 납기도 어쩔 수 없는 경우가 있지만 생산과 물류를 세심하게 살피지 못하여 발생하는 경우가 종종 있다. 또 납기를 정할 때 생산 스케줄 등의 오류가 있어 실제로 제때 납품을 못하는 경우도 있다. 이러한 경우에도 바이어는 신속한 처리와 재발 방지를 위한 노력을 지켜보고 있다.

넷째, 거만한 태도나 저자세는 피해야 한다. 바이어를 대응할 때 거만하게 대하거나 반대로 너무 저자세를 취하는 것은 피해야 한다. 가장 좋은 자세는 진지하고 친절하며 충실한 것이다. 바이어에게 많은 선택지가 있고 여러 제품 간에 특별한 차이가 없다면 어떤 선택을 할 것인지 생각해 보자. 아마도 거만한 수출자는 피할 것이다. 이는 합리적 사고를 초월한 인지상정이다.

때로는 경쟁력이 있는 좋은 제품을 발견하고도 수출자의 태도를 보고 마음을 돌릴 수 있다. 인간적으로 다가가고 싶지 않은 마음도 있겠지만 그러한 수출자는 추후에 품질, 납기 등의 문제를 일으킬 가능성이 높음을 경험으로 감지하는 것이다.

하지만 너무 저자세로 대응하는 것도 좋지 않다. 친절한 응대와 저자세는 다른 것이다. 친절은 본인의 자존감을 유지하면서 상대방을 위하는 것이지만 저자세는 자신을 필요 이상으로 낮추어 상대방을 오히려 부담스럽게 하는 것이다. 노련한 바이어는 이러한 수출자에게 어떤 결함이 있지 않은지를 살펴보게 될 것이다.

좋은 제품을 적절한 바이어에게 소개할 때는 당당하게 대응해야 한다. 그러한 마음이 생기지 않는다면 자신의 제품에 무언가 개선점이 있는지 또는 바이어를 잘못 선택한 것은 아닌지를 다시금 생각해 보아야 한다.

바이어에게 밝은 얼굴로 대하고 당당하게 제품을 소개하며 정직하고 충실한 사람이라는 평가를 받게 되면 바이어는 장기적으로 관계를 맺고 싶은 마음이 들 것이다.

다섯째, 때로는 손해 보는 장사를 해야 한다. 클레임이 발생되었을 때도 그렇지만 평소에도 바이어에게 이익을 준다는 마음으로 대하는 것이 좋다. 바이어는 수출자를 통해 뭔가 도움을 받기 때문에 계속 관계를 맺고 있는 것이다.

거래 초기에는 남지 않는 가격 협상에도 동의할 수 있다. 일단 거래를 맺고 관계를 형성하면서 제품의 다른 모델을 제안하여 수익을 낼 수 있기 때문이다. 때로는 큰 거래선과 거래를 한다는 홍보용으로 삼을 수도 있다. 이는 전략의 문제로 반드시 당장 수익을 내야 한다는 생각에서 벗어나 좀 더 유연하게 움직일 필요가 있다. 여러 모델이 있을 경우 가성비 있는 모델에서는 바이어의 주목을 끌고 프리미엄 제품으로 수익을 내는 경우도 있다.

간혹 바이어와 지루한 가격 협상을 지속하다가 결국 바이어를 놓치는 경우가 있다. 영업은 바이어와 싸워 이기는 것이 목적이 아니며 협력을 통해 좋은 비즈니스를 만들어 함께 나아가는 것이다. 그리고 바이어는 장기적 관계로 설정해야 한다. 단기간에 손해가 있더라도 장기적으로는 큰 이익을 내는 경우도 있음을 배제하지 말아야 한다.

그리고 가격 협상 시에는 '이익의 극대화'보다는 '통합적' 마인드를 가져야 할 필요가 있다. 이익의 극대화 마인드는 자신이 이익을 얻는 만큼 상대방이 손해를 입는 윈로즈(Win-Lose) 게임이다. 그래서 상대방을 강하게 압박하고 공격적으로 대하며 정보 노출을 꺼리고 거짓말로 현혹한다.

하지만 통합적 마인드는 공동 이익을 극대화하는 것이 목적인 윈윈(Win-Win) 게임이다. 그래서 협력적이고 유연하게 접근하며 정보를 서로 공유하여 창의적으로 결론을 내린다. 그리고 가격 자체에만 매몰되지 않고 결제 조건, 물량 등을 통합적으로 고려하여 서로 적절한 합의에 따라 어느 일방이 이익을 가져가지 않고 서로 만족한 가운데 협상을 마무리한다. 그래서 서로 만족하면서 장기적인 관계가 가능하고 협상의 방식에 의해 더욱 신뢰감이 높아진다.

여섯째, 그들의 문화에 해박해야 한다. 바이어를 만나기 전에 우선 해당 국가의 문화나 관습을 잘 살펴보아야 한다. 그래서 인사법, 피해야 될 대화 내용, 제스처 등을 숙지해야 한다. 그렇지 않은 경우 상대방에게 오해를 주고 불쾌한 인상을 줄 수 있다. 바이어는 본인이 불쾌하다는 인상뿐만 아니라 사전에 그와 같은 정보를 숙지하지 못한 수출자를 신뢰할 수 없게 된다.

또 찬성과 거절의 표시가 우리나라와 다른 국가가 많기 때문에 자칫 실제보다 너무 긍정적 또는 부정적으로 판단할 수 있다.

코트라(KOTRA) 홈페이지를 살펴보면 각국의 상관습과 문화에 대해 잘 설명하고 있으며 좀 더 자세한 내용을 문의하여 숙지하는 것이 좋다. 해당 대사관에 문의하든지 인터넷 정보를 살펴보는 것도 좋다.

필자는 유대인과 거래를 할 때 유대인에 대한 책을 정독한 다음에 상담에 임했고 거래한 뒤에도 몇 권의 책을 더 읽어 많은 도움을 받았다. 그래서 그들이 피하는 음식과 금기어를 사용하지 않고 선호하는 말을 적절히 사용하여 좋은 인상을 주었다. 그들에 대해 잘 알게 된 결과 이메일을 보낼 때도 참고하게 되었으며, 어떤 문제가 생겼을 때에 상대방의 의도가 무엇인지를 짐작하여 알 수 있게 되었다.

일곱째, 함께 발전하는 관계를 만들어야 한다. 비즈니스는 한쪽의 이익을 위해서만 존재하지 않는다. 쌍방의 이익이 적절히 조화되는 경우에 그 비즈니스는 오랫동안 유지된다. 그래서 자신의 회사만 이익을 보고 어떻게 해서든지 상대방으로부터 이익을 얻어내려고 하는 태도는 건전하지 못하고 장기적 관계를 맺지 못한다.

회사가 어차피 지속 가능하려면 바이어와 장기간 관계를 맺어야 한다. 바이어가 오래 있지 못하고 자주 바뀐다면 매번 새로운 바이어를 찾아다녀야 하고 회사는 바이어 개척에 큰 비용을 치루며 매번 어려움을 겪을 것이다.

그래서 동반 성장하는 바이어가 가장 좋다고 하는 것이다. 함께 발전하는 관계를 맺으려면 자신의 이익보다 상대방의 이익을 먼저 생각해야 한다. 제품을 소개할 때도 해당 제품이 과연 바이어에게 도움이 얼마나 될지를 분석해야 한다. 바이어의 문제가 무엇이고 자신이 그 문제를 어떻게 해결해 줄 수 있는지를 고민하다 보면 여기서 좋은 아이템이 도출되는 것이다.

이는 자신의 이익을 포기하는 것이 아니고 자신의 이익을 잠시 접어둔 상태에서 상대방의 이익 창출에 대한 고민을 우선적으로 하는 것이다. 상대방의 문제를 해결해 주고 이익을 준다면 상대방도 언젠가는 그것을 돌려줄 것이다. 이를 통해 서로 선순환하는 상생하는 관계가 형성된다. 이는 바이어가 먼저 하는 것이 아니라 수출자가 먼저 하는 것이다.

여덟째, 친구나 가족이 되도록 한다. 바이어와 오랫동안 거래를 하는 경우 바이어가 어느 순간 진심으로 친구(friend) 또는 형제(brother) 등으로 부르는 경험이 생긴다. 기분 좋은 일이다. 바이어가 이제는 단순한 거래 관계를 넘어 친한 친구 또는 가족으로 대하는 순간이다. 그동안의 어려운 순간을 극복하고 괜찮은 사이로 발전하게 되어 뿌듯함을 느낀다.

필자도 그러한 호칭으로 불릴 수 있도록 노력한다. 그러한 사이가 되면 바이어는 주문을 하고 선불을 보내면서도 돈을 떼일 걱정을 안 한다. 가끔 실수를 해도 눈감아 준다. 자신의 회사뿐만 아니라 당사의 발전을 위해서도 노력한다. 그야말로 관계가 선순환되는 것이다.

이러한 바이어가 여럿 있다면 회사는 웬만해서는 망하지 않는다. 이러한 관계를 만들기 위해서는 이 파트에서 말하는 것들을 잘 지키는 것이 필요하고, 추가로 자주 전화나 방문으로 교류하는 것이 필요하다. 필자는 가족을 대동하고 가족 단위로 만나고 가정을 방문하거나 초대하는 방법을 사용한다.

한 번은 중동 지역의 당사 에이전트와 그 에이전트를 통해 제품을 구매하는 큰 기업 담당자의 가족들을 중국으로 초대했다. 에이전트 세 가족과 큰 기업 담당자 가족을 모두 합하여 14명이었다. 중국의 세 곳의 외주 공장 방문과 근처 관광을 연결해 10일 정도 일정을 함께 보내면서 가까워졌으며 추후에 큰 계약이 성사될 수 있는 관계를 만들어 낸 경험이 있다.

가족끼리 서로 잘 알게 되면 자연스럽게 친분이 깊어질 수밖에 없다. 가끔 가족 안부도 물으면서 일 이외에도 추가적인 관계를 위한 노력이 필요하다. 어떤 바이어는 이러한 관계가 평생에 걸쳐 지속되고 정말 친한 절친 또는 가족 사이가 된다.

아홉째, 자동 수익 시스템을 만든다. 최소의 노력으로 최대의 효과를 내는 것이 효율이고 비즈니스 운영상의 목표이다. 본인이 큰 노력을 기울이지 않더라도 바이어들로부터 정기적으로 적절한 수익이 있는 주문이 들어오고 결제 리스크가 거의 없어 회사를 운영하는 데에 문제가 없다면 회사 운영을 효율적으로 할 수 있을 것이다.

게다가 관리와 물류 및 A/S 체계가 잘 구성되어 있고, 바이어들과의 업무는 매뉴얼화되어 있어 신규 직원에게 조금만 교육한 뒤에 전담할 수 있다면 요즈음 투자와 관련해 자주 등장하는 낱말과 같이 '자동 수익 시스템'을 만든 것이다.

회사 운영에 적은 시간을 투자하지만 안정적이고 장기적으로 유지가 되는 시스템이 가동되고 있는 것이다. 그리고 이러한 시스템화되어 있는 우량 바이어들이 해외 다수의 지역에 골고루 분산되어 있다면 회사는 지역에 따른 리스크가 완충되며 안정적인 성장을 지속할 수 있을 것이다. 이를 위해서는 위의 8개 바이어 관리 요령과 주의점 그리고 효율적 운영의 마인드가 필요하다.

필자도 어느 순간 우량 바이어들과 더불어 자동 수익 시스템이 구성되었다고 생각하게 되었다. 이와 같이 책을 쓰는 시간이 있는 이유도 이러한 시스템화 덕분이다. 바이어와 절친 같은 관계를 바탕으로 적절한 수익과 생산 준비 기간을 고려한 정기적 주문이 들어온다. 결제는 바이어에게 선금을 받고 외주 생산업체에 후불로 진행되거나 잘 알려진 은행에서 발행한 신용장을 받는다.

공급망은 잘 짜여 있어 물 흐르듯이 이루어진다. 공급망 각 단계의 업체와는 여러 갈등을 해결하고 극복하면서 서로 믿을 수 있는 관계가 되었고 서로 간에 윈윈(Win-Win) 관계가 구축되어 있다. 간혹 발생되는 불량, 납기 지연 등의 오류도 신속히 해결되고 개선되어 바이어 관계에 큰 영향을 미치지 못한다.

　물론 이러한 시스템을 구축하기까지는 많은 노력이 있었다. 처음부터 이러한 시스템을 구축하려고 한 것은 아니었지만 바이어에게 도움을 주고 바이어를 기쁘게 한다는 강한 마음이 우량 바이어를 만들고 업무를 효율화한 것이다.

바이어 관리

1. 누가 큰 바이어가 될지를 모른다
2. 열 바이어 안 부러운 한 바이어를 발굴한다
3. 불만 접수는 기회이다
4. 거만한 태도나 저자세는 피해라
5. 때로는 손해 보는 장사를 하라
6. 그들의 문화에 해박하라
7. 함께 발전하는 관계를 만들어라
8. 친구나 가족이 되라
9. 자동 수익 시스템을 만들어라

CHAPTER 6

수출 환경 변화의 기회

CHAPTER 6

수출 환경 변화의 기회

무역에 변화의 바람이 분다

앞서 2장의 '디지털 적응력은 선택이 아니다' 파트에서 디지털화와 언택트 현상에 대해 언급했다. 디지털 방식의 수출은 높은 수준의 증가를 보여 왔지만 코로나19 팬데믹으로 인해 급속히 증가했으며, 세계적인 위기 가운데에서도 경제의 활력을 선도하고 있다. 역직구(온라인 수출)는 오히려 코로나19 팬데믹 기간 동안에 급격히 증가했으며 지속적인 성장 추세를 이어 나갈 것이다.

중국 최대 쇼핑 이벤트인 광군제(11월 11일) 때에 매년 30% 정도의 증가율을 기록해 시장 1위와 2위를 차지하던 알리바바와 징둥닷컴의 소매 매출은 2020년에는 전년 대비 2배 증가했다. 미국 아마존도 코로나19 팬데믹 기간에 매출이 30% 이상 증가했다. 그동안 언택트 구매에 소극적이었던 소비자들은 코로나19 팬데믹을 맞이하여 새로운 소비문화에 참여하게 되었고 일상으로 돌아간 이후에도 이와 같은 편리한 일상을 버리지 못하고 있다.

마케팅에서도 아날로그를 선호하던 수출 역군들이 바이어들과 대면하지 못하게 되자 디지털 방식을 사용할 수밖에 없게 되면서 자연스럽게 온라인과 빅데이터 및 인공지능(AI)을 사용하게 되었으며 그 효과를 체험하고 있다. 목표 시장을 선정할 때 빅데이터를 활용하여 각종 통계 수치를 분석하고 가장 적합한 시장을 선정하고 있다.

온라인으로 검색 엔진이나 무역 사이트, 엘로우 페이지(Yelleow Page), 콤파스(Kompass) 등을 활용해 경쟁 업체와 바이어를 검색하고 있다. AI는 글로벌 공급망의 불균형과 복잡함을 해결하는 해결사의 역할을 한다. AI에 이용해 품질관리와 공정 프로세스를 개선하여 불확실성에 대비하는 기업들이 늘어나고 있다. 그리고 소매 기업들도 AI 기반의 기술로 창고와 물류 시스템을 혁신하여 효율적인 공급망을 운영하고 있다.

코로나19 팬데믹 환경을 탓하지 않고 적극적으로 활용하는 기업들은 오히려 수출이 늘어나고 있다. 특히, 발 빠르게 온라인 수출과 방역 관련 제품, 가정 인테리어 제품, 친환경 제품을 부각한 기업들은 높은 성장률을 기록하고 있다. 이러한 업체들은 코로나19 팬데믹이 수그러들더라도 계속 효율적인 수출 도구를 장착 및 숙달하면서 점점 경쟁력을 높이고 있다.

이러한 위기 상황에서 크게 흔들리지 않거나 오히려 기회를 잡는 기업들을 살펴보면 조직이 이미 위기관리 능력이 갖추어져 있음을 알 수 있다. 최악의 시나리오를 가정하여 위기 대응 매뉴얼이 만들어져 있으며 평소에 장애물을 극복하는 DNA가 내재되어 있는 것이다.

또 하나 주목할 점은 정보 공유와 인터넷 기술 등 인프라 발전으로 단순 무역 상사의 역할 비중이 점점 낮아지고 있다는 것이다. 이제는 하나의 아이디어 제품을 개발한 1인 기업도 직접 세계 시장에 진출하는 경우를 볼 수 있다. 그래서 중간 수출 역할을 하는 무역 업체의 입지가 많이 좁아진 것이다.

아마존 등의 B2C 온라인 플랫폼이나 알리바바 등의 B2B 플랫폼에 제품을 올려놓고 직접 해외 고객에 대응하는 것이 어려운 일이 아니다. 또 정부가 주관하는 전시회에 저렴한 비용으로 참가하여 직접 바이어를 개척하는 것도 어려운 일이 아니다.

물론 그 와중에도 수출 대행, 물류, 현지 국가 진출 서비스 등의 역할을 하는 기업들이 있지만 단순히 수출 중간 역할을 하는 모델의 경쟁력은 많이 떨어져 있기 때문에 비즈니스 모델을 수립할 때 이를 참조해야 한다.

그리고 우수한 기술력과 기술 인프라를 보유하고 있는 우리나라 기업들은 높은 기술이 적용된 제품을 직접 개발하는 경우가 많다. 그런데 해외 진출을 통한 안정된 성장의 단계를 뛰어넘지 못하고 내수 위주의 경영으로 성장이 정체되는 경우를 많이 보게 된다. 이러한 경우 성장을 위한 인프라를 제대로 구축하지 못하는 사례가 많다. 개발은 했지만 우수한 제품을 사업화하는 시스템이 없는 것이다.

우수한 제품을 만들었지만 고객의 니즈(needs)에서 벗어나 있거나 시장을 읽고 흐름을 정확히 이해하는 시스템이 부족한 것이다. 개발과 더불어 생산, 마케팅, A/S 망을 갖춘 원스톱 체계화를 구성하지 못한 것이다. 이러한 체계화는 직원이 많다고 반드시 우수한 것은 아니다. 소규모 기업, 특히 1인 기업이라도 외주 협력 업체 및 정부 유관 기관과의 협업을 통해 구축할 수 있다.

본인이 자신 있는 부문 하나만을 가지고 개발, 생산, 마케팅, A/S, 자금 등 자신이 잘하지 못하는 부문은 협력을 통해 하나로 묶는 것이다. 그리하여 해외 바이어가 보기에는 큰 기업 못지않은 업무 체계와 대응 매뉴얼이 구축되어 있으면 안심하고 거래할 수 있다. 이러한 체계화에는 회사 규모가 중요한 것이 아님을 잘 아는 바이어들도 이제는 규모로 판단하지 않는다. 이러한 변화된 무역 환경을 이해하고 적용한다면 글로벌 수출 기업이 되는 것은 요원한 일이 아니다.

해외 역직구 시장을 노려라

디지털 시대에 소비자들이 국경을 넘나드는 크로스 보더(Cross Border) 구매 패턴이 점점 증가하고 있다. 해외 역직구는 해외 직구와 반대되는 개념으로 해외 직구가 온라인을 통한 수입이라면 역직구는 온라인을 통한 수출을 말한다.

우리나라의 역직구 수출이 가파르게 상승하고 있다. 2021년 소기업 온라인 수출액은 약 7억 달러로 2020년에 비해 약 90%나 성장했다. 이는 코로나19 팬데믹으로 인한 수출 창구의 변화에 힘입은 바 크지만 성장 추세는 지속되고 있다.

현재 중소기업의 수출에서 온라인 수출 비중은 1%가 채 안 된다. 그러나 1%의 금액이 10억 달러가 넘고 급격한 성장 추세로 볼 때 머지않아 비중 있는 수출 도구의 역할을 할 것이다. 작은 수출 비중은 그만큼 개척 여지가 많이 있음을 의미한다.

특히, 작은 창업 기업에게는 수출과 더불어 해외 바이어 개척의 효과적인 창구 역할을 하고 있다. 더욱이 최근 K팝, K드라마 등의 한류 열풍으로 미국, 일본, 중국 및 동남아시아를 중심으로 해외 소비자의 화장품, 패션, 한류 스타 상품 위주로 한국 제품의 선호 현상이 두드러지고 있어 이를 잘 활용해야 한다.

    B2C**(기업이 소비자를 대상으로 판매함)** 비즈니스인 해외 역직구는 국내외 온라인 플랫폼을 활용하면 된다. 물론 해외의 기업들도 제품의 소싱을 위해 해당 온라인 플랫폼을 방문하기 때문에 B2B**(기업이 기업을 대상으로 판매함)** 비즈니스도 자연스럽게 이루어질 수 있다.

    또 좀 더 적극적으로 제품을 구매한 고객들 중에서 기업 고객을 선별하고 조사하여 B2B 바이어가 될 수 있는 구매자에게 연락하는 것도 역직구를 활용한 좋은 B2B 바이어 개척 방법이다.

    국내 온라인 플랫폼에는 지마켓, 11번가, 인터파크 등이 있는데 해외 소비자에게 판매할 수 있는 프로그램을 운영하기 때문에 플랫폼 입점 시에 해외 판매도 동시에 선택하면 된다. 보통 플랫폼에서 해외 홍보와 고객 응대 및 배송을 대행해 주기 때문에 해외 주문이 들어오면 플랫폼 국내 물류 센터로 배송만 하면 된다. 통상 플랫폼에서 판매가의 약 4~5%의 수수료를 받는다. 플랫폼은 전 세계 언어로 서비스가 되므로 대부분의 해외 소비자는 언어 장벽이 없이 국내 판매자의 제품을 구매할 수 있다.

    B2C 해외 온라인 플랫폼은 국가별 및 지역별로 많은 사이트가 있다. 다음은 해당 지역의 대표적인 플랫폼이다.

해외 B2C 온라인 플랫폼

미국	아마존(Amazon), 이베이(ebay), 엣시(Etsy)
일본	라쿠텐(Rakuten), 아마존 일본(Amazon Japan)
중국	타오바오(Taobao), 티몰(Tmall), 징둥(JD), 핀둬둬(Pinduoduo)
동남아시아	쇼피(Shopee), 라자다(Lazada), 큐텐(Q10)
유럽	아마존 유럽(각국 아마존 사이트), 잘란도(Zalando)
호주	이베이 호주(eBay Australia)
기타	중동(Amazon, Haraj, Souq), 남아메리카(Mercadolibre, Yapo), 아프리카(Gumtree, Souq, Avito)

플랫폼은 각각 저마다의 특징을 가지고 있어 목표 시장과 회사의 상황에 따라 적절한 플랫폼을 선택하는 것이 중요하다. 다음은 대표적인 해외 온라인 플랫폼에 대한 설명이다.

아마존(Amazon)

세계 최대 온라인 플랫폼인 아마존은 3억 명의 이용자를 보유하고 있다. 아마존에 입점하면 미국, 일본, 유럽, 인도 등 아마존이 직접 진출한 지역으로 온라인 진출을 할 수 있다.  아마존은 한국 판매자를 위한 자동 번역 서비스를 별도로 마련하고 있어 더욱 쉽게 제품을 전 세계 소비자에게 판매할 수 있다. 신용카드와 여권 및 은행 계좌를 구비하면 누구나 판매자로 입점할 수 있다.

입점 수수료는 일반 판매의 경우 판매 제품 품목당 매월 0.99달러이다. 10개의 제품을 등록하면 9.9달러를 지불하면 된다. 40개 이상의 품목을 등록하는 경우에는 프로페셔널 계정을 신청하여 매월 39.99달러로 품목 수에 관계없이 무한정 등록이 가능하다. 판매 수수료는 높은 편으로 평균 15% 정도이다.

그리고 해외 B2B 고객에게 판매하기를 원한다면 비즈니스 계정에 등록하여 수량 할인과 비즈니스 스토리를 설정하여 전 세계의 기업들에게 제품을 판매할 수 있다. 아마존은 진출한 여러 주요 국가에서 최대 온라인 플랫폼의 지위를 가지고 있고, 미국과 같은 하나의 국가에 계정이 있는 경우 다른 국가로 확장하는 것은 간단하다.

해외 배송은 직접 해외 고객에게 배송할 수도 있고 아마존이 진출한 국가의 물류센터를 이용하면 신속하고 편리하게 배송할 수 있다. 해당 국가의 아마존 물류창고에 제품을 보관해 놓고 주문이 들어오면 바로 배송해 주고 반품 처리도 대행해 주는 서비스이며, 이를 '풀필먼트 서비스(Fulfillment Service)'라고 한다.

아마존 판매자들은 상표 보유 유무에 따라 구분되는데 미국을 비롯한 해당 국가에 상표 등록이 되어 있는 판매자는 자신만의 고유 브랜드 숍(Shop)을 개설하여 지속적으로 브랜드 가치가 상승할 수 있고 고객 신뢰도를 높일 수 있기 때문에 먼저 상표를 등록할 것을 추천한다.

이베이(eBay)가 판매자 위주의 플랫폼이라면 아마존은 철저한 소비자 위주의 플랫폼이다. 그래서 판매자 정책이 좀 더 까다로운 편이고 소비자 편이가 많이 반영되어 있다.

또 국내 네이버(Naver) 쇼핑은 최저가 위주의 경쟁을 하며 다수 판매자의 다양한 상품 페이지가 노출된다. 반면에 아마존은 기존에 판매되고 있는 동일한 상품을 판매하려면 기존 판매자의 상품 페이지를 공유해야 한다. 그래서 하나의 상품에 누군가가 최초로 등록한 하나의 상품 페이지만 노출이 가능하다는 특징이 있다. 물론 가격이나 다른 고유의 정보는 다르게 노출된다. 그러므로 기존 아마존에서 팔리고 있는 동일한 제품을 판매하려면 독립적인 문구와 마케팅을 사용할 수 없다.

그러므로 신규 셀러가 가격적인 우위가 없는 경우에는 동일하지 않은 제품을 가지고 독자적 마케팅을 펼쳐 고객들의 주목을 받을 필요가 있다.

이베이(Ebay)

이베이는 아마존과 쌍벽을 이루는 거대 글로벌 플랫폼이다. 아마존의 판매 중에서 95%가 미국에 편중되어 있지만 이베이는 미국 이외의 비중이 약 70%이고 216개 국가에 고루 퍼져 있다.

또 아마존이 은행 계좌 개설과 화상 미팅을 통해 까다롭게 판매

자를 선정하는데 비해 신용카드와 신분증 및 이메일만 있으면 누구나 판매할 수 있도록 진입 장벽을 낮게 유지하고 있다. 그리고 판매 규정이 좀 더 유연하여 판매자가 더욱 자유롭게 판매 활동을 진행할 수 있다. 판매 수수료는 역시 높은 편으로 약 13~14%이다.

이베이는 초기에 경매 방식의 플랫폼이었던 태생적 환경으로 인해 여전히 경매 방식의 판매 방식도 있다. 경매를 하여 최고가 입찰자에게 낙찰되는 구조로 전체 판매의 약 10%가 경매 방식으로 이루어진다.

이베이는 다양한 국가의 시장에 구매자들이 골고루 퍼져 있어 악성 재고를 필요로 하는 구매자가 있을 가능성이 크므로 재고 처분에 유리하며, 전 세계인의 시장 반응을 신속히 알아보아 제품 개선에 즉각 반영할 수 있는 등 장점이 많다.

엣시(Etsy)

미국의 엣시(Etsy)는 핸드 메이드 제품을 취급하는 온라인 플랫폼으로 수공예 제품을 만드는 업체라면 등록해 판매하면 관련 제품을 선호하는 미국을 비롯한 전 세계 고객들의 주문을 받을 수 있다.

라쿠텐(Rakuten)

일본의 라쿠텐(Rakuten)은 대표적인 일본의 온라인 플랫폼으로 계약 기간을 연간으로 하여 계정을 개설한다. 개설 비용 약 10만 원과 제품이 판매되었을 경우에 금액에 따라 판매 금액의 3.5~7%의 수수료를 받는다. 아마존과 이베이에 비해 저렴한 판매 수수료이며, 등록이 가능한 제품은 5,000개이다.

더 많은 제품을 등록하고자 하면 다른 옵션을 선택하는 것이 유리하다. 개설 비용은 약 50만 원이고 수수료는 2~4.5%이며, 제품을 1만 개 등록할 수 있는 옵션이 있다. 그리고 개설 비용은 약 100만 원이고 수수료는 2~4.5% 수수료이며, 상품을 무한정 등록할 수 있는 옵션도 있다.

라쿠텐은 일본 내에 주소가 있어야 한다. 그래서 일본에 현지 사무소를 세우든지, 국내 대행사를 통해 판매해야 하는 번거로움이 있다. 하지만 일본 인구(1억 명 이상) 만큼의 회원을 보유한 사이트이기 때문에 일본 시장에 진출하는 경우에 매우 유용하게 활용할 수 있다. 근래 한류 영향으로 한국 식품과 화장품 등의 인기가 계속되고 있다.

타오바오(Taobao)

회원 수 약 6억 명을 보유한 중국의 대표적인 온라인 플랫폼이다. 입점과 판매 수수료가 없고 광고가 필요할 때에만 광고 수수료를 내면 되는 온라인 플랫폼이다. 그러나 초기 진출 업체는 광고를 진행하지 않으면 초기 화면에 노출되지 않기 때문에 광고료에 대한 예산을 고려해야 한다.

타오바오에서 제품을 판매하려면 중국 휴대폰 번호를 등록해야 한다. 중국 휴대폰 번호를 위해서는 중국 현지에서 여권으로 은행에 계좌를 개설하고 모바일 상점(스마트폰 대리점)에서 신청하면 된다.

판매자 입점 장벽이 낮아 경쟁이 치열하여 소비자와의 커뮤니케이션을 잘해야 한다. 중국 소비자는 구매하기 전에 모바일 문의가 많은 경향이 있으므로 실시간 대응이 필요하다. 타오바오는 소비자 상품평으로 점수를 매겨 판매자 등급을 부여하고 판매에 막대한 영향을 미치며 소비자 불만이 많아져 한도를 넘는 판매자는 퇴출당할 수 있다.

티몰(Tmall)

티몰(Tmall)은 약 200만 명의 판매자가 입점해 있으며, 중국을 비롯한 전 세계 약 2억 5,000만 명의 바이어가 등록되어 있다. 개인도 입점이 가능

한(C2C) 타오바오에 비해 인증된 사업자만이 참여할 수 있는 B2C 플랫폼이다. 입점이 까다로운 편이지만 티몰 글로벌(Tmall Global)에 글로벌 셀러로 입점하면 한국에 사업자가 있어도 입점이 가능하고 상대적으로 입점 조건도 덜 까다롭다.

하지만 입점 방식에 따라 약 1,000~3,000만 원의 보증금이 소요된다. 물론 이 보증금은 계정을 탈퇴할 때 돌려받는다. 수수료는 판매 금액 대비 약 5%이고 광고를 할 경우에 별도 수수료가 있다.

티몰 글로벌의 장점은 인증된 사업자만이 판매하기 때문에 짝퉁 제품 구매의 위험성이 적어 소비자들의 신뢰도가 높다. 그리고 중국으로 수출할 때에 받아야만 하는 위생 인증과 식품 유통 허가를 받지 않아도 된다는 장점이 있다. 그래서 일부 회사는 직접적 수익보다는 중국 시장에 본격적으로 진출하기 전에 인지도를 높이기 위해 티몰 글로벌에 입점하는 전략을 사용하기도 한다.

쇼피(Shopee)

쇼피(Shopee)는 월간 약 3억 5,000만 명이 방문하는 동남아시아 시장 최대의 온라인 플랫폼이다. 개인 간 거래인  C2C로 시작하여 현재는 사업자용 B2C도 서비스하고 있다. 국내에 쇼피 코리아(Shopee Korea) 현지 법인이 있고 한국어 서비스를 하고 있어 입점과 물류, 결제 등의 모든 서비스를 원스톱으로 지원받을

수 있다.

현재 싱가포르, 말레이시아, 베트남 및 필리핀의 동남아시아와 대만, 브라질 및 멕시코에도 플랫폼이 개설되어 있다. 본사가 있는 싱가포르나 필리핀, 말레이시아 중에서 한 곳에만 최초 계정을 등록할 수 있지만 최초 계정을 등록한 뒤에 다른 국가에 빠르게 진출하는 신속 확장 전략이 적절하다. 마켓 확장을 신청하면 태국, 베트남, 대만, 브라질 및 멕시코로 판매 지역이 자동으로 확장된다.

또 패스트 큐레이션(Fast Curation) 서비스를 사용하면 싱가포르 한 곳의 입점으로 쇼피에서 3개국(말레이시아, 필리핀, 베트남)에 자동으로 등록해 주는 기능도 있다. 물론 초기에는 인지도를 위해 광고해야 하며, 사이트에 광고 요령이 동영상으로 게재되어 있으므로 반드시 살펴보아야 한다.

특히, 배송은 쇼피의 한국 물류센터에만 보내면 알아서 해외 배송을 해 준다. 쇼피는 구매자가 결제한 뒤에 물품 대금을 빠르게 수령(3~4일 소요)할 수 있고 판매 수수료(3%)가 아마존과 이베이에 비해 많이 낮아 수익 구조상으로는 상대적으로 수익률이 높다.

한류의 가장 큰 영향권에 있는 지역이므로 K뷰티, K팝, K푸드 등이 유망한 아이템이다. 2022년 '11월 11일' 빅세일 행사에서 한국 셀러의 제품이 뷰티, 취미(K팝 기획 상품), 헬스, 식품, 홈앤리빙 제품 순으로 많이 판매되었다.

이상으로 대표적인 B2C 해외 온라인 역직구 플랫폼을 알아보았고 역직구 수출도 수출 실적을 인정받아 당당히 수출 기업이 되는 것이다. 게다가 수출은 영세율이 적용되어 부가세를 환급받을 수 있다.

그리고 또 하나 중요한 것은 온라인 수출을 통해 기업과 제품을 홍보함과 동시에 해외 기업으로부터 대량 주문을 받을 수 있다는 것이다. 소비자는 다양한 산업에 소속되어 있는 사람들이 많고 기업에서 시장조사를 위해 플랫폼에 접촉하는 경우도 많다. 그래서 대량 주문의 문의나 자신의 지역에 수입할 수 있는지를 문의하는 경우가 있다.

필자의 경험에 따르면 처음 역직구를 하려는 중소기업에게는 아마존을 추천한다. 판매 수수료가 높고 입점 절차가 조금 까다롭지만 미국, 유럽 등은 저가격 위주의 시장이 아니므로 제조업체이거나 제조업체로부터 저렴하게 납품을 받아 충분한 수익 구조를 만들어 도전할 수 있을 것이다.

특히, 차별화된 제품으로 해당 시장에 상표를 등록하고 브랜드 숍을 만들어 감동 스토리를 고객에게 전달하면 가격을 낮추지 않고도 큰 매출을 일으킬 수 있다. 상표 등록은 고객의 신뢰와 더불어 상표 침해를 예방하는 역할을 하므로 본격적인 해당 시장 개척을 하는 업체라면 필수라고 할 수 있다.

또 브랜드가 한 번 온라인 시장에 정착하게 되면 업그레이드된 유사한 제품을 출시하고, 이후에 제품을 확장하여 온라인 수출로만 글로벌 수출 기업을 만들 수 있다. 이러한 소규모 또는 1인 기업들의 성공 스토리를 종종 찾아볼 수 있다.

반면에 동남아시아 시장 위주의 쇼피는 판매 수수료는 작지만 저가 위주의 시장이기 때문에 중국 등의 저렴한 경쟁국과 치열한 가격 경쟁을 해야 하는 단점이 있다. 하지만 동남아시아 시장을 공략하는 것이 목적이라면 일정 기간 수익을 희생하면서 홍보를 통해 브랜드를 알리든지, 아니면 확실한 가격 경쟁력을 갖추어야 할 것이다.

그러나 쇼피의 2022년 현황을 살펴보면 고품질 제품에 대한 판매가 늘어나는 추세에 있기 때문에 퀄리티가 높은 고가격도 서서히 경쟁력이 증가하고 있는 추세이다.

그럼 역직구 수출을 위해 알아두어야 할 것은 무엇인지 알아보자. **첫째, 역직구를 할 때는 해당 시장의 특성에 대해 잘 숙지하고 있어야 한다.** 특히, 관세와 온라인 수입 규제, 우대 정책을 잘 살펴보아야 한다. 시장이 아무리 매력적이더라도 자신의 아이템에 대한 관세가 높고 규제 정책이 있다면 제고해야 한다. 또 환율을 고려하여 예측하고, 해당 국가의 화폐로 결제를 받는 경우에는 화폐 안정성에 대해 더욱 고려해야 한다. 아마존에서 받은 달러는 기축 통화로서 좀 더 안정적이지만 중국 타오바오(Taobao)에서 받은 중국 위안화의 가치가 급격히 하락하면 수익에 큰 영향을 미친다.

둘째, 아이템 선정을 잘해야 된다. 우선, 당연히 온라인으로 배송이 가능하고 추가 배송비가 많이 들지 않는 작은 무게와 부피의 아이템이 좋다. 특히, 아마존 풀필먼트(Fullfilment) 서비스에서는 일정 부피와 무게 이상의 물품은 배송비의 차이가 많이 발생한다.

현재 가지고 있는 아이템에 맞는 플랫폼에 입점할 수도 있지만 온라인 플랫폼을 위한 아이템을 기획해 보는 것도 좋다. 온라인 플랫폼 입점으로 큰 비즈니스가 창출되는 사례를 적지 않게 보게 되기 때문에 단순히 좋은 제품을 소개하면 무조건 많이 팔릴 것이라고 예상해서는 안 된다. 큰 사업 기회가 되고 진입 장벽이 낮다는 것은 치열한 경쟁의 장이라는 것을 말한다. 자신이 좋은 아이템을 가지고 있다고 생각한다면 플랫폼에 더 좋은 아이템이 있다는 것을 예상해야 한다.

전 세계의 판매자가 몰려 있는 유명한 온라인 플랫폼에서는 단순히 가격이 저렴하더라도 잘 팔리지 않는다. 물론 경쟁 제품보다 훨씬 저렴하다면 가능하겠지만 이는 쉽지 않고 수익성을 포기해야 할 수도 있다.

참고로 수익 구조는 일반적으로 다음과 같다.

판매 수익 = 판매가 - 제품 원가 및 비용(제품 원가 또는 구매가 + 해외 배송비 + 해외 PG 수수료 + 판매 수수료 + 광고비)

(광고비 = 총 광고비 / 판매 수량)

가끔 국내 판매자 중에 국내 온라인 플랫폼에서 저렴하게 제품을 구매하여 그대로 해외 플랫폼에 판매하는 경우가 있다. 그런데 이 경우 수익이 있다면 해 볼 수는 있지만 그렇게 단순하게 접근하게 되면 고객들의 선택을 받지 못할 가능성이 크다.

추천하는 방법은 무조건 저렴하게 플랫폼에 올려놓는 것보다는 스토리를 만들어 내는 것이다. 자신의 가게만의 진정성 있는 스토리가 고객에게 감동을 주면 충성 고객을 만들 수 있다. 그 고객은 자신의 가게를 찜해 놓고 구매하며 지인들에게 구전하는 등 자진하여 영업 사원이 된다. 이러한 스토리는 단기간에 구전까지 이어지지는 않는다. 그래서 해당 스토리에 맞는 실천을 통해 고객의 마음을 사로잡아야 한다.

예를 들어 어린이 용품을 판매하는 경우 자신의 자녀를 키우면서 아쉬었던 점을 사업화하여 다른 엄마들을 돕는다는 스토리가 가능할 수 있다. 이러한 경우 정말 아이들을 위한 제품 구성이 되어야 하고 고객 응대나 반품 등 소비자 만족에 최선을 다해야 한다. 나아가 어려움에 처한 어린이를 후원하는 활동을 한다면 소비자는 그 스토리가 마음에 와 닿고 충성 고객이 되며 자발적 영업 사원이 된다.

그리고 아무래도 브랜드 스토리를 만들고 수익 구조를 자유롭게 설계하기 위해서는 자체 제조한 상품이 유리할 것이다. 아니면 제조업체와 독점 계약을 통해 동일 상품의 경쟁을 배제한 상태를 만들면 된다.

OEM으로 주문하여 자체 브랜드를 만들어도 될 것이다. OEM은 일정 규모의 수량이 보장되어야 제조업체가 허락하기 때문에 수요 예측과 재고관리 계획을 잘 세워야 한다. 아마존의 경우 풀필먼트 서비스를 활용하면 중국과 같은 해외에서 제조한 물품을 곧바로 아마존 미국 물류센터에 보낼 수 있으므로 재고 보관에 대한 문제를 해결할 수 있다. 특히, 풀필먼트 서비스를 통해 개별 포장, 택배 라벨링, 반품 등의 서비스도 제공해 주므로 약간의 수수료를 부담하고 편리하게 상품관리를 할 수 있다.

무엇보다 경쟁자의 진입문을 활짝 열어 놓고 온라인 가게를 연다면 언제라도 자신의 노력이 수포로 돌아갈 여지가 있음을 알아야 한다.

또 한국 시장에서의 인지도가 중요한 자원이라는 것을 알아야 한다. 해외의 소비자는 귀신같은 솜씨로 지금 보이는 상품이 한국에서 어떤 인지도가 있는지를 안다. 그만큼 구매할 때 고민을 많이 한다는 의미이다. 최근에는 몇 단계만 거치면 해당 상품에 대한 그 국가에서의 브랜드 위치 정도는 알 수 있기 때문이다. 그래서 한국에서의 인지도를 높인 이후에 해외 역직구 시장에 진출하는 것도 좋은 전략이다. 이는 일반적인 해외 진출 절차와 동일한 맥락이다. 물론 이는 필수적인 것이 아니라 가능한 한도 내에서 더 좋다는 의미이다.

또 하나 알아두어야 할 것은 아이템에 따라 판매할 플랫폼을 잘 선정해야 한다는 것이다. 예를 들어 미국 시장을 타깃으로 한다면 아마존이 가장 좋은 선택지이다. 그러나 아이템이 한류 상품이고 미국 소비자보다는 동남아시아 소비자가 좋아하면서 가격 경쟁력이 있다면 동남아시아 중심의 판매 수수료가 낮은 쇼피가 우선적으로 진출할 지역일 것이다.

만일 남아메리카와 아프리카 시장을 타깃으로 한다면 우리가 익히 들어 보지 못한 로컬 플랫폼이 해당 지역의 고객들이 주로 이용하기 때문에 그 플랫폼에 입점해야 한다. 그리고 전 세계인의 다양한 반응을 알려고 하거나 재고 처분을 하려면 가장 유용한 것이 이베이이다.

셋째, 관리 및 홍보 방법을 잘 선택해야 한다. 국내 온라인 플랫폼과 마찬가지로 해외 온라인 플랫폼도 광고 등의 마케팅이 필요하다. 온라인 플랫폼 안에서의 광고는 키워드 등 유료 광고와 플랫폼 최적화, 그리고 쿠폰, 할인 등의 프로모션(Promotion)이 있다. 플랫폼에 초기 진입하는 업체는 광고비 예산을 편성하여 플랫폼 안에서 유료 광고를 하여 자신을 알려야 한다.

또 플랫폼 최적화란, 플랫폼을 잘 이해하고 그에 알맞게 최적화하는 것을 말한다. 플랫폼 안에서의 복합적인 시스템을 숙지하고 적절히 활용해야 할 필요가 있다. 온라인 플랫폼은 입점자의 스토어 구성, 적절한 키워드, 상품 목록 등을 고려하여 제품이 상위에 노출되도록 설계되어 있기 때문에 제목, 상품 설명 등을 플랫폼이 원하는 방식으로 잘 구성해야 할 필요가 있다.

그리고 보통 판매량이 상위 노출에 많은 영향을 미치기 때문에 초기부터 수익을 올릴 것인지, 아니면 수익을 포기하고 판매량을 우선 올려 상위에 노출할 것인지를 전략적으로 선택해야 한다.

많은 고객이 특정 상품에 대해 검색할 때 한두 페이지를 넘어서기 전에 구매 결정을 한다는 것을 생각하면 초기에 수익만 생각하다가는 노출이 안 되어 판매가 전혀 이루어지지 않을 가능성도 있다(최적화에 대해서는 다음 파트인 '검색 엔진의 상위 노출'을 참조한다).

그리고 독립적인 홈페이지를 만들고 구글(Google) 등의 검색 엔진에 등록하여 소비자가 검색할 때 발견되도록 하여 신뢰감을 주는 것이 좋다. 여유가 있는 업체는 인지도 향상을 위해 인플루언서(Influencer) 마케팅을 통해 해당 시장의 현지 유튜버나 블로거 등을 통해 홍보하는 것도 좋다.

또 소비자가 구매할 때 제품 후기를 가장 중요한 정보로 보기 때문에 후기관리를 잘해야 하며, 이를 위해 제품의 품질과 고객 대응에 만전을 기울여야 한다. 이를 무시하고 진입하는 경우 시작하기도 전에 블랙리스트 가게가 되어 이후에 아무리 좋은 상품을 소개하더라도 소비자들이 믿지 않을 수도 있다.

검색 엔진(플랫폼)의 상위 노출

검색 엔진 최적화(Search Engine Optimization)란 구글, 네이버 등 검색 엔진의 알고리즘(규칙, 시스템)에 맞게 웹사이트에 맞추어 검색 결과에서 상위에 노출되도록 하는 작업을 말한다. 검색 엔진이 선호하는 방향으로 사이트를 개선하는 것이다. 이는 키워드 등의 유료 광고로 효과를 보는 것이 아니라 웹사이트를 제작할 때 검색 엔진에 잘 노출되도록 적합하게 제작하는 것이다.

여기서는 해외 대부분의 국가에서 가장 많이 사용하는 구글 검색 엔진의 최적화에 대해 이야기한다. 하지만 다른 검색 엔진들도 기본적인 내용은 유사하다.

상위 노출은 모든 온라인 마케팅을 하는 기업들에게 가장 중요한 목표이다. 구글 검색 엔진에서 소비자가 검색을 위한 단어를 검

색 엔진에 입력하면 검색 결과의 최상단에 보이는 1위를 클릭하는 비율이 30%가 넘고, 1~3위는 75%, 1~10위는 97%이다. 이는 3%의 소비자만이 10위가 넘어가는 검색 결과를 클릭한다는 의미이고 상위 노출이 얼마나 중요한지를 보여 주는 것이다. 홈페이지에 아무리 많은 자금을 투입하더라도 소비자 검색에서 노출되지 않는다면 무용지물이 될 것이다.

구글 검색 엔진의 상위에 자연스럽게 노출된다는 것은 또한 소비자에게 신뢰 있는 사이트임을 보여 줄 수 있으며, 광고 방식에 따른 노출보다 더 믿음을 준다. 구글에서 검색했을 때 '광고'라고 표기된 사이트를 보게 된다. 이는 구글 유료 광고를 통해 노출되는 것으로 상위에 노출되어 있다면 적지 않은 비용이 소요된 것이다. 그러나 고객은 검색할 때 광고라고 표시되어 있는 사이트보다 자연스럽게 노출되는 사이트를 선호하는 경향이 있다.

SEO에 따른 자연스러운 노출은 키워드 광고 등 유료 광고에 따른 노출보다 30%(B2C 사이트)에서 100%(B2B 사이트)까지 더 비용 대비 효과가 높다. 그리고 검색 로봇(인터넷을 돌아다니면서 자동으로 방대한 웹사이트 정보를 데이터베이스화하여 검색 엔진이 정한 규칙대로 검색 결과로 보여 주는 검색 엔진의 프로그램)의 활동으로 자연스럽게 클릭이 점점 많아지면 더 순위가 상승하고 상대적으로 투입되는 비용이 적어지는 선순환이 일어난다. 대기업이나 국가기관들이 검색 엔진 최적화에 공을 들이는 이유이다.

다른 검색 엔진들과 같이 구글은 구글봇(Googlebot)이라는 검색 로봇이 링크를 따라 웹사이트를 방문하면서 정보를 수집하고 저장한다. 소비자가 원하는 정보를 찾기 위해 검색 엔진에 키워드를 입력하면 검색 엔진은 저장된 자료를 바탕으로 가장 적합한 웹사이트 순서대로 페이지가 노출된다. 검색 엔진 최적화는 구조 최적화(On-Server SEO), 내부 최적화(On-Page SEO), 외부 최적화(Off-Page SEO)로 구분한다.

구조 최적화(On-Server SEO)

서버 단위에서 최적화를 하는 것으로서 웹사이트 주소(URL) 체계, 속도 및 서버에서의 규약 준수, 형태 최적화 등을 하는 것이다. 주소 체계가 제대로 구성되어 있는지, 디자인은 규정된 형태대로 했는지, 깨어진 링크(클릭하면 외부 사이트로 연결)가 없는지, 스마트폰에서도 보는 데에 문제가 없는지 등을 점검할 필요가 있다.

내부 최적화(On-Page SEO)

웹페이지의 제목, 설명 문구, 키워드의 밀도, 키워드의 강조 등 콘텐츠를 최적화하는 것이다. 검색 엔진이 주목하여 선택할 수 있도록 주요 키워드를 반복적으로 삽입하고 강조하며, 무조건 많은 단어보다는 검색 로봇이 좋아하는 적절한 단어 수로 조절(제목은 80자 이하, 설명은 250자 이하)하는 것도 필요하다. 그리고 노출될 키워드는 설명에서 앞쪽에 배치하며 서체와 폰트 사이즈 등으로 강조하는 것도 좋다.

외부 최적화(Off-Page SEO)

외부에서 링크를 통해 웹사이트로 유입되는 것을 최적화하는 작업으로 가장 비중이 있는 작업이다. 다른 검색 엔진, 디렉토리, 뉴스 사이트, 소셜 미디어 등의 링크를 통해 유입되며, 신뢰할 만한 소스로부터의 유입을 검색 엔진은 선호한다. 그래서 유명 사이트나 소셜 미디어에 글이나 정보를 올리고 이를 접한 소비자가 자연스럽게 웹사이트로 유입되도록 한다.

소셜 미디어는 페이스북(Facebook), 트위터(Twitter), 링크드인(Linkdin), 유튜브(Youtube), 핀터레스트(Pinterest), 인스타그램(Instagram)이 검색 엔진이 선호하는 사이트이다.

이상으로 SEO에 대해 알아보았으며, SEO를 처음 알게 된 독자라면 조금 복잡해 보일 수 있지만 여러 번 읽고 궁금한 사항이 있다면 구글 홈페이지에서 '구글 검색 센터'에 들어가면 'SEO 기본 가이드'에 자세히 설명해 놓았다. 이러한 가이드에 따라 현재 구축한 웹사이트나 신규 웹사이트를 제작할 때 차근차근 따라하면 된다.

amazon SEO

 또 전 파트에서 해외 역직구를 위한 아마존 등의 온라인 플랫폼에서의 최적화는 플랫폼 자체적인 상위 노출 알고리즘(최적화 프로그램)이 있기 때문에 해당 플랫폼에서 설명해 놓은 최적화 프로그램을 잘 숙지하여 적용해야 해당 플랫폼에서 자신의 상품이 상위에 노출될 수 있다.

 참고로 최근에는 유튜브와 같은 비디오 사이트를 통한 유입이 폭발적으로 증가하고 있으므로 유튜브와 관련된 콘텐츠를 올리고 웹사이트 링크를 하여 그 기회를 살리는 것이 좋다.
 유튜브도 유튜브 사이트 안에서 구글 검색 엔진과 동일하게 제목, 설명문 등의 내부 최적화와 외부 링크를 통한 외부 최적화를 하여 유튜브 상위에 노출되도록 프로그램화되어 있기 때문에 유튜브 플랫폼 자체의 최적화(Youtube Optimization)를 숙지하여 적용하는 것이 매우 유리하다.

하지만 구조 최적화와 일부 내부 최적화는 전문적인 지식이 필요하므로 별도의 교육을 받기를 추천하며, 시간을 아끼기 위해 외부 전문가의 도움을 받는 것도 좋은 방법이다. 외부 전문가의 도움을 받되 최소한 여기에 있는 내용을 숙지한다면 혹시 모를 전문가의 잘못된 조언으로부터 회사를 지킬 수 있다. 간혹 회사의 무지함을 이용해 수수료만을 목적으로 적당히 처리해 주는 대행사가 있기 때문에 노파심에서 지적하는 것이다. 그리고 최적화 작업이 끝나면 구글 홈페이지나 플랫폼에 접속하여 노출 정도를 확인하여 잘못된 부분이 없는지를 확인하는 것이 필요하다.

또 SEO와는 약간 다른 내용이지만 구글 유료 광고(Google Ads)를 하면 다른 검색 엔진에도 있는 기능이지만 사용자에게 여러 가지 다양한 마케팅 툴을 제공한다. 그중에 구글 트렌드(Google Trend)는 관심 지역(국가)에서 인기가 있거나 급상승하는 검색어를 카테고리별로 알 수 있어 지역별 트렌드를 수집하여 마케팅에 활용할 수 있다.

구글 애널리틱스(Google Analytics)는 광고의 효과를 분석하는 툴이기 때문에 자신의 홈페이지에 방문한 방문객 수와 체류 시간 및 방문 페이지가 나타나며, 방문자의 지역과 관심 분야까지도 알 수 있다.

구글 서치콘솔(Google Search Console)은 웹사이트의 실적과 오류를 개선하는 툴로 웹사이트의 사이트 실적(키워드 광고 실적), 사이트 오류

분석 등 웹사이트가 구글에서 얼마나 잘 운영되는 지를 보여 주어 어떤 개선이 필요한지를 알 수 있게 해 준다. 유료 광고를 하게 되면 해당 툴들이 화면에 나타날 것이다. 클릭한 뒤에 들어가 살펴보고 유용하게 활용하기를 바란다.

스마트 워크

　지금의 무역 환경은 중소기업에게는 천국과 같다. 디지털과 네트워크로 무장한 1인 기업도 전 세계를 상대로 비즈니스를 펼치고 있다. 과거에 경쟁력의 원천이던 큰 기업의 조직력이 환경의 변화와 함께 점차 그 힘을 잃어가고 있다. 이제는 소수의 인원으로 몇 백 억 원을 수출하는 회사도 볼 수 있게 되었다.

　작은 회사는 조직력이 취약하므로 이를 대체할 수 있는 방법을 고안해야 한다. 그래서 1인 기업이라도 글로벌 수출 기업으로 자리 잡을 수 있는 시스템을 만드는 것이다. 이것이 여기서 말하는 '스마트 워크'이다. 스마트하게 일하는 것은 영리하게 일하는 것이다. 영리하게 일할 수 있다면 소기업 또는 1인 기업도 글로벌 수출 기업이 될 수 있다.

　우리나라 기업들이 OECD의 다른 국가들에 비해 노동 시간은 높고 생산성은 낮다는 기사를 종종 접하게 된다. 독일은 우리나라보다 30% 정도 적게 일하면서 소득은 30% 정도 높다. 그 이유는 노동 시스템의 차이에서 기인하기도 하지만 기본적으로 많은 시간 회사에 남아 있게 되면 업무의 집중도가 떨어진다는 데에 있다. 특히, 상사나 동료의 눈치를 보며 일하는 습관은 쉽게 없어지지 않는 직장 문화이다. 한마디로 스마트하게 일하지 않는 것이다.

그렇다면 스마트하게 일하려면 어떻게 해야 하는지를 알아보자. **첫째, 유연하고 절제력 있는 마음가짐이 필요하다.** 스마트 워크는 과거에 해 왔던 방식에서 탈피하여 효율적인 새로운 방식을 사용해야 하므로 과거의 고정관념을 깨고 유연한 사고를 해야 한다.

또 전통적인 조직력에 따른 방식을 탈피하는 것이므로 누군가 보고 있지 않아도 맡은 업무에 최선을 다하고 자발적으로 일하는 사고방식이 필요하다. 회사 규모가 작을수록 스스로 책임지고 일하는 마인드가 더욱 필요한 것이다. 이때 절제력이 없으면 시간을 스스로 효율적으로 관리하지 못할 것이다. 시간을 쪼개어 업무를 작게 할당하고 각 업무마다 마감 시간을 정해 두는 것이 하나의 방법이다. 마감 시간이 없으면 해당 업무가 마무리되지 않는 경우가 많기 때문이다.

둘째, 스마트한 업무 계획을 세운다. 일에 우선순위를 두어 긴급하고 중요한 일, 긴급하지만 중요하지 않은 일, 긴급하지 않지만 중요한 일, 긴급하지도 중요하지도 않은 일로 구분하여 적절히 처리하는 방법도 좋다.

이러한 구분에서 가장 중요한 항목이 '긴급하고 중요한 일'인 것처럼 생각된다. 그러나 가장 중요한 것은 '긴급하지 않지만 중요한 일'이다. 이러한 일들은 공급선 다변화, 바이어의 정기 방문, 웹페이지 개편 등 당장 시급하지는 않지만 성장을 위해서는 중요한 일인 것이다. 반면에 '긴급하고 중요한 일'은 바이어 클레임, 운전자금의 부족 등 중요하기는 하지만 어떤 일이 이미 발생되어 해결할 일들이 대부분이다.

그러므로 '긴급하지 않지만 중요한 일' 위주로 집중하여 소홀함이 없도록 하는 것이 필요하고 긴급하고 중요한 일이 가급적 발생되지 않도록 관리하는 것이 좋다. 그리고 가급적 중요하지 않은 일은 사내에서 적절히 위임을 하거나 외부 서비스 업체를 이용해 중요한 업무에 집중하는 것이 중소기업의 스마트 워크이다.

또 하루의 계획은 전날에 세우는 것이 효과적이다. 자기 전에 약간의 시간을 내어 하루를 검토하고 내일 계획을 미리 세우는 것은 머릿속에서 무의식중에 세운 계획에 대한 효율적 행동에 대한 방안을 미리 세우게 되는 효과를 낸다. 의식하지 않아도 인간의 뇌는 입력된 계획에 대한 효율적 실천 방안과 아이디어를 계속 세운다는 것이 뇌과학자들의 공통된 의견이다.

마찬가지로 한 주의 계획은 월요일 아침에 세우기보다 전주에 세우는 것이 효과적이다. 금요일 오후 시간이 한 주를 돌아보며 다음 주 계획을 세우기가 가장 적당하다. 그러면 주말 동안 무의식 세계에서는 다음 주의 업무에 대한 다양한 방안과 아이디어가 자신도 모르는 사이에 세워지게 된다.

그리고 점심시간은 하루의 분기점이 되는 시간이므로 10분 정도 낮잠을 자 두면 잠깐의 휴식에도 오전의 피로가 풀리면서 오후에 새롭게 하루를 시작할 수 있는 효과가 나타날 것이다.

셋째, 스마트한 인사 시스템을 구축한다. 스마트 워크를 위한 마음가짐을 가지는 것은 한계가 있으므로 조직에 스마트 워크를 할 수밖에 없는 인사 시스템을 갖추는 것이다.

인사 평가를 객관화하여 업무 성과와 조직 공헌도 등의 지표를 정하고 실행하여 장시간 자리에 앉아 있는 것이 생산성과 비례하지 않는다는 것을 알게 해 주어야 한다.

또 수평적 조직을 만들어 눈치를 보며 일하는 관행을 없애고 자신의 업무에 집중하는 습관을 만든다. 수평적 조직을 위한 하나의 방법으로 호칭의 변화를 추천한다. 필자의 경험에 따르면 직원들의 호칭을 모두 매니저(manager)로 통일한 결과 위계에 의한 업무 관행이 두드러지게 줄어들게 되었다.

그리고 필요할 경우 다른 사람의 업무를 돕는 것도 주요한 업무 중의 하나임을 인식시켜 다중 지능, 다중 지혜를 모으는 시스템을 만든다. 모든 직원의 업무 스케줄을 공유(구글 캘린더 또는 스케줄을 공유하는 스마트폰 애플리케이션을 사용함)하여 동료의 도움이 필요한 경우에는 적절한 시간과 장소를 미리 서로 정할 수 있도록 한다.

회의 횟수와 회의 시간을 줄이고 꼭 필요한 사람만 참석하도록 한다. 또 회의 안건을 참석자들에게 미리 공지하여 사전에 시간 안배와 발언에 대해 준비하도록 한다.

넷째, 스마트 기기를 활용하여 시간과 비용은 줄이고 성과는 높인다. 스마트폰과 노트북만 있으면 언제 어디서든지 업무가 가능하고 직원 간에 소통을 이어갈 수 있다. 스마트폰의 스케줄 관리 프로그램을 전 직원과 연동해 사용할 수 있고, 누가 어떤 업무를 하는지를 알 수 있다. 작은 회사는 SNS에 전 직원을 묶어 서로 소통하는 장으로 사용할 수 있다. 굳이 회사에 출근하지 않더라도 집에서 화상 시스템으로 부서 회의를 하고 거래처로 곧바로 갈 수 있다. 때로는 가장 지정학적으로 적합한 곳에 있는 공유 사무실(비상주 사무실로 시간당 또는 정기 결제를 하는 임대 사무실)에 필요한 직원들이 모여 회의할 수도 있다.

해외에 출장을 가더라도 스마트 기기만 있으면 지도(Map) 프로그램을 통해 원하는 곳에 갈 수 있고, 웬만한 국가의 언어는 어느 정도 구현이 가능하며 와이파이가 구비된 호텔은 훌륭한 개인 사무실이다. 약간의 절제력만 가진다면 아무에게도 방해받지 않고 오로지 업무에 집중할 수 있다.

스마트 기기는 다이어리의 역할도 한다. 일정을 계획하고 생각나는 아이디어를 즉시 메모하고 저장하며 상담 내용을 녹음도 한다. 필자는 스마트폰의 메모 프로그램에 업무별로 폴더를 만들어 수시로 메모를 한다. 그러면 업무가 짜임새가 있고 놓치는 부분이 없어진다.

다섯째, 외부 협력 네트워크를 구축한다. 작은 회사가 스마트하게 일하려면 외부의 도움이 필수적이다. 회사는 제품을 기획하는 것에서부터 고객이 원하는 곳까지 배송하고 A/S까지 외부의 도움을 받을 수 있다. 그 밖에 제품 개발과 생산 및 마케팅을 외부에 맡기고 고객을 상대하는 영업까지도 외부의 도움이 가능하다. 그래서 회사가 어느 부문에 집중해야 되고 외부의 도움은 어느 부문이 필요한지에 대해 깊은 성찰을 통해 의사결정을 하는 것이 중요하다.

외부 협력을 구성할 때 핵심 자산이 무엇인지를 검토하는 작업이 필요하다. 지식재산권이 있는 기술인지, 해외 바이어인지, 공급망 구성인지를 파악한 뒤에 해당 핵심 자산은 직접 보유하고 나머지는 외부와 협업하는 것이다.

지식재산권이 있는 기술 회사가 일정 기간 영업을 국내외 외부 회사에 맡기고 바이어 개척과 관리를 직접 하지 않을 수도 있다. 자신들은 기술 개발에 집중하고 영업은 다른 회사가 전담하면서 동반 성장하는 것이다.

해외 영업망이 핵심 자산인 회사는 국내외 기술 위주 제조업체와 협업해 전체 또는 특정 시장에 한하여 독점적으로 영업을 맡을 권리를 취득할 수도 있다. 또는 R&D 전문 업체와 협업하여 개발을 외주로 진행할 수도 있다.

여기서 필요한 것은 협력 업체와의 신뢰성이다. 또 계약서를 통해 업무의 범위와 책임 및 권한을 명확하게 문서상으로 정하는 것이 필요하다. 좋은 관계로 출발했으나 문제가 발생하는 경우가 종종 있고, 계약서 때문에 일방이 함부로 못하는 경우가 있기 때문이다.

근래에는 프리랜서가 일반화되고 고급 인력이 많기 때문에 적절히 활용한다면 비용과 관리 시간을 적게 들이고 최고의 인재와 일할 수 있다. 자신이 원하는 기간에 적합한 인재를 골라 사용할 수 있기 때문에 작은 기업에게 좋은 환경이다. 프리랜서와 좋은 관계를 유지하면서 필요할 때에 도움을 받는다면 회사 운영에 큰 도움이 될 것이다.

해외 시장을 개척하거나 바이어를 관리할 때에도 회사의 사정에 따라 국내 무역회사나 컨설팅 회사를 활용하는 것도 나쁘지 않다. 거래처가 많아지고 경험이 축적되면 직접 해외 인력을 고용해 해외 사업을 이어 나갈 수 있을 것이다. 그리고 특정 시장에 현지 에이전트(Agent)를 두어 자신을 위해 시장을 개척하고 관리하도록 하면 비용을 줄이고 효율적으로 일할 수 있을 것이다.

또 고객과 소비자를 의사결정에 참여시키는 것이다. 이를 '오픈 이노베이션(Open Innovation)'이라고 한다. 고객과 소비자를 회사에 초대하여 품평회를 하거나 SNS를 통해 서로 정보를 공유하고 회사의 신제품과 경영상 문제점 등에 대해 조언을 듣는 것이다. 회사는 이를 실행함에 있어 진정성 있는 듣는 자세를 갖추고 참여자에게는 적절한 혜택을 줄 수 있어야 한다. 이것이 잘 진행되면 회사는 소비자가 외면할 수 있는 제품을 개발하는 위험성을 줄이며, 소비자에 대한 각종 정보를 얻어 보다 스마트한 경영을 할 수 있다.

여섯째, 우량 고객을 만든다. 많은 가입자가 필요한 인터넷 서비스업과 같은 비즈니스 모델과는 결이 다르겠지만 일반적으로 작은 글로벌 수출 기업에게는 고객이 많은 것보다 우량한 소수의 고객이 더 좋다.

우량 고객은 일정 규모 이상의 금액을 주기적으로 안정적인 주문을 하고 결제 리스크가 적다. 그리고 회사와 찰떡궁합을 맺고 있어 밀접한 관계로 인해 이탈 가능성이 적다. 이러한 해외 우량 고객들이 많지 않지만 지역별로 잘 분포되어 여러 업체와 거래한다면 회사는 웬만해서는 망하지 않는다. 한 지역에서 리스크가 발생되더라도 다른 지역에서 성과를 내어 보완하기 때문이다.

우량 고객은 업무도 줄여 준다. 주문이 안정적이고 예측이 가능하므로 장기적인 인력 구성과 업무 분장을 할 수 있다. 비우량 고객이 많으면 주문이 불안정하고 예측하지 않은 일이 자주 발생해 업무량은 늘어나지만 수익은 오히려 악화된다.

그래서 작은 회사는 우선 하나의 우량 고객을 만들기 위해 노력해야 한다. 그리고 지역을 확장해 우량 고객을 둘, 셋 등으로 늘려 나가는 것이 글로벌 기업으로 가는 길이고 업무에 치이지 않고 스마트하게 일할 수 있는 길이다.

물론 그 해외 우량 고객들은 처음에는 작고 보잘 것이 없었거나 규모가 있는 업체라도 비우량 고객이었다. 이를 잘 관리하고 자신의 제품을 혁신해 그들과 함께 성장하는 것이 우량 고객을 만드는 평범한 비결이다. 도움을 서로 주고받으며 오랫동안 관계를 맺어 온 해외 우량 고객은 평생 거래처로 몇 십 년을 이어가는 경우도 있다. 그리고 회사의 업무를 줄여 주고 보다 스마트하게 일할 수 있는 바탕이 된다.

CHAPTER 7

정부 수출 지원 활용하기

CHAPTER

7

정부 수출 지원 활용하기

수출 지원 사업 활용하기

자원이 넉넉하지 않은 중소기업은 최대한 정부 지원을 활용해야 한다. 다행히 우리나라는 수출만이 성장할 수 있는 길임을 알고 있으므로 정부의 수출 지원 정책은 우수한 편이다. 다음은 중소기업이면 꼭 알아 두어야 할 수출 지원 제도 전반과 개별 사업에 대한 내용이다.

수출 지원 제도 전반

- 전시회 지원: 해외 박람회, 수출 상담회, 시장 개척단

  (한국무역협회, KOTRA, 산업 통상자원부, 중소벤처기업부, 한국산업기술협회, 지방자치단체, 유관 협회)

- 금융 지원: 자금, 보증, 외국환, 무역보험

  (신용보증기금, 기술신용보증기금, 한국수출입은행, 한국무역보험공사)

- 온라인 수출 지원: 온라인 플랫폼, 온라인 화상 상담회

  (무역협회, KOTRA, 중소기업진흥공단, 중소벤처기업부)

- 수출 인프라 지원: 해외 인증, 해외 지사화, 통·번역, 시장조

사, 출장비, 물류비 지원

(한국무역협회, KOTRA, 중소벤처기업부, 중소기업진흥공단, 지방자치단체)

- 컨설팅 지원: 수출 상담, 관세 상담

(한국무역협회, KOTRA, 관세청, 지방자치단체)

유용한 수출 지원 사업

대표적이고 중소기업에게 유용한 정부의 수출 지원 사업에 대한 다음의 자세한 소개를 살펴보고 적합한 사업에 신청하기를 바란다.

1. 해외 전시회, 수출 상담회, 해외 시장 개척단

중소기업중앙회가 운영하는 **중소기업 해외전시 포탈**(www.sme-expo.go.kr)에서 정부 기관, 지방자치단체, 유관 협회에서 주관하는 지원 정보를 확인하고 온라인에서 신청할 수 있다.

KOTRA가 운영하는 **글로벌 전시 포탈**(www.gep.or.kr)에서는 전 세계의 모든 전시회를 분야별 및 국가별 등으로 검색할 수 있고 KOTRA가 지원하는 전시회를 표시해 놓았다.

2. 수출 컨소시엄

중소기업들로 컨소시엄을 구성하고 해외 현지 마케팅 전문 기업 및 해외 민간 네트워크 등을 활용하여 수출 계획을 수립하며, 공동으로 사전 준비, 단체 전시회 참가 또는 수출 상담회 개최 등의 단계별 공동 해외 시장 개척 활동을 지원하는 사업이다. **중소기업중앙회**(www.sme-expo.go.kr)에 접속하여 온라인으로 신청할 수 있다. 지원은 사전 준비(시장조사, 바이어 발굴 등), 현지 파견(전시회 참가 등), 사후관리(바이어 국내 초청 등)의 3단계로 이루어져 있다.

3. 수출 바우처

각 정부 부처의 수출 지원 사업 중에서 자사의 수출 역량에 알맞은 수출 지원 사업을 자유롭게 선택할 수 있도록 하는 '바우처(voucher)' 형태의 사업이다. 기업이 자사의 수출 역량에 적합한 수출 지원 사업을 자유롭게 선택할 수 있다. KOTRA가 주관하는 **수출지원기반활용사업**(www.exportvoucher.com)에 접속하여 온라인으로 신청할 수 있다.

스타트업 지원, 수출 초보 기업 지원, 그린 선도기업 육성, 소재부품장비 선도기업 육성, 서비스 선도기업 육성 등 자사에 해당되는 유형을 확인하고 신청하며, 다양한 지원 서비스를 선택하여 지원을 받는다.

지원 서비스는 전시회 참가, 특허, 시장조사, 해외 인증, 디자인, 브랜드 개발, 교육, 광고, 세무 법률, 통·번역, 물류 등 모든 수출 관련 서비스가 포함되어 있어 그중에서 회사에 필요한 서비스를 선택하여 지원받을 수 있다.

주의할 점은 중간에 업무를 대행하는 수행 기관(대행업체)을 잘 선정해야 한다는 점이다. 정부 기관과 신청 업체의 중간에서 업무를 대행하는 업체의 역량과 열정에 따라 결과가 많이 달라지기 때문이다. 간혹 보여 주기에 급급한 대행 서비스로 정부 자금을 낭비하는 사례가 있기 때문에 선택하기 전에는 업체를 검증하고 선택한 뒤에는 그냥 맡겨 두고 방치하지 말고 구체적이고 꼼꼼하게 진행 사항을 점검하여 회사가 목표로 하는 소기의 성과를 거두도록 하는 것이 필요하다.

4. 대기업과 중소기업의 동반 진출 지원

대기업의 해외 네트워크 및 인프라를 활용하여 해외 진출 중소기업의 효과적인 해외 판로를 개척하고 지원하는 사업으로 주관 기업(대기업, 공공기관, 중견기업)과 5개 이상의 중소기업으로 구성된다. 신청은 **대중소기업농어업협력재단**(www.win-win.or.kr)에서 이메일로 신청할 수 있다.

지원 내용은 한류를 연계하여 한류 문화 행사와 연계한 수출 상담회 참가, 스타 마케팅을 하고 해외 홈쇼핑의 대기업 보유 채널에 해외 홈쇼핑 방송을 하며, 대기업 온·오프라인 인프라 거점 활용 판로 개척과 공동 수주 등을 지원한다.

5. 전자상거래 수출 시장 지원

해외 전자상거래 환경에 부응하는 다양한 온라인 서비스를 제공하여 중소 벤처기업의 수출 활성화를 지원하고, 글로벌 전자상거래 시장의 진출을 지원하며 역량을 강화한다. 이는 중소기업진흥공단의 **고비즈코리아**(kr.gobizkorea.com)에 접속하여 신청할 수 있다.

지원 내용은 글로벌 쇼핑몰(**플랫폼**) 입점 판매, 자사 몰 제작 해외 진출, 미디어 콘텐츠 마케팅, 온라인 전시회, 온라인 수출 공동 물류 사업, 테마별 온라인 전시관 상설 운영 등이 있다.

6. 수출 인큐베이터

독자적 수출 능력을 배양하기 위해 해외 현지의 주요 교역 거점에 진출하기를 원하는 중소 벤처기업이 조기에 정착할 수 있도록 지원하기 위해 미국, 유럽, 중국 등의 해외 주요 교역 중심지에 수출 인큐베이터를 설치한다. 현지 마케팅 전문가, 법률/회계 고문의 자문, 사무 공간 및 공동회의실 제공 등으로 중소기업이 해외 진출 초기의 위험 부담을 경감하고 조기에 정착하도록 지원하여 해외 시장 진출과 수출 확대를 촉진하는 사업이다.

이는 **중소기업진흥공단**(www.kosmes.or.kr)에 접속하여 신청할 수 있다.

사무 공간(**개별 기업당 12~20m2**) 및 회의실, 사무용 집기, 인터넷, 전화 등을 제공한다. 그리고 마케팅 전문가, 법률, 회계 고문의 자문 및 컨설팅을 하며, 인큐베이터 파견 직원의 현지 조기 장착을 위한 서비스와 행정 지원을 한다.

북아메리카, 유럽, 아시아, 남아메리카, 중동의 23개 도시에 총 283개의 사무실이 있다. 저렴한 임차료(보증금 500만 원, 10~40만 원 임차료)로 2년 동안 입주할 수 있고 2년 연장이 가능하다.

무역 보험과 친해지자

수출 업무에서는 결제가 항상 가장 중요한 이슈이다. 해외의 거래선에 대한 신뢰 문제로 좋은 거래 건을 포기하기도 하며, 믿고 거래했다가 큰돈의 손해를 입는 경우도 있다. 이와 같이 중소기업에게 결제 리스크는 존폐를 좌우하는 경우도 있기 때문에 정부가 시행하는 무역 보험 제도를 잘 활용하여 결제 리스크를 줄이고 거래선을 확장하는 디딤돌로 삼는 것이 필요하다.

무역 보험에는 수출 보험과 더불어 중요 자원의 수입에 관여하는 수입 보험이 있다. 여기에서는 수출 보험에 대해서만 다룬다.

중소기업의 약 25%가 수출 대금을 받지 못한 경험이 있다고 한다. 수출 보험은 정부 기관에서 수출을 장려하고 결제로 인한 피해를 줄이기 위해 국고로 지원하는 것이기 때문에 세금을 내는 기업으로서 당연히 활용해야 하는데도 불구하고 많은 기업들이 이를 알지 못해 활용하지 못하고 있다.

그 중심에 있는 무역보험공사(K-SURE)는 기업들이 보험을 들 때 납입하는 보험료와 사고가 생겨 보상하는 보험금을 동일하게 만드는 것을 목표로 하는 비영리 기관이다. 따라서 수출할 때 결제에 대한 위험을 느끼는 경우에는 반드시 보험에 가입해 리스크를 해소할 필요가 있다.

무역보험공사는 사고 보상을 할 때 국내 수출자의 귀책사유가 없다면 100%(중소기업의 경우) 보상을 하여 해외의 사고 바이어에게 추심한다. 2021년 한 해에 약 3만 개 중소기업(수입 보험 포함)이 이 제도를 이용했다.

이는 L/C(신용장) 거래를 할 때 신뢰성이 있는 은행을 통해 리스크를 해소하듯이 은행 대신에 수출 보험을 통해 리스크를 해소하는 것이다. 4장의 '결제 조건'에서 살펴본 바와 같이 안전하다는 신용장 방식도 발행한 국가와 은행에 따라 리스크가 완전히 해소되지 않기 때문에 수출 보험은 최후의 보루로서의 역할을 할 것이다.

무역보험공사는 업체의 신청을 받으면 해외 바이어의 신용을 조사하고 인수 여부를 통보한다. 바이어가 과거 미지급 등의 사고 전력이 없거나 불량한 신용을 가지고 있지 않다면 인수를 하고 인수 금액 한도를 배정해 준다.

　수출 보험은 크게 두 가지로 나눈다. 대부분의 중소기업이 이용하는 2년 이내의 수출 계약인 '단기 수출 보험'과, 해외 건설 등 해외 장기 사업을 위한 2년 초과 계약의 '중장기 수출 보험'이 있다.
　만약 수출 보험을 계약한 뒤에 결제를 받지 못하는 사고가 발생하면 결제 기일로부터 1개월 이내에 수출업체는 공사에 사고 발생을 통지해야 한다. 그러면 무역보험공사는 사고조사를 하고 수출업체는 사고 발생 통지일로부터 1개월이 경과한 뒤에 보험금을 청구해야 한다. 공사는 특별한 이의가 없으면 보험금 청구일로부터 2개월 이내에 보험금을 지급한다.

　추가로 해외 바이어의 신용을 조사해 주는 '국외기업 신용조사 서비스'가 있다. 무역보험공사는 의뢰를 받으면 수입자의 신용 등급을 A~F, 그리고 G, R로 구분하여 알려 주고, 보험 사고 여부와 재무 상태 등도 제공해 준다.
　수출 기업이 수출용 원자재를 구매하거나 생산하기 위해 필요한 자금을 금융기관으로부터 차입할 때 보증해 주는 '수출신용보증'도 자금이 부족한 회사에게는 유용하다. 환율 변동에 따른 리스크 관리를 위한 '환변동 보험'도 있으므로 잘 살펴보고 필요하면 신청하자.

보험료를 지원해 주는 제도도 활용하자. 한국 무역협회, 한국농수산식품유통공사와 같은 국가 기관이나 지방자치단체가 보험료 납부가 부담스러운 업체를 위해 보험료를 지원하고 있다. 한국무역보험공사(www.ksure.or.kr) 홈페이지에 들어가면 각종 수출 보험에 대한 정보와 보험료 지원 정보를 찾아볼 수 있다.

이러한 무역 보험 제도를 잘 숙지하여 바이어가 무신용장 거래를 제안하거나 외상 거래 등 대금 회수 리스크가 있을 때 거래를 포기하지 말고 보험을 활용하여 적극적으로 거래가 성사되도록 하고 확장해 나가야 한다.

수출 정보 활용의 요령

우리나라의 대표적인 두 곳의 수출 전문 지원 기관인 한국무역진흥공사(KOTRA)와 한국무역협회(KITA)의 수출 정보를 살펴보자.

한국무역진흥공사(KOTRA)

한국무역진흥공사(KOTRA)는 대표적인 수출 전문 국가 기관으로서 85개국에 126개 무역관이 진출해 있어 각 나라의 수출 전진 기지의 역할을 해 오고 있다.

만일 목표 시장을 정하려고 한다면 무역 투자 빅데이터인 **트라이빅**(Tribig, www.kotra.or.kr/bigdata)에 방문하면 통계 자료와 국가별 시장 정보, 품목별 유망 시장을 빅데이터를 이용하여 제공하는 정보를 찾아볼 수 있다. 통계 자료는 특정 품목에 대한 국내와 외국 그리고 각 국가별 수출입 정보를 알 수 있어 목표 시장의 선택에 참고할 수 있다. 기업 회원으로 등록하면 회사에 알맞은 시장을 추천해 주고 KOTRA의 전반적인 사업 정보를 보여 주는 것을 물론이고 해외 바이어나 파트너 정보도 제공해 준다.

또 **KOTRA 해외 시장 뉴스**(https://dream.kotra.or.kr/kotranews)에 방문하여 '상품/산업'을 클릭하면 상품별로 전 세계의 무역관에서 보낸 정보를 보여 주어 참고 자료로 삼을 수 있다.

목표 국가가 정해졌다면 KOTRA 홈페이지에서 해당 국가에 대한 전체적인 정보를 알 수 있다. KOTRA 해외 시장 뉴스에 방문하여 '국가/지역 정보'를 클릭하면 각 국가들의 기본 정보를 비롯하여 수출입 정보, 투자, 노무, 세무 등의 정보와 함께 시장특성, 수출 성공 사례, 출장 정보 및 생활 정보가 자세히 안내되어 있다. 따라서 최소한 목표로 하는 시장에 대한 이러한 정보를 잘 숙지해야 한다.

바이코리아(www.buykorea.or.kr)는 해외 바이어들을 대상으로 하는 B2B 수출 지원 온라인 플랫폼으로 방문하면 각 무역관에 접수된 제품 문의(Inquiry)가 있어 품목별로 보여 준다. 또 바이코리아에 회사와 제품을 등록하면 KOTRA 무역관을 통한 홍보와 인터넷 포탈을 통한 홍보로 직접 바이어로부터 문의를 받을 수 있다.

또 85개국에 주재해 있는 128개 무역관 소개 페이지에는 연락처와 부문별 담당자를 보여 준다. 전에는 각 무역관별로 특화된 정보도 제공했지만 이제는 트라이빅, 해외 시장 뉴스 등으로 통합해 제공한다. 미국과 같이 큰 국가는 한 국가 안에서도 여러 지역의 무역관이 있으므로 해당 무역관에 있는 직원들을 잘 알아두면 좋은 자산이 될 것이다.

한국무역협회(KITA)

한국무역협회(KITA)는 전통적인 무역 전문 기관으로서 국내에 11개, 해외에 10개의 지부가 있다. 홈페이지의 '무역 통상 정보'에 커  서를 가져가면 제공하는 정보가 한 눈에 들어온다. 그중에서 실시간으로 올라오는 무역 뉴스와 해외 시장의 동향, 글로벌 공급망 분석란을 자주 살펴보면서 국제 정세와 통상 정보를 통한 인사이트를 갖출 필요가 있다. 그리고 해외 인증, 수출 성공 사례, 무역 실무도 유용한 정보이다.

한국무역협회가 제공하는 정보 중에서 무역 통계는 국내 최대 통계 자료가 있으며 가장 좋은 콘텐츠를 가지고 있다. 총 52개국, 61종류의 국가별 수출 및 수입 통계를 통해 유망 수출 국가를 선별하고 목표 시장을 선정하며, 진출 전략을 수립하는 데에 유용하다.

한국무역협회가 운영하는 트레이드네비(http://tradenavi.or.kr)는 국가별 관세율 조회, 무역 규제 및 해외 기업 정보를 알아내기에 적합한 사이트이다. 특히, 해외 기업 정보에서는 국가별 및 아이템별 관련 기업에 대한 정보를 알려 주어 바이어를 찾아내는 데에 유용하게 이용할 수 있다.

CHAPTER 8

한국 수출호, 미래를 대비하라

CHAPTER

8

한국 수출호, 미래를 대비하라

배가 잔잔한 바다를 항해하면서도 곧 닥치게 될지도 모르는 폭풍우를 대비하고 암초도 예의 주시해야 하는 것처럼 기반이 상대적으로 약한 중소기업은, 특히 미래 수출 환경에 신속히 대비해야 한다.

  우리나라는 2021년에 약 6,400억 달러를 수출한 세계 7위의 수출 대국이고, 수출 의존도가 5위 이내인 수출로 먹고사는 나라이다. 우리나라의 수출 품목은 크지는 않지만 조금씩 변화되어 왔고 이러한 과정을 살펴보는 것도 미래를 조망할 수 있는 자료가 될 것이다. 2009년과 2021년 10대 유망 수출 품목을 비교한 다음 표를 살펴보고 알아보자.

10대 유망 수출 품목 비교

순위	2009년	2021년
1	선박	반도체
2	유무선 전화기	석유 화학
3	반도체	일반 기계
4	디스플레이	자동차
5	자동차	석유 제품
6	석유 화학	철강
7	자동차 부품	자동차 부품
8	방송용 부품	선박
9	특수 선박	디스플레이
10	사무용 부품	컴퓨터

출처_한국무역협회, 2021.

위 표에서 살펴본 바와 같이 1위 수출 품목이 선박에서 반도체로 바뀌었다. 유무선 전화기는 일부 휴대폰도 포함되었지만 중국 기업에게 사업 주체가 완전히 넘어갔다. 그리고 사무용 부품도 중국 등의 다른 개도국으로 넘어가고, 일반 기계(건설 기계, 공작 기계 등), 철강, 컴퓨터가 새롭게 10위 안으로 들어왔다.

산업의 근간이 되는 중화학, IT 제품의 상승과 함께 상대적으로 비기술 소비재 제품의 탈락을 볼 수 있다. 그래서 향후에도 산업의 뿌리가 되는 품목과 디지털 관련 품목은 지속적으로 유망 품목으로 남아 있을 것이라고 예상된다. 그리고 중국이나 개도국과 같은 추격자들의 기술 발전에 따라 현재 유망한 품목도 언제든지 도태될 수 있음을 알 수 있다.

우리나라의 2021년 10대 유망 수출 품목을 좀 더 살펴보면 10대 품목이 전체 수출에서 차지하는 비중이 약 55%이고, 5대 수출 품목의 비중이 약 40%로 주요 수출 품목의 쏠림 현상이 있다. 이러한 쏠림 현상은 세계 10대 수출국 평균의 약 2배에 가까운 수치이며, 홍콩에 이어 2위를 차지하고 있다. 이는 대기업 위주의 수출 구조가 큰 원인이므로 수출 중소기업의 육성이 필요함을 보여 준다.

또 반도체 비중이 19.7%로 절대적인 역할을 하고 있으므로 국가 경제 리스크 관리를 위해 제2의, 제3의 반도체와 같은 품목의 발굴이 필요함을 보여 준다.

참고로 2021년의 유망 수출 품목 11위에서 15위는 다음과 같다.
바이오 헬스 ➡ 무선 통신기기 ➡ 섬유류 ➡ 이차전지 ➡ 가전

전통적인 유망 품목인 섬유류와 가전을 제외하면 모두 차세대 신산업이 유망 품목으로 떠오르고 있으며, 10대 수출 유망 품목을 대체할 품목들이 포진하고 있어 긍정적인 시그널로 보인다. 특히, 바이오 헬스와 이차전지는 향후 계속 상승하여 주요 수출 품목으로 자리 잡을 것으로 예상된다.

이러한 전 세계적으로 떠오르고 있는 차세대 신산업에는 무엇이 있는지 알아보자. 우리나라 정부에서 선정해 앞으로 많은 국가적 지원이 예상되는 8대 신산업의 2021년 한국무역협회가 제공한 수출액을 살펴보자.

8대 차세대 신산업

순위	품목	수출액(억 불, 근사치)
1	차세대 반도체	600
2	바이오 헬스	150
3	차세대 디스플레이	140
4	에너지 신산업	70
5	전기자동차	60
6	첨단 신소재	40
7	항공 우주	15
8	로봇	8

출처_한국무역협회, 2021.

압도적으로 1위를 차지한 차세대 반도체는 반도체 고도화 품목으로서 전력 반도체, 차량용 반도체, 인공지능(AI) 반도체 등을 말한다. 앞으로 모든 종류의 반도체를 대체할 수 있을 것으로 예상되기 때문에 시장을 선점하기 위해 삼성전자와 하이닉스 그리고 해외 대기업에서 원천 기술 개발 등의 치열한 경쟁을 벌이고 있다.

얼마 전에 삼성전자에서 주관한 행사에서 국내 반도체 개발 전문 중소기업의 기술력이 기대 이상으로 높은 것으로 볼 때 긍정적인 시그널을 볼 수 있었고 대기업과 중소기업 협업에 따른 신산업 수출에 기대를 걸고 있다.

바이오 헬스는 화장품을 제외한 의약품, 의료기기를 말하는 것으로 방역용품, 바이오 의약품, 백신 등 코로나 사태에 힘입어 수출이 크게 증가했지만 미래에 다가오게 될 바이러스 사태와 건강에 대한 관심으로 꾸준히 증가할 것으로 예상된다.

전기차는 우리나라가 2021년 기준 세계 4위의 수출국으로 주요 시장은 친환경에 가장 관심이 많은 유럽이다. 전기자동차는 기존 연동기형 차를 빠르게 대체하고 있으며, 머지않아 대부분의 육상 이동 수단이 될 것으로 예상된다. 그러나 중국이 가격 대비 성능을 앞세워 우리나라보다 더 우수한 경쟁력을 보유해 약진하고 있으며, 국내 시장에까지 파고들어 오게 되어 대비가 필요하다. 그리고 관련 부품인 전기차 배터리는 우리나라가 선두에 있고 전기차 배터리 소재인 음극재 등과 같은 고부가가치 제품은 중소기업이 집중하기에 좋은 아이템이며 향후 지속적으로 유망하다.

에너지 신산업은 에너지에 ICT와 신기술을 융합하여 친환경 에너지를 개발하는 것으로 글로벌 에너지 트렌드가 화력과 원전 중심에서 태양광 및 풍력과 같은 신재생에너지, 에너지 저장 장치 등의 신산업으로 이동하고 있는 것은 잘 알려진 사실이다.

이 분야는 해외에서 조달을 통한 국가 차원에서 발주가 많이 이루어지고 있으며 장기적이고 대형 프로젝트 위주이기 때문에 수출을 위해서는 적극 관련 업체들과 협업을 이어 나갈 필요가 있다.

필자가 잘 아는 벤처 기업이 국내 공기업과 공동으로 아프리카에서 ODA(공적 개발 원조) 사업을 시행한 것을 보았는데 작은 기업이지만 관련 기술과 해외 바이어를 확보한 뒤에 공기업에 접촉하여 협력을 이끌어 낸 것이다.

국내 업체와 함께 금융기관 및 국제기구와도 협력을 통해 중소기업도 대형 프로젝트에 참여하고, 때로는 전체를 주관하는 리더 업체로서의 역할을 할 수 있다.

첨단 신소재는 기술 혁신의 바탕이 되는 부문으로서 로봇 등 고성능화되는 제품에 최고의 내구성과 내열성을 갖춘 소재의 역할이 점점 중요해지고 있다. 첨단 신소재는 해외 기업들이 원천기술 확보 등으로 시장을 독점하려는 추세이기 때문에 중소기업의 역할이 가장 필요한 분야이다. 인공지능, 빅데이터, 사물인터넷(IoT), 헬스케어 등 4차 산업 혁명을 위한 기반 기술이고 일본 등으로부터의 수입 의존도를 완화해야 되는 부문이다.

크게 분류하면 금속, 세라믹, 고분자, 화학 및 바이오 소재이며 중소기업은 금속 소재에 약 60%, 바이오 소재에 약 30%가 편중되어 있다. 중소기업이 기술 이전(대학, 기관, 대기업 및 해외)과 협업 개발(대학, 기관 및 대기업)을 활용하여 기술 개발을 통해 해외에 진출해야 할 분야이다.

항공 우주 산업은 구조역학, 전자공학, 재료공학 등 분야별 최첨단 제품을 체계화하는 시스템 종합 산업으로서 투자 회수 기간이 길고 막대한 시설 투자가 수반되므로 주로 정부 주도로 산업을 키우고 있다. 근래에는 최신형 전투기를 자체 개발해 생산하고 폴란드, 이집트 등에 국산 전투기의 수출 계약이 성사되는 등 국방 제품의 수출이 활발하다. 그리고 우주선 발사가 자체 기술로 성공했으며 향후 프로젝트에 참여한 수많은 중소기업들의 성장과 수출이 기대되는 부문이다.

로봇 산업은 그동안 산업용 로봇이 수출을 이끌어 왔고, 산업용 로봇은 중국 등 개도국의 생산 시설 투자에 의존할 수밖에 없다. 하지만 세계 로봇 산업에서 산업용 로봇은 약 60%로 아직도 큰 비중을 차지하고 있고 매년 약 10%씩 성장하고 있다. 우리나라는 세계 1위의 산업용 로봇 밀도(노동자 1명당 사용 로봇)를 가지고 있다. 그러나 독일, 일본 등의 선두 국가에 비해 15% 이상 기술 수준이 떨어지고 중국에도 앞선다고 말할 수 없다. 그래서 장기 투자와 첨단 기술과의 융합을 통해 경쟁력이 있어야 해외 수출에서 더 이상 도태되지 않을 것이다.

최근에는 로봇 청소기 등의 서비스 로봇이 성장하고 있으며, 향후에 계속 관련 분야의 기술 개발과 수요 증가가 예상된다. 전문가들은 향후 5년 이내(2027년)에 서비스 로봇의 시장이 제조용 로봇을 넘어설 것이라고 예상한다. 세계 시장에서 서비스 로봇 관련 업체는 약 80%가 중소기업으로서 우리나라 중소기업의 역할이 기대되는 부문이다.

또 실버 및 의료 로봇과 국방 로봇도 유망한 분야이다. 얼마 전에는 서비스 로봇 위주에서 자율주행 로봇으로 사업을 다각화한 국내 중소기업이 국제 표준을 획득하고, 유럽 시장의 진출에 성공하며 향후 수출의 성장에 청신호가 들어온 사례가 있다. 이와 같이 자사의 역량과 해외 시장의 동향에 따라 유연한 대응이 필요하다.

추가로 최근에 계속된 성장으로 세계 5위 수출국으로 이름을 올린 화장품이 최대 수요처인 중국의 한한령과 더불어 자국 제품의 선호 경향(애국 소비)으로 수출이 감소하고 있으며, 대신에 한류가 바탕이 된 콘텐츠와 식품 수출이 증가하고 있다.

콘텐츠 수출은 대표적인 중소기업 수출 아이템이고 급성장하는 부문이고, 아직 중화권에 약 40%, 아시아에 약 70%가 집중되어 있어 여타 지역으로 확장이 기대된다.

식품은 최근 한류 열풍으로 점점 국산 브랜드들이 세계인의 입맛을 끌어들이고 있으며, 2021년에는 100억 달러 수출을 넘어서게 되었다. 건강식품과 가정간편식, 그리고 신선농산물과 가공 식품이 골고루 성장하고 있다. 하지만 아직도 세계 시장 규모**(약 6조 달러 이상)** 에 비해 우리나라의 수출은 미미한 수준이기 때문에 무한한 성장이 기대되는 분야이다.

해외 시장을 좀 더 자세히 살펴보고 자사의 목표 시장 선정에 대해 참조하기 위해 다음과 같이 국가별 수출 품목 비중에 대해서 정리했다.

국가별 수출 품목 비중

순위	국가	비중(%)	순위	국가	비중(%)
1	중국	21.8	16	태국	1.2
2	미국	16.6	17	폴란드	1.1
3	베트남	8.6	18	캐나다	1.1
4	일본	4.2	19	터키	1.1
5	인도	3.9	20	헝가리	0.9
6	대만	3.4	21	영국	0.9
7	호주	3.3	22	러시아	0.9
8	싱가포르	3.3	23	프랑스	0.8
9	홍콩	2.8	24	사우디아라비아	0.7

10	말레이시아	2.2	25	이탈리아	0.7
11	필리핀	2.0	26	뉴질랜드	0.7
12	멕시코	1.8	27	벨기에	0.7
13	인도네시아	1.5	28	브라질	0.7
14	독일	1.5	29	아랍에미리트	0.5
15	네덜란드	1.4	30	방글라데시	0.5

출처_KOTRA 트라이빅, 2022. 7.

국가별로 이슈를 살펴보면 최대 수출국인 중국의 수출 비중이 2021년에 25%에서 2022년에 23%로 줄었고 완만한 하락세에 있으며, 2022년에는 중국에서 수입 비중이 늘면서 급기야 무역 적자를 기록했다. 하지만 베트남을 비롯한 아세안 시장이 미국을 제치고 2대 수출 지역으로 떠올랐으며, 중국에 대한 수출 감소를 완충하고 있다. 넓게 지역별로 살펴보면 수출 5대 지역은 중국 → 아세안 → 미국 → EU → 일본 순이다.

최대 수출처인 중국은 자본주의를 편입했지만 자국 산업의 보호에 편중되어가고 있으며, 첨단 기술 개발에 정부 차원의 집중 지원을 하고 있다. 또 미국, 인도, 호주, 일본 등과 갈등을 계속하고 있고 단시일에 해소되지 않을 것으로 예상된다. 불확실성이 점점 높아지고 있는 것이다. 그래서 대체 시장의 개발이 시급한 과제이다.

대체 시장으로는 동남아시아(베트남, 인도네시아 등의 기존 진출 시장과 캄보디아, 미얀마, 라오스 등의 신시장), 인도, 아프리카, 남아메리카, 중앙아시아 등의 미래에 성장이 예상되는 지역과 중동, 유럽과 같이 우리나라의 진출이 상대적으로 더딘 지역이 있다. 이 중에서 미래에 성장이 예상되는 지역, 특히 신시장은 현재 진출할 때 많은 어려움이 있지만 경쟁이 덜 치열하여 중소기업에게 선점의 기회가 많다.

인도의 경우는 중국에 대한 규제와 불확실성을 피해 많은 기업들이 인도로 생산 기지를 옮기고 있고, 중국에 버금가는 인구와 영어를 사용하며 고기술 인력이 포진하고 있어 유망한 중국 대체 국가이다.

KOTRA의 트라이빅(Tribig)에는 품목별 유망 시장 데이터가 있어 중소기업의 목표 시장을 선정하는 데에 유용하게 활용할 수 있으므로 꼭 살펴보기를 바란다.

이러한 미래 수출 전망에 대해 중소기업은 어떤 대응을 해야 하는지 알아보자. 이 책 본문의 내용 중간에 언급했지만 다음과 같은 대책을 다시 한 번 강조한다. **첫째, 환경 변화에 흔들리지 않는 체질을 구축한다.** 자원이 부족한 우리나라는 원자재 가격의 상승과 수출 제한, 물류 대란 등 세계적인 공급망 불안에 취약하다. 그래서 무역 강국답게 다양한 국가에 수출과 더불어 수출용 원자재 공급망을 구축해야 한다.

안정적 생산 구조를 위해 직접 제조와 더불어 국내외에 외주 생산 공장을 통한 간접 제조도 대비할 필요가 있다. 또 해외 바이어도 다양한 지역에 구축하여 지역 리스크를 회피해야 한다. 그리고 기술 개발로 지식재산권을 보유하여 작지만 세계 시장에서 당당히 사업을 펼칠 수 있도록 한다.

둘째, 경쟁력을 확보한다. 전통적인 경쟁력 구조를 탈피하여 이 책의 본문에 설명한 바와 같이 차별화 및 집중화를 하여 바이어에게 당당한 경쟁 구조를 구축한다. 그래서 최근과 같이 생산 원가가 급속히 인상될 때 이를 가격에 제대로 반영하지 못하는 상황을 만들어서는 안 된다.

셋째, 수출 유관 기관을 적극 활용한다. 이 책의 본문에서 설명한 바와 같이 수출 지원 기관이 제공하는 통계와 같은 각종 지표와 정보 그리고 바이어 개척 자료 등을 적극 활용하여 전략적인 수출 계획을 세우고 지원 사업을 활용하여 수출 비용을 절감해야 한다.

넷째, 해외 타깃과 서로 협업한다. 지금은 1인 기업이라도 해외 시장에서 당당히 글로벌 기업으로 달릴 수 있는 환경이다. 전략적 선택에 따라 국내 시장을 우선 공략하더라도 궁극적인 타깃을 해외 시장에 두어야 한다. 전 세계가 경제적으로 국경이 없는 하나의 시장이라 생각하고 전 세계에서 일어나고 있는 변화에 촉각을 세워 민감하게 반응해 기회와 위협을 예측하는 힘을 길러야 한다.

그리고 우리나라 업체과 경쟁보다는 다양한 분야에서 협력할 방안을 고민하고 동반 진출하여 전체 파이를 키우는 것이 차원 높은 경쟁이다.

다섯째, 마지막으로 기업과 더불어 우리나라 정부에게 요청하고자 하는 것은 중소기업 중심의 산업 구조를 시급히 구축해야 한다는 것이다. 대기업은 개발 초기부터 현재에 이르기까지 한국호 성장의 주역이고 일부 대기업은 중소기업과 상생의 노력으로 이바지하고 있다. 그러나 대기업 중심은 큰 리스크(반도체 수출 비중 약 20%, 자동차, 조선, 디스플레이 등 글로벌 기업의 수출 비중이 크기 때문에 근래 무역 적자의 원인임)를 가질 수밖에 없다.

우리나라가 굳건하고 흔들리지 않는 경쟁력을 가지기 위해서는 글로벌 중소기업 육성이 대안이다. 우리가 거의 따라왔다고 생각하고 있는 일본은 수많은 작지만 세계 시장을 호령하는 중소기업이 있기 때문에 근간이 쉽게 흔들리지 않는다.

독일은 많은 히든 챔피언(Hidden Champion, 대중에게 잘 알려져 있지 않지만 각 분야에서 세계 시장 점유율 1~3위 또는 소속 대륙에서 1위를 차지하고 매출액이 40억 달러 이하인 기업)을 보유하여 안정적인 성장을 지속하고 있다.

이와 같은 기업들은 각자의 영역에서 독보적인 기술 및 경쟁력을 가지고 강소기업(작지만 강한 기업)으로서 국가에 든든한 버팀목이 되어 주고 있다. 이들은 전문화된 제품 생산에 집중해 독보적 기술을 갖추고 있으며 글로벌 시장에 집중하여 수십 명의 직원으로도 많은 해외 지사와 큰 매출을 기록하고 있는 경우가 많다.

참고로 글로벌 전략 컨설팅 회사인 시몬쿠체르 앤드 파트너스(Simon-Kucher & Partners)에서 발표한 2021년 국가별 히든 챔피언의 현황을 살펴보자.

국가별 히든 챔피언

국가	히든 챔피언 수	단위 인구당 히든 챔피언 수
독일	1,573(1위)	18.91(3위)
미국	350(2위)	1.06(13위)
일본	283(3위)	2.25(7위)
오스트리아	171(4위)	19.19(2위)
스위스	171(5위)	19.84(1위)
프랑스	111(6위)	1.65(11위)
이탈리아	102(7위)	1.69(10위)
중국	97(8위)	0.07(18위)
영국	74(9위)	1.11(12위)
네덜란드	38(10위)	2.17(8위)
폴란드	37(11위)	0.96(14위)
러시아	29(12위)	0.20(17위)
핀란드	28(13위)	5.09(4위)

스웨덴	24(14위)	2.32(6위)
캐나다	23(15위)	0.60(15위)
한국	22(16위)	0.42(16위)
벨기에	20(17위)	1.73(9위)
덴마크	20(18위)	3.43(5위)

출처_Simon Kucher & Partners, 2021.

　위 표를 살펴보면 국가 경제력과 히든 챔피언 수가 비례함을 알 수 있다. 그러나 우리나라는 2021년 10위의 경제력(GDP)을 가지고 있으면서 히든 챔피언 수는 16위로 강소기업보다 대기업 위주의 경제를 보여 준다. 반면에 독일은 압도적으로 많은 히든 챔피언을 보유하고 있으며 강력한 경제 펀더멘탈(fundamental)을 구축하고 외부 환경에 흔들리지 않는 체질을 갖추고 있다.

　우리는 이제 일본을 만만한 상대라고 생각하는 경향이 있지만 히든 챔피언이 우리보다 14배가 많아 세계 시장을 호령하는 많은 중소기업을 토대로 기업 구조 측면에서 경제 안정성은 우리보다 훨씬 높음을 알아야 한다. 중국이 우리보다 4배가 넘는 히든 챔피언을 보유하고 있는 것을 볼 때 우리나라의 추격자라는 말도 이제 진부한 표현이다.

　단위 인구당 히든 챔피언 수를 살펴보면 스위스, 독일, 오스트리아가 압도적인 우위를 점하고 있어 해당 국가의 굳건한 버팀목이 되고 있다. 전반적으로 1인당 GDP(국민 소득)와 단위당 히든 챔피언이 비례하고 있는 것을 보면 히든 챔피언의 보유가 국민들의 경제적 삶에 밀접하게 관련이 있음을 보여 준다.

여기서 눈여겨볼 국가는 폴란드로 우리나라의 절반 정도의 1인당 GDP를 가지고 있으면서 2배가 넘는 단위당 히든 챔피언을 보유하고 있다. 유럽연합(EU)의 관문이라는 지정학적 이점도 있지만 정부 주도로 혁신 기업을 양성한다는 기치 아래 스타트업을 강력히 지원하고, 기업하기 좋은 환경을 조성한 결과이다. 그래서 그 스타트업들이 좋은 토양과 관리를 받고 세계적인 기업들로 성장한 것이다. 이러한 노력으로 폴란드는 안정된 경제를 바탕으로 앞으로 지속적인 성장이 예상된다.

이와 같은 히든 챔피언들에게는 공통점이 있다. 수출 비중이 높고(평균 90%), R&D 투자 비율이 높으며(매출액의 10~27%), 그에 따라 당연히 높은 영업이익률과 높은 안정성을 보인다는 것이다.

정부 차원에서 중소기업 육성의 중요성을 인지하고 많은 노력을 기울이고 있지만 제도적으로 기업하기 좋은 생태계를 만들고 기업, 기관, 대학 등과의 협업을 적극적으로 이끄는 노력이 더 필요하다.

그래서 스타트업이 자라나고 성장하기 좋은 환경을 조성하는 데에 더 심혈을 기울이고, 중소기업의 글로벌화에 더 많은 관심을 기울여야 한다. 한국호의 미래는 이들에게 달려 있기 때문이다.